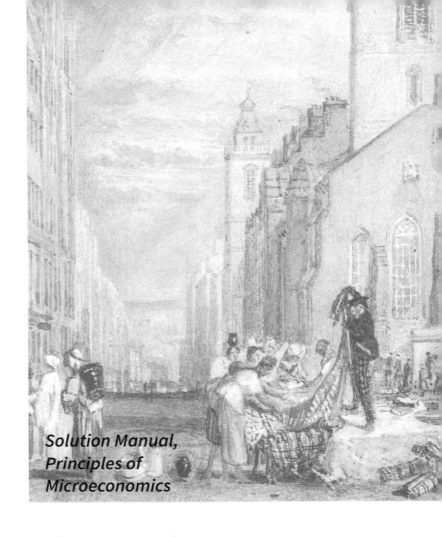

Solution Manual,
Principles of
Microeconomics

| 第8版 |

《经济学原理：
微观经济学分册》
习题解答

〔美〕N. 格里高利·曼昆 著
N. Gregory Mankiw

陈宇峰 译

著作权合同登记号　图字:01-2022-4208
图书在版编目(CIP)数据

《经济学原理(第8版):微观经济学分册》习题解答/(美)N. 格里高利·曼昆著;陈宇峰译. —北京:北京大学出版社,2022.11
ISBN 978-7-301-33413-3

Ⅰ.①经… Ⅱ.①N… ②陈… Ⅲ.①微观经济学—高等学校—题解 Ⅳ.①F016-44

中国版本图书馆 CIP 数据核字(2022)第 179718 号

N. Gregory Mankiw
Solutions Manual
Principles of Microeconomics, 8e
Copyright ⓒ 2018 by South Western, a part of Cengage Learning
Original edition published by Cengage Learning. All Rights reserved.
本书原版由圣智学习出版公司出版。版权所有,盗印必究。

Peking University Press is authorized by Cengage Learning to publish, distribute and sell exclusively this edition. This edition is authorized for sale in the People's Republic of China only (excluding Hong Kong SAR, Macao SAR and Taiwan). No part of this publication may be reproduced or distributed by any means, or stored in a database or retrieval system, without the prior written permission of Cengage Learning.

本书中文简体字翻译版由圣智学习出版公司授权北京大学出版社独家出版发行销售。此版本仅限在中华人民共和国境内(不包括中国香港、澳门特别行政区及中国台湾地区)销售。未经出版者预先书面许可,不得以任何方式复制或发行本书的任何部分。

本书封面贴有 **Cengage Learning** 防伪标签,无标签者不得销售。

书　　　名	《经济学原理(第8版):微观经济学分册》习题解答
	《JINGJIXUE YUANLI (DI-BA BAN): WEIGUAN JINGJIXUE FENCE》XITI JIEDA
著作责任者	〔美〕N. 格里高利·曼昆　著　陈宇峰　译
策划编辑	张　燕
责任编辑	闫静雅　兰　慧
标准书号	ISBN 978-7-301-33413-3
出版发行	北京大学出版社
地　　　址	北京市海淀区成府路 205 号　100871
网　　　址	http://www.pup.cn
微信公众号	北京大学经管书苑(pupembook)
电子邮箱	编辑部 em@pup.cn　总编室 zpup@pup.cn
电　　　话	邮购部 010-62752015　发行部 010-62750672　编辑部 010-62752926
印　刷　者	河北博文科技印务有限公司
经　销　者	新华书店
	787 毫米×1092 毫米　16 开本　15.5 印张　397 千字
	2022 年 11 月第 1 版　2024 年 10 月第 3 次印刷
印　　　数	11001—15000 册
定　　　价	42.00 元

未经许可,不得以任何方式复制或抄袭本书之部分或全部内容。
版权所有,侵权必究
举报电话:010-62752024　电子邮箱:fd@pup.cn
图书如有印装质量问题,请与出版部联系,电话:010-62756370

目 录

第 1 章 经济学十大原理

学习目标　1
框架与目的　1
内容提要　1
教材习题解答　2

第 2 章 像经济学家一样思考

学习目标　8
框架与目的　8
内容提要　8
教材习题解答　9

第 3 章 相互依存性与贸易的好处

学习目标　18
框架与目的　18
内容提要　18
教材习题解答　19

第 4 章 供给与需求的市场力量

学习目标　29
框架与目的　29
内容提要　29
教材习题解答　30

第 5 章 弹性及其应用

学习目标　47
框架与目的　47
内容提要　47
教材习题解答　48

第 6 章 供给、需求与政府政策

学习目标　57
框架与目的　57
内容提要　57
教材习题解答　58

第 7 章 消费者、生产者与市场效率

学习目标　67
框架与目的　67
内容提要　67
教材习题解答　68

第 8 章
应用：税收的代价

学习目标　81
框架与目的　81
内容提要　81
教材习题解答　82

第 9 章
应用：国际贸易

学习目标　92
框架与目的　92
内容提要　92
教材习题解答　93

第 10 章
外部性

学习目标　104
框架与目的　104
内容提要　104
教材习题解答　105

第 11 章
公共物品和公共资源

学习目标　113
框架与目的　113
内容提要　113
教材习题解答　114

第 12 章
税制的设计

学习目标　121

框架与目的　121
内容提要　121
教材习题解答　122

第 13 章
生产成本

学习目标　127
框架与目的　127
内容提要　127
教材习题解答　128

第 14 章
竞争市场上的企业

学习目标　140
框架与目的　140
内容提要　140
教材习题解答　141

第 15 章
垄　　断

学习目标　154
框架与目的　154
内容提要　154
教材习题解答　155

第 16 章
垄断竞争

学习目标　174
框架与目的　174
内容提要　174
教材习题解答　175

第 17 章
寡　　头

学习目标 *184*

框架与目的 *184*

内容提要 *184*

教材习题解答 *184*

第 18 章
生产要素市场

学习目标 *194*

框架与目的 *194*

内容提要 *194*

教材习题解答 *195*

第 19 章
收入与歧视

学习目标 *208*

框架与目的 *208*

内容提要 *208*

教材习题解答 *209*

第 20 章
收入不平等与贫困

学习目标 *214*

框架与目的 *214*

内容提要 *214*

教材习题解答 *215*

第 21 章
消费者选择理论

学习目标 *220*

框架与目的 *220*

内容提要 *220*

教材习题解答 *221*

第 22 章
微观经济学前沿

学习目标 *235*

框架与目的 *235*

内容提要 *235*

教材习题解答 *236*

第1章
经济学十大原理

学习目标

在本章中,学生应理解
- 经济学是研究稀缺资源配置的学问;
- 人们面临权衡取舍;
- 机会成本的含义;
- 在做出决策时如何运用边际概念进行推理;
- 激励如何影响人们的行为;
- 为什么人们或国家之间的交易可以使各方均受益;
- 为什么市场是一种良性但非完美的资源配置方式;
- 什么因素决定着整体经济中的某些趋势。

框架与目的

第1章是导言部分三章中的第一章,该章介绍了经济学研究所依据的十个基本原理。从广义上讲,教科书的其余部分都是这十大原理的扩展。第2章将阐述经济学家研究问题的方法,第3章将解释个人和国家如何从贸易中获益。

第1章的目的是介绍作为教科书其他部分基础的经济学十大原理。经济学十大原理可以分为三类:人们如何做出决策,人们如何相互影响,以及整体经济如何运行。整本教科书中将反复提到这十大原理。

内容提要

- 关于个人做出决策的基本结论是:人们面临不同目标之间的权衡取舍;任何一种行为的成本可以用其所放弃的机会来衡量;理性人通过比较边际成本与边际收益做出决策;人们根据他们所面临的激励改变自己的行为。
- 关于人们之间相互影响的基本结论是:贸易和相互依赖性可以是互利的;市场通常是协调人们之间经济活动的一种好方法;通过纠正市场失灵或者提高经济中的平等程度,政府可能改善市场结果。
- 关于整体经济的基本结论是:生产率是生活水平的最终根源;货币量的增长是通货膨胀的最终根源;社会面临通货膨胀与失业之间的短期权衡取舍。

教材习题解答

即问即答

1. - 描述一个你最近面临的重要的权衡取舍问题。
   - 举出一个既有货币性机会成本又有非货币性机会成本的行动的例子。
   - 描述一个你的父母为了努力影响你的行为而向你提供激励的例子。

   【解答】
   略。

2. - 为什么如果一个国家不把自己和其他国家隔离开来,那么其状况会更好?
   - 为什么我们有市场?根据经济学家的观点,政府应当在市场中扮演怎样的角色?

   【解答】
   - 一个国家可以通过贸易变得更好,这是因为贸易使各国分工专业化,专门从事自己最擅长的活动,从而生产出更多的物品和服务。
   - 市场通过"看不见的手"引导自利的个体促进经济福利。经济学家认为,政府应该明确产权并在出现市场失灵时改善市场结果。市场失灵的两个可能原因是市场势力和外部性。

3. 列出并简要解释描述整体经济如何运行的三个原理。

   【解答】
   总的来说,有三个原理用来描述整体经济如何运行:(1) 一个国家的基本生活水平取决于该国家提供物品和服务的能力。(2) 当政府发行过多纸币时,物价水平会上升。(3) 社会面临通货膨胀和失业之间的短期权衡取舍。一个国家的生活水平在很大程度上取决于工人的劳动生产率,而工人的劳动生产率又取决于其受教育水平以及使用劳动工具和技术的能力。当政府发行过多货币时,物价水平会上升,这是因为流通中的货币过多会导致其贬值,引起通货膨胀。社会所面临的通货膨胀和失业之间的短期权衡取舍只是暂时性的。通过使用各种政策手段,决策者短期内具备利用这种关系的能力。

快速单选

1. 经济学最好的定义是对_____的研究。
   a. 社会如何管理其稀缺资源
   b. 如何以最盈利的方式经营企业
   c. 如何预测通货膨胀、失业和股票价格
   d. 政府如何可以制止不受约束的利己所带来的危害

2. 你去看一场电影的机会成本是_____。
   a. 门票的价格
   b. 门票的价格加上你在电影院购买汽水和爆米花的费用
   c. 去看电影所需要的所有现金支出加上你的时间的价值
   d. 零,只要你享受了电影并认为你为它付出的时间与金钱是值得的

3. 边际变动_____。
   a. 对公共政策并不重要

b. 是逐步地改变现有计划
  c. 使结果无效率
  d. 并不影响激励
4. 亚当·斯密的"看不见的手"是指：
  a. 企业家以牺牲消费者为代价而获利的不易察觉而隐蔽的方法。
  b. 自由市场达到合意结果的能力(尽管市场参与者是利己的)。
  c. 政府通过管制使消费者获益的能力(即使消费者没有意识到这种管制)。
  d. 生产者或消费者在不受管制的市场上把成本加到无关旁观者身上的方法。
5. 政府干预市场经济是为了_____。
  a. 保护产权
  b. 纠正由外部性引起的市场失灵
  c. 达到更为平等的收入分配
  d. 以上全对
6. 如果一个国家有高而持久的通货膨胀，最有可能的解释是：
  a. 中央银行发行了超量货币。
  b. 工会为了过高的工资讨价还价。
  c. 政府征收了过高的税收。
  d. 企业利用它们的垄断权力把价格抬高。

【答案】 1. a 2. c 3. b 4. b 5. d 6. a

复习题

1. 列举三个你在生活中面临的重大权衡取舍的例子。
   【解答】
   权衡取舍的例子包括时间选择(例如，学习某门课程还是另一门，或者是学习还是参与社交活动)和花销选择(例如，花仅有的15美元买比萨还是为有难度的经济学课程买本学习指南)。
2. 你会将哪些项目列为去迪士尼乐园度假的机会成本？
   【解答】
   计算出去迪士尼乐园游玩的机会成本，需要包括货币成本(入场券、交通、纪念品的费用)和时间成本。时间成本取决于你对同样时间的其他最佳用途。如果你待在家里看电视，时间成本将是很小的；但是如果多工作一周，时间成本就是你加班所赚到的钱。你所计算的机会成本，不应该包括食物和住宿费用，除非它们超出了你若不去迪士尼乐园本该发生的花费。在这种情况下，你应该计算超出的费用，而不是食物和住宿的总费用。
3. 水是生活必需品。一杯水的边际收益是大还是小呢？
   【解答】
   一杯水的边际收益取决于你所处的环境。如果你刚跑了一场马拉松或顶着太阳在沙漠中行走了三个小时，那么一杯水的边际收益是非常高的。但是，如果你刚刚喝了大量的水或饮料，那么一杯水的边际收益是相当低的。重点是，即使是生活必需品，比如水，也并不总是有很大的边际收益。

4. 为什么决策者应该考虑激励?

   【解答】

   决策者需要认真考虑激励机制,从而理解人们对所实施的政策的反应。教科书中的座位安全带法律的例子表明,政策措施可能产生意想不到的结果。如果激励机制很重要,可能会导致完全不同的政策。比如,一些经济学家曾经建议在方向盘上放置小刀,这样人们开车会更加小心!虽然这种建议是愚蠢的,但是它体现了激励的重要性。

5. 为什么各国之间的贸易不像一场比赛那样有赢家和输家呢?

   【解答】

   国家之间的贸易并不像比赛那样有赢家和输家是因为贸易可以使每个人的境况都变得更好。通过专业化分工,人与人之间的贸易、国家之间的贸易可以提高每个人的福利。

6. 市场中的"看不见的手"会做什么呢?

   【解答】

   市场这只"看不见的手"表明,即使个人和企业的行为基于自身利益,价格和市场也会引导他们去做出有益于整个社会的行为。

7. 解释市场失灵的两个主要原因,并各举一个例子。

   【解答】

   市场失灵的两个主要原因是外部性和市场势力。外部性是指一个人的行为对旁观者福利的影响,比如污染、知识创造。市场势力则指个体(或某个小群体)不适当地影响价格的能力,比如在一个城镇里只有一个水厂或只有一家有线电视公司。

8. 为什么生产率是重要的?

   【解答】

   生产率很重要,这是因为一个国家的生活水平取决于它所能提供物品和服务的能力。一个国家的生产率(一个工人每小时所生产的物品和服务的总量)越高,该国的生活水平越高。

9. 什么是通货膨胀?什么引起了通货膨胀?

   【解答】

   通货膨胀是指经济中物价总水平的上升。通货膨胀是由一个国家的货币发行量增多引起的。

10. 短期中通货膨胀与失业如何相关?

    【解答】

    在短期中,通货膨胀和失业是负相关的。在短期中,这意味着降低通货膨胀要以更高的失业率为代价。

问题与应用

1. 描述下列每种情况下所面临的权衡取舍:
   a. 一个家庭决定是否购买一辆新车。
   b. 一个国会议员决定对国家公园支出多少。
   c. 一个公司总裁决定是否新开一家工厂。
   d. 一个教授决定用多少时间备课。
   e. 一个刚大学毕业的学生决定是否去读研究生。

【解答】

a. 一个打算买一辆新车的家庭面临的权衡取舍是买车的花费和用这笔钱可能购买的其他东西。例如，买车可能意味着他们必须放弃接下来两年的度假。同时，节能汽车更贵，而普通汽车会消耗更多的汽油；更小型的汽车价格实惠，但更大型的汽车则由于方便旅行而节约时间。

b. 对于国会议员决定花多少钱在国家公园上，一种权衡取舍是在国家公园与其他支出项目或减税之间。如果花费更多的钱在国家公园上，则意味着花更少的钱在国防和交通上；或者如果这笔资金不花费在国家公园上，还可以用于减税。另一种权衡取舍则是，当已经决定把多少钱花在国家公园上时，需要选择是在许多国家公园上分别投入较少的钱，还是在一个公园上投入较多的钱。

c. 当一个公司的总裁决定是否新开一家工厂时，他的决定是基于与其他的替代选择（比如通过升级现有装备或扩大工厂现有规模）相比，新开的工厂是否会增加公司的利润。其基本原则是，哪一种提高产量的方法能使利润最大化。

d. 一个教授决定花费多少时间在备课上面临以下权衡取舍：提高课程质量的价值和把时间用在做其他事情（如增加科研时间或享受更多的闲暇时间）上的价值。

e. 一个本科生决定是否去读研究生时面临诸多权衡取舍。比如，权衡学士学位所可能带来的收入和进一步深造所获得的收益（如将来更高的收入和获取更多的知识）。再如时间上的权衡取舍：与家人待在一起或享受闲暇时间，还是花时间在学习上。又如，学生也面临承担学生贷款还是用贷款买一套房或一辆车之间的权衡取舍。

2. 你正想决定是否去度假。度假的大部分成本（机票、住旅馆的费用、放弃的工资）都用美元来衡量，但度假的收益是心理上的。你将如何比较收益与成本呢？

【解答】
当一件事（如度假）的收益是心理上的感觉时，把这种收益和是否值得去做这件事的成本进行比较是困难的。但是，有两种方法可以衡量这种收益。第一种方法是把去度假和你不去度假将会干什么进行比较。如果你不去度假，是否打算把度假的钱用来买一些东西，比如一套新的高尔夫球杆？这样，你就可以决定是愿意拥有新球杆还是去度假。第二种方法是考虑一下你为了去度假得多努力地工作去赚钱，然后再来判断度假所带来的心理收益是否值得你付出为此工作而承担的心理成本。

3. 你正计划用星期六的时间去做兼职，但一个朋友请你去滑雪。去滑雪的真实成本是什么？现在假设你已计划星期六在图书馆学习，那么这种情况下去滑雪的成本是什么？请解释。

【解答】
如果你打算去滑雪而不是去做兼职，那么滑雪的成本包括货币成本和时间成本，后者包括你没有去兼职而放弃的工资收入的机会成本。如果是在滑雪和去图书馆学习之间选择，那么滑雪的成本也包括货币成本和时间成本，其中时间成本包括花在学习上的时间价值。

4. 你在篮球比赛中赢了100美元。你可以选择现在花掉它或者在利率为5%的银行账户中存一年。那么现在花掉这100美元的机会成本是什么呢？

【解答】
如果你决定花掉100美元而不是储蓄一年并获得5%的利息收益，那么这意味着你放弃了一年之后使用105美元的机会。

5. 你管理的公司在开发一种新产品的过程中已经投资 500 万美元,但开发工作还没有完成。在最近的一次会议上,你的销售人员报告说,竞争性产品的进入使你们新产品的预期销售额减少为 300 万美元。如果完成这项开发还要花费 100 万美元,你还应该继续进行这项开发吗?为了完成这项开发,你后续的最高花费应该是多少?

【解答】你先前已经投入并不能收回的 500 万美元和你要做的决定之间并没有联系,因为原先的那笔钱是沉没成本。现在重要的是获得边际收益的可能性。如果你再花 100 万美元而赚了 300 万美元,你将会得到 200 万美元的边际收益,那么你应该去做。你确实可以想到这个方案的总损失有 300 万美元(600 万美元的总成本和仅 300 万美元的收益),而认为当初不该开始这个项目。然而,如果不再花费 100 万美元,你将不会有任何收益,而且将会损失 500 万美元。因此,最重要的是尽量最小化你的损失。实际上,为了完成这项开发,你后续的最高花费应该是 300 万美元;对于超过 300 万美元的任何投资,你的边际收益都不会有所增加。

6. 一项 1996 年的法案修改了联邦政府的反贫困计划,对许多福利领取者做了只能领取两年津贴的限制。
   a. 这个变动如何影响对工作的激励?
   b. 这个变动如何反映了平等与效率之间的权衡取舍?

【解答】
a. 当福利领取者知道福利将在两年后被取消时,他们找工作的动力比知道他们的福利永远持续下去的情况下要大。
b. 两年后福利的取消意味着找不到工作的人将没有收入,因此收入分配将变得不平等。但经济会更有效率,因为福利领取者有更大的动力去寻找工作。因此,这个变动会提高效率但减少平等。

7. 解释下列每一项政府活动的动机是关注平等还是关注效率。在关注效率的情况下,讨论所涉及的市场失灵的类型。
   a. 对有线电视的价格进行管制。
   b. 向一些穷人提供可用来购买食物的消费券。
   c. 在公共场所禁止吸烟。
   d. 把标准石油公司(它曾拥有美国 90% 的炼油厂)分拆为几个较小的公司。
   e. 对收入较高的人实行较高的个人所得税税率。
   f. 制定禁止酒后开车的法律。

【解答】
a. 效率。市场失灵来自有线电视企业的市场势力。
b. 平等。
c. 效率。外部性是由二手烟对不吸烟者的危害引起的。
d. 效率。市场失灵是由标准石油公司的市场势力引起的。
e. 平等。
f. 效率。外部性来自酒驾导致的事故。

8. 从平等和效率的角度讨论下面每种说法。
   a. "应该保证社会上的每个人都得到尽可能好的医疗。"

b. "当工人被解雇时,应该使他们在找到新工作之前能一直领取失业津贴。"

【解答】

a. 如果保证社会上每个人得到尽可能好的医疗,那么比起现在,国家更多的产出将会被投入医疗。这会是有效率的吗?如果你认为医生具有市场势力并通过限制医疗来保持高收入,那么你会认为提供更多的医疗会提高效率。但是更为可能的是,如果政府增加医疗投入,那么经济效率可能会降低,因为提供给人们的医疗可能超过人们会选择购买的水平。从平等的角度来看,只要穷人没有得到充分的医疗,提供更多的医疗就意味着平等的改善。每个人都将获得更平等的经济"馅饼"份额,虽然这个经济"馅饼"是由更多的医疗和更少的其他物品所组成的。

b. 当工人被解雇时,总有呼声基于平等考虑,要求失业保障制度提供给工人一定的失业津贴,直到他们找到工作。毕竟,没有人打算被解雇,因此失业保障从一定角度来看是一种保险。但是,这存在一个效率问题:如果你不工作也能获得收入,那么你为什么要工作呢?如果人们长时间处于失业状态,经济是不能有效运行的,而失业保障鼓励了失业。因此,这实质上是平等和效率之间的权衡取舍。失业保障提供更多的失业津贴,失业的人将会损失更少的收入,但这将鼓励更多的人保持失业状态。因此,平等程度的提高将会降低效率。

9. 你的生活水平在哪些方面不同于你的父母或祖父母在你这个年龄时的生活水平?为什么会发生这些变化?

【解答】

在美国,每35年,平均个人收入大致翻一番,我们的生活水平完全可能好于我们的父母,更好于我们的祖父母。这主要是生产率提高的结果。每小时工作所提供的物品和服务比以前更多了。因此,收入水平一直在增长,生活水平也是如此。

10. 假设美国人决定把他们更多的收入用于储蓄。如果银行把这笔钱借给企业,企业用这笔钱建设新工厂,这种高储蓄会如何加快生产率的提高呢?你认为谁会从更高的生产率中获益呢?社会会得到"免费的午餐"吗?

【解答】

如果美国人把更多的收入用于储蓄,那么有更多的投入用于建设工厂,从而带来产品的增加和生产率的提高,因为同样数量的工人将有更多的装备来进行生产。高生产率将会使工人和企业主获益,前者由于生产更多的产品而获得更高的收入,后者将会由于投资而获益。但不存在"免费的午餐"这种情况,因为当人们储蓄更多时,他们也就放弃了消费。人们得到更高的收入是以购买更少的物品为代价的。

11. 在美国独立战争期间,美国殖民地政府无法筹集到足够的税收来为战争融资。为了弥补这个差额,殖民地政府决定更多地印发货币。通过印发货币来弥补支出有时被称为"通货膨胀税"。你认为当政府增发货币时,谁被"征税"了?为什么?

【解答】

当政府印发货币时,每一个持有货币的人都被征税了,因为货币的价值随货币发行量的增大而降低。

第 2 章
像经济学家一样思考

学习目标

在本章中,学生应理解
- 经济学家如何运用科学方法;
- 假设和模型如何可以阐明这个世界;
- 两个简单的模型——循环流量图和生产可能性边界;
- 微观经济学和宏观经济学的区别;
- 实证表述和规范表述之间的差别;
- 经济学家在政策制定中的作用;
- 经济学家意见分歧的原因。

框架与目的

  第 2 章是导言部分三章中的第二章。第 1 章介绍了将在整本教科书中反复出现的经济学十大原理。第 2 章提出了经济学家如何研究问题,而第 3 章将解释个人和国家如何从贸易中获益。

  第 2 章的目的是让学生熟悉经济学家如何研究经济问题。通过实践,你将学会如何运用这种无偏见且系统化的方式来研究类似问题。从本章中,学生们将了解经济学家如何运用科学方法、假设在模型构建中的作用以及两种特定经济模型的应用。学生们还将知道经济学家所能扮演的两种角色的重要区别:作为科学家,他们力图解释经济世界;作为政策制定者,他们努力改善世界。

内容提要

- 经济学家们努力以科学家的客观态度来研究他们的学科。像所有科学家一样,他们做出了适当的假设并建立了简化的模型,以便理解我们周围的世界。两个简单的经济模型是循环流量图和生产可能性边界。
- 经济学可划分为两个分领域:微观经济学和宏观经济学。微观经济学家研究家庭和企业做出的决策以及家庭和企业在市场上的相互交易。宏观经济学家研究影响整体经济的力量和趋势。
- 实证表述是关于"世界是什么样子"的论断。规范表述是关于"世界应该是什么样子"的论断。当经济学家做出规范表述时,他们的行为更像是政策顾问而不是科学家。
- 经济学家们向政策制定者提出的建议之所以有时会相互矛盾,不是因为科学判断的差别,就是因为价值观的差别。在另一些时候,经济学家提供的建议是一致的,但由于政治过程施加的力量和约束,政策制定者可能选择不理会这些建议。

教材习题解答

即问即答

1. - 从何种意义上说,经济学像一门科学?
   - 假设一个社会只生产食物与衣服,为其画出生产可能性边界。标出一个有效率点、一个无效率点和一个不可能实现的点。说明一场旱灾对此的影响。
   - 定义微观经济学与宏观经济学。

   【解答】
   - 经济学就像一门科学,因为经济学家设计理论、收集数据并分析数据以试图证实或证伪他们的理论。换言之,经济学是建立在科学方法之上的。
   - 图1显示了只生产食物和衣服的社会的生产可能性边界。A点是有效率点(边界上),B点是无效率点(边界内),C点是不可能实现的点(边界外)。
     旱灾的影响如图2所示。旱灾减少了可生产的粮食数量,使生产可能性边界向内移动。(如果旱灾也减少了可用于生产服装的棉花数量,那么纵轴上的截距也会缩短。)

   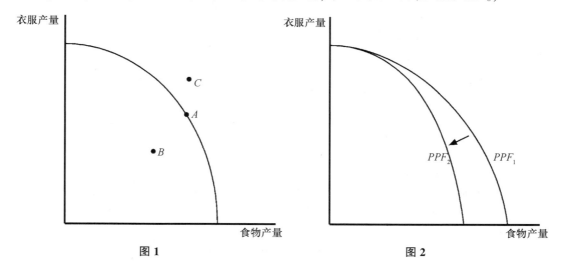

   - 微观经济学是研究家庭和企业如何做出决策以及它们如何在市场上相互交易的学科。宏观经济学是研究整体经济现象,包括通货膨胀、失业和经济增长的学科。

2. - 举出与你的日常生活有关的一个实证表述的例子和一个规范表述的例子。
   - 列举出经常听取经济学家建议的三个政府部门。

   【解答】
   - 一个关于实证表述的例子是:"一杯更高价格的咖啡让我选择购买更多的茶。"这是一个实证表述,因为它做出关于"世界是什么样子"的描述。一个关于规范表述的例子是:"政府应该控制咖啡价格。"这是一个规范表述,因为它做出关于"世界应该是什么样子"的表述。类似的例子很多。
   - 经常需要经济学家提供建议的美国政府部门包括:致力于制定税收政策的财政部,致力于根据数据分析就业形势的劳工部,致力于执行反托拉斯法的司法部,致力于对政策性提议进行评估的国会预算办公室以及致力于分析经济发展状况的美国联邦储备委员会。也有很多其他的答案。

3. 为什么总统经济顾问们对一个政策问题会存在意见分歧?

   【解答】
   由于科学判断或价值观上的差异,总统经济顾问们对政策问题的建议有可能并不相同。

快速单选

1. 经济模型是_____。
   a. 复制经济运行的机械设备
   b. 对经济的详尽而真实的描述
   c. 经济某些方面的简单再现
   d. 预测经济未来的电脑程序

2. 循环流量图说明在生产要素市场上,_____。
   a. 家庭是卖者,企业是买者
   b. 家庭是买者,企业是卖者
   c. 家庭和企业都是买者
   d. 家庭和企业都是卖者

3. 生产可能性边界内的一点是_____的。
   a. 有效率,但不可能
   b. 可能,但无效率
   c. 既有效率又可能
   d. 既无效率又不可能

4. 一个经济生产热狗与汉堡包。如果一项热狗对健康非常有利的发现改变了消费者的偏好,它将_____。
   a. 扩大生产可能性边界
   b. 收缩生产可能性边界
   c. 使经济沿着生产可能性边界变动
   d. 使经济在生产可能性边界内变动

5. 以下所有话题都在微观经济学研究范围之内,除了_____。
   a. 香烟税对青少年吸烟行为的影响

b. 微软的市场势力在软件定价中的作用
c. 反贫困计划在减少无家可归者中的效率
d. 政府预算赤字对经济增长的影响
6. 以下哪一种说法是实证的,而不是规范的?
   a. X 法将减少国民收入。
   b. X 法是一项好的立法。
   c. 国会应该通过 X 法。
   d. 总统应该否决 X 法。

【答案】 1. c　2. a　3. b　4. c　5. d　6. a

复习题

1. 经济学在哪些方面是一门科学?
   【解答】
   经济学是一门科学,因为经济学家使用科学方法,他们设计理论、收集数据并分析数据以试图证实或证伪他们关于世界如何运作的理论。经济学家像其他科学家一样使用理论并观察,但他们进行可控实验的能力有限。相反,他们必须依靠自然实验。
2. 为什么经济学家要做出假设?
   【解答】
   在不影响答案的前提下,经济学家可以做出假设以简化问题。假设可以使世界变得更加容易理解。
3. 经济模型应该准确地描述现实吗?
   【解答】
   一个经济模型不能准确描述现实世界,因为准确描述现实世界的模型太复杂,不容易理解。模型是一种简化,使经济学家能够了解什么是真正重要的。
4. 说出你的家庭参与要素市场的一种方式,以及参与产品市场的一种方式。
   【解答】
   略。
5. 举出一种没有包括在简单的循环流量图中的经济关系。
   【解答】
   略。
6. 画出并解释一个生产牛奶与点心的经济的生产可能性边界。如果一场瘟疫使该经济中的一半奶牛死亡,这条生产可能性边界会发生怎样的变动?
   【解答】
   图 3 表示牛奶与点心的生产可能性边界(PPF_1)。如果一场瘟疫使经济中的一半奶牛死亡,那么牛奶的产量可能会减少,因此生产可能性边界会向内移动(PPF_2)。注意,如果该经济只生产点心,那么它将不需要任何奶牛,因此点心产量不会受到影响。但是如果该经济生产牛奶(无论多少),那么一场瘟疫之后,牛奶的产量将会减少。

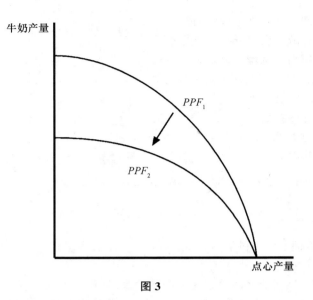

图 3

7. 用生产可能性边界解释"效率"这一概念。

【解答】
如果经济中的稀缺资源全部得到利用,那么产出就是有效率的。用生产可能性边界来表示,有效率点在生产可能性边界上,例如图 4 中的 A 点。当该经济能有效率地使用资源时,不减少一种物品的生产就不能增加另一种物品的生产。生产可能性边界以内的点,例如 B 点,就代表无效率的结果,因为在该点不减少一种物品的生产就能增加另一种物品的生产。

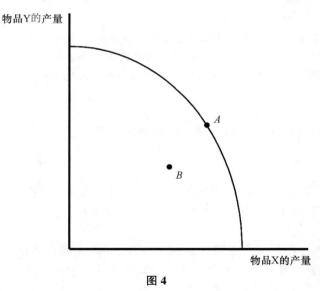

图 4

8. 经济学分为哪两个分领域？解释这两个分领域各自研究什么。

   【解答】

   经济学的两个分领域为微观经济学和宏观经济学。微观经济学研究关于家庭和企业如何做决策以及如何在市场上相互交易。宏观经济学研究整体经济现象，包括通货膨胀、失业和经济增长。

9. 实证表述与规范表述之间的差别是什么？各举出一个例子。

   【解答】

   实证表述是描述性的，它们做出关于"世界是什么样子"的表述，而规范表述是规定性的，它们做出关于"世界应该是什么样子"的表述。实证表述的例子有：货币的快速增长是通货膨胀的起因。规范表述的例子有：政府应该将货币的增速控制在低水平。

10. 为什么经济学家有时会向政策制定者提出相互矛盾的建议？

    【解答】

    经济学家有时会向政策制定者提出互相矛盾的建议有两个原因：（1）经济学家可能对分析世界如何运行的不同实证理论的有效性看法不一致；（2）经济学家可能有不同的价值观，因此，对公共政策应该努力实现的目标有不同的规范性观点。

问题与应用

1. 画一张循环流量图。指出模型中分别对应于下列活动的物品与服务流向和货币流向的部分。

   a. Selena 向店主支付 1 美元买了 1 夸脱牛奶。

   b. Stuart 在快餐店工作，每小时赚 8 美元。

   c. Shanna 花 40 美元理发。

   d. Salma 凭借她在 Acme Industrial 公司 10% 的股权赚到了 2 万美元。

   【解答】

   四种交易如图 5 所示。

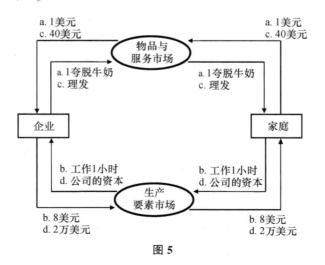

图 5

2. 设想一个生产军用品和消费品的社会,并将它们称为"大炮"和"黄油"。
   a. 画出大炮与黄油的生产可能性边界。用机会成本解释为什么这条边界的形状最有可能是向外凸出。
   b. 标出这个经济不可能实现的一点。再标出可以实现但无效率的一点。
   c. 假设这个社会有两个政党,称为鹰党(想拥有强大的军事力量)和鸽党(想拥有较弱的军事力量)。在生产可能性边界上标出鹰党可能选择的一点和鸽党可能选择的一点。
   d. 假想一个侵略性的邻国削减了军事力量。结果鹰党和鸽党都等量减少了自己原来希望生产的大炮数量。用黄油产量的增加来衡量哪一个党会得到更大的"和平红利",并解释。

【解答】
   a. 图 6 表示大炮与黄油的生产可能性边界。这条边界向外凸出是由于机会成本递增的规律。当经济由生产很多大炮和少量黄油(H 点)向生产更少大炮和更多黄油(D 点)移动时,每额外生产一单位黄油的机会成本就增加了,因为最适合用于生产大炮的资源转向了黄油的生产。因此,生产额外一单位黄油所需放弃的大炮数量增加了。

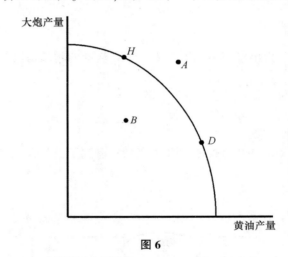

图 6

   b. 图 6 中的 A 点是经济不可能实现的点,因为它在生产可能性边界外。B 点是经济可以实现但无效率的点,因为它在生产可能性边界内。
   c. 鹰党可能选择类似 H 点的点,因为该点上有很多大炮和少量的黄油。鸽党可能选择类似 D 点的点,因为该点上有很多黄油和少量的大炮。
   d. 如果鹰党和鸽党等量减少了它们理想中的大炮数量,鹰党将会得到更大的"和平红利",因为生产可能性边界在 H 点时比在 D 点时更加平坦。因此,在大炮减少的数量给定的前提下,从 H 点开始将比从 D 点开始,带来黄油数量的更大增加。

3. 第 1 章讨论的第一个经济学原理是人们面临权衡取舍。用生产可能性边界说明社会在两种"物品"——清洁的环境与工业产量之间的权衡取舍。你认为什么因素决定生产可能性边界的形状和位置?如果工程师开发出了一种污染更少的新的发电方法,生产可能性边界会发生什么变化?

【解答】

见图7。生产可能性边界的形状和位置取决于保持一个清洁环境的成本——环境行业的生产率。环境行业生产率的提高,比如开发出了一种污染更少的新的发电方法,将会导致生产可能性边界的移动,就如图中从 PPF_1 向 PPF_2 的移动一样。

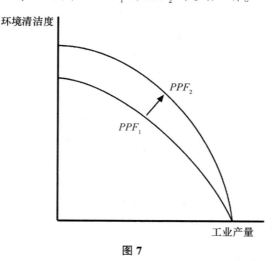

图7

4. 一个经济由 Larry、Moe 和 Curly 这三个工人组成。每个工人每天工作 10 小时,并可以提供两种服务:割草和洗汽车。在 1 小时内,Larry 可以割一块草地或洗一辆汽车,Moe 可以割一块草地或洗两辆汽车,而 Curly 可以割两块草地或洗一辆汽车。

a. 计算在以下情况(即我们所标的 A、B、C 和 D 四种情况)下,每种服务各能提供多少:
   - 三个工人把他们所有的时间都用于割草。(A)
   - 三个工人把他们所有的时间都用于洗汽车。(B)
   - 三个工人都分别把一半时间用于两种活动。(C)
   - Larry 分别把一半时间用于两种活动,而 Moe 只洗汽车,Curly 只割草。(D)

b. 画出这个经济的生产可能性边界。用你对 a 的回答来确定图形上的 A、B、C 和 D 点。

c. 解释为什么生产可能性边界的形状是这样的。

d. a 中有哪一种配置是无效率的吗?请解释。

【解答】

a. 在 A 情况下:割了 40 块草地;洗了 0 辆汽车。
   在 B 情况下:割了 0 块草地;洗了 40 辆汽车。
   在 C 情况下:割了 20 块草地;洗了 20 辆汽车。
   在 D 情况下:割了 25 块草地;洗了 25 辆汽车。

b. 该经济的生产可能性边界如图8所示。A 点、B 点、D 点在生产可能性边界上,而 C 点在生产可能性边界内。

c. Larry 在两种服务中的效率是一样的。Moe 洗车的效率更高,而 Curly 割草的效率更高。由于边际技术替代率递减,生产可能性曲线是凹向原点的。

d. C 点上的配置是无效率的。只要简单重新分配三个人的时间,就可以洗更多的车和割更多的草。

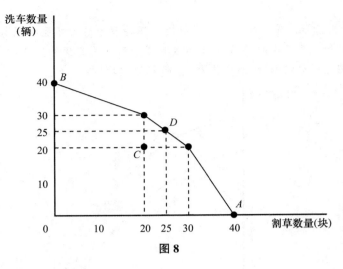

图 8

5. 把下列话题分别归入微观经济学或宏观经济学:
   a. 家庭把多少收入用于储蓄的决策。
   b. 政府管制对汽车废气排放的影响。
   c. 高国民储蓄对经济增长的影响。
   d. 企业关于雇用多少工人的决策。
   e. 通货膨胀率和货币量变动之间的关系。

   【解答】
   a. 家庭把多少收入用于储蓄的决策可归于微观经济学。
   b. 政府管制对汽车废气的影响可归于微观经济学。
   c. 高国民储蓄对经济增长的影响可归于宏观经济学。
   d. 企业关于雇用多少工人的决策可归于微观经济学。
   e. 通货膨胀率和货币量变动之间的关系可归于宏观经济学。

6. 把下列表述分别归入实证表述或规范表述,并解释。
   a. 社会面临通货膨胀与失业之间的短期权衡取舍。
   b. 降低货币增长率将降低通货膨胀率。
   c. 美联储应该降低货币增长率。
   d. 社会应该要求福利领取者去找工作。
   e. 降低税率可以鼓励人们更多地工作和更多地储蓄。

   【解答】
   a. "社会面临通货膨胀和失业之间的短期权衡取舍"是实证表述。它主要涉及经济是什么样子的,而不是涉及经济应该是什么样子的。因为经济学家分析了数据并发现通货膨胀和失业之间存在短期负相关,所以该表述是一个事实。
   b. "降低货币增长率将降低通货膨胀率"是实证表述。经济学家发现货币增长和通货膨胀是紧密相关的。该表述描述的是世界什么样子的,所以它是实证表述。
   c. "美联储应该降低货币增长率"是规范表述。它提出了关于某些事应该怎么做的看法,而不是关于世界是什么样子的描述。

d. "社会应该要求福利领取者去找工作"是规范表述。它没有描述世界是什么样子的。相反,它表达了世界应该是什么样子的,所以该表述是规范表述。

e. "降低税率可以鼓励人们更多地工作和更多地储蓄"是实证表述。经济学家研究了税率和工作之间的关系,也研究了税率和储蓄之间的关系。他们研究发现,这两个实例中都存在负相关关系。因此,该表述反映了世界是什么样子的,是实证表述。

第3章
相互依存性与贸易的好处

学习目标

在本章中,学生应理解
- 当人们互相交易时如何使每个人都获益;
- 绝对优势与比较优势的含义;
- 比较优势如何解释贸易的好处;
- 如何把比较优势原理运用于日常生活和国家政策。

框架与目的

  第3章是导言部分三章中的最后一章。第1章介绍经济学十大原理。第2章说明经济学家如何研究问题。第3章说明个人和国家如何从贸易中获益(这是第1章讨论的十大原理之一)。

  第3章的目的是证明每个人如何从贸易中获益。贸易使人们可以专门生产自己有比较优势的物品,然后交换其他人生产的物品。由于实现了专业化,总产量增加,通过贸易我们都能从中获得好处。不仅对于个人来说是如此,对于国家来说也是如此。由于每个人都可以从贸易中获益,因此对贸易的限制会减少福利。

内容提要

- 每个人都消费着本国和世界各国许多其他人所生产的物品与服务。相互依存和贸易之所以合意,是因为它可以使每个人都享有更多数量和种类的物品与服务。
- 有两种方法可以用来比较两个人在生产一种物品上的能力。一个可以用较少的投入生产该物品的人被称为在生产该物品上有绝对优势。生产该物品的机会成本较小的人被称为有比较优势。贸易的好处是基于比较优势,而不是绝对优势。
- 贸易可以使每个人的状况都变得更好,因为它使人们可以专门从事自己有比较优势的活动。
- 比较优势原理不仅适用于个人,还适用于国家。经济学家用比较优势原理支持各国间的自由贸易。

教材习题解答

即问即答

1. 画出鲁滨孙·克鲁索的生产可能性边界的例子。鲁滨孙是一个遇难船只的水手,他把他的时间用于采集椰子和捕鱼。如果他独自生活,该生产可能性边界是否限制了他对椰子和鱼的消费?如果他可以与岛上的当地人交易,他还会面临同样的限制吗?

【解答】
图 1 显示了鲁滨孙·克鲁索采集椰子和捕鱼的生产可能性边界。如果他独自生活,生产可能性边界会限制他对椰子和鱼的消费,但是如果他可以与岛上的当地人交易,将有可能在生产可能性边界以外的某个点进行消费。

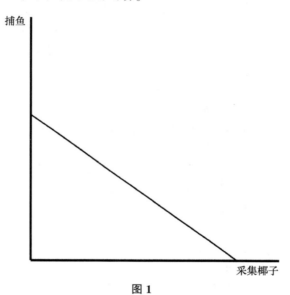

图 1

2. 鲁滨孙·克鲁索每小时可以摘 10 个椰子或捕 1 条鱼。他的朋友"星期五"每小时可以摘 30 个椰子或捕 2 条鱼。克鲁索捕 1 条鱼的机会成本是多少?"星期五"的呢?谁在捕鱼方面有绝对优势?谁在捕鱼方面有比较优势?

【解答】
克鲁索捕 1 条鱼的机会成本是 10 个椰子,因为他能在捕 1 条鱼的时间里摘 10 个椰子。"星期五"捕 1 条鱼的机会成本是 15 个椰子,因为他能在捕 2 条鱼的时间里摘 30 个椰子。"星期五"在捕鱼方面具有绝对优势,因为他每小时能捕 2 条鱼而克鲁索只能捕 1 条。但是克鲁索在捕鱼方面具有比较优势,因为他捕 1 条鱼的机会成本比"星期五"的低。

3. 假设一个技术高超的脑外科医生恰巧也是世界上打字最快的打字员。她应该自己打字,还是雇一个秘书?请解释原因。

【解答】
如果一个技术高超的脑外科医生恰巧又是世界上打字最快的打字员,她应该雇用一个秘书,因为秘书每小时打字的机会成本更低。尽管脑外科医生在打字方面有绝对优势,但是秘书在打字方面有比较优势,因为秘书打字的机会成本更低。

快速单选

1. 在1个小时内,Mateo 可以洗2辆汽车或修剪1块草坪,Tyler 可以洗3辆汽车或修剪1块草坪。谁在洗汽车上有绝对优势?谁在修剪草坪上有绝对优势?
    a. Mateo 在洗汽车上有绝对优势,Tyler 在修剪草坪上有绝对优势。
    b. Tyler 在洗汽车上有绝对优势,Mateo 在修剪草坪上有绝对优势。
    c. Mateo 的绝对优势在洗汽车上,而不在修剪草坪上。
    d. Tyler 的绝对优势在洗汽车上,而不在修剪草坪上。

2. 同样,在1个小时内,Mateo 可以洗2辆汽车或修剪1块草坪,Tyler 可以洗3辆汽车或修剪1块草坪。谁在洗汽车上有比较优势?谁在修剪草坪上有比较优势?
    a. Mateo 在洗汽车上有比较优势,Tyler 在修剪草坪上有比较优势。
    b. Tyler 在洗汽车上有比较优势,Mateo 在修剪草坪上有比较优势。
    c. Mateo 的比较优势在洗汽车上,而不在修剪草坪上。
    d. Tyler 的比较优势在洗汽车上,而不在修剪草坪上。

3. 两个人生产都有效率,并根据比较优势进行互利的贸易,则:
    a. 他们两人的消费都能达到各自的生产可能性边界之外。
    b. 他们两人的消费都在生产可能性边界之内。
    c. 一个人的消费在生产可能性边界之内,而另一个人的消费在生产可能性边界之外。
    d. 每个人的消费都在自己的生产可能性边界之上。

4. 一国通常会进口哪一种物品?
    a. 该国具有绝对优势的物品。
    b. 该国具有比较优势的物品。
    c. 其他国家具有绝对优势的物品。
    d. 其他国家具有比较优势的物品。

5. 假设在美国生产一架飞机要用1万小时劳动,生产一件衬衣要用2小时劳动。在中国,生产一架飞机要用4万小时劳动,生产一件衬衣要用4小时劳动。这两个国家将进行哪种贸易?
    a. 中国将出口飞机,美国将出口衬衣。
    b. 中国将出口衬衣,美国将出口飞机。
    c. 两国都出口衬衣。
    d. 在这种情况下贸易不会带来好处。

6. Kayla 做一顿晚餐用30分钟,洗一次衣服用20分钟。她的室友做这两件事都只要一半的时间。这两个室友应该如何分配工作?
    a. Kayla 根据自己的比较优势,应该多做饭。
    b. Kayla 根据自己的比较优势,应该多洗衣服。
    c. Kayla 根据自己的绝对优势,应该多洗衣服。
    d. 在这种情况下贸易不会带来好处。

【答案】　1. d　2. b　3. a　4. d　5. b　6. d

复习题

1. 在什么情况下,生产可能性边界是直线,而不是外凸的?

    【解答】

    如果一种物品无论生产多少,生产这种物品的机会成本都是不变的,那么这种物品的生产可能性边界是直线。如果一种物品没有使用专门的生产要素,这种情况的可能性很大。

2. 解释绝对优势和比较优势有什么不同。

    【解答】

    绝对优势是一个人、一个企业或一个国家与另一个人、另一个企业或另一个国家的生产率的比较,而比较优势是基于个人、企业、国家的相对机会成本。一个人、一个企业或一个国家可以在每种产品的生产上都具有绝对优势,但是不能在每种产品的生产上都具有比较优势。

3. 举例说明一个人在做某件事上有绝对优势,而另一个人有比较优势。

    【解答】

    例子很多。例如,Roger 能在 10 分钟内准备一顿饭,而 Anita 需要 20 分钟。Roger 能在 3 小时内洗完衣服,而 Anita 需要 4 小时。因此 Roger 在做饭和洗衣服方面都有绝对优势,但是 Anita 在洗衣服方面有比较优势。对于 Anita 来说,洗衣服的机会成本是 12 顿饭;对于 Roger 来说,洗衣服的机会成本则是 18 顿饭。

4. 对贸易来说,是绝对优势重要还是比较优势重要?以你对上一道题的答案为例来解释你的推理。

    【解答】

    在贸易中,比较优势比绝对优势更重要。在问题 3 的例子中,如果 Anita 负责洗至少一部分衣服而 Roger 负责为两个人做饭,那么两人都能更快地做完家务。这是因为 Anita 在洗衣服方面具有比较优势,而 Roger 在做饭方面具有比较优势。

5. 如果双方根据比较优势进行贸易并且双方都从中获益,则贸易的价格应该在哪个范围内?

    【解答】

    为了使贸易的双方都能获益,贸易价格应该位于双方的机会成本之间。

6. 为什么经济学家反对限制各国之间贸易的政策?

    【解答】

    经济学家反对限制国家间贸易的政策,是因为贸易能使所有国家都通过比较优势获益,从而实现更大的繁荣。限制贸易会损害所有国家。

问题与应用

1. Maria 可以每小时读 20 页经济学著作,也可以每小时读 50 页社会学著作。她每天学习 5 小时。

    a. 画出 Maria 阅读经济学和社会学著作的生产可能性边界。

    b. Maria 阅读 100 页社会学著作的机会成本是多少?

    【解答】

    a. 如图 2 所示,如果 Maria 花 5 小时读经济学著作,能读 100 页,那么可以用生产可能性边界的纵轴截距来表示。如果她花 5 小时读社会学著作,能读 250 页,那么可以用生产可能性边界的横轴截距来表示。因为机会成本是不变的,因此生产可能性边界是一条直线。

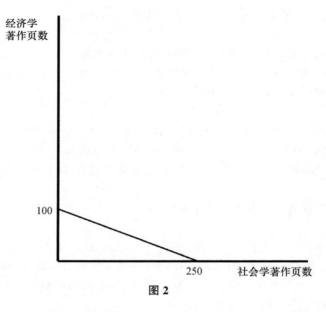

图 2

b. Maria 读 100 页社会学著作需要 2 小时,同样的时间,她可以读 40 页经济学著作。因此,读 100 页社会学著作的机会成本是读 40 页经济学著作。

2. 美国和日本工人每人每年都可以生产 4 辆汽车。一个美国工人每年可以生产 10 吨粮食,而一个日本工人每年可以生产 5 吨粮食。为了简化起见,假设每个国家都有 1 亿名工人。

a. 为这种情况做出类似于教材中图 3-1 的表格。
b. 画出美国和日本经济的生产可能性边界。
c. 对美国来说,生产一辆汽车的机会成本是多少?生产粮食呢?对日本来说,生产一辆汽车的机会成本是多少?生产粮食呢?把这些信息填入类似于教材中表 3-1 的表中。
d. 哪个国家在生产汽车上具有绝对优势?在生产粮食上呢?
e. 哪个国家在生产汽车上具有比较优势?在生产粮食上呢?
f. 没有贸易时,每个国家都有一半工人生产汽车,一半工人生产粮食。两个国家分别能生产多少汽车和粮食呢?
g. 从没有贸易的状况出发,举例说明贸易可以使每个国家的状况都变得更好。

【解答】

a.

	生产所需工人数量(人)	
	一辆车	一吨粮食
美国	1/4	1/10
日本	1/4	1/5

b. 如图 3 所示,每个国家有 1 亿个工人,每个工人每年能生产 4 辆车。如果每个国家所有

工人都生产汽车,那么每年可以生产4亿辆汽车。一个美国工人每年能生产10吨粮食,如果美国只生产粮食,那么每年能生产10亿吨粮食。一个日本工人每年能生产5吨粮食,如果日本只生产粮食,那么每年能生产5亿吨粮食。美国和日本的生产可能性边界截距见图3。注意,因为两国的汽车和粮食之间的交换比例是不变的,所以两国的生产可能性边界都是一条直线。

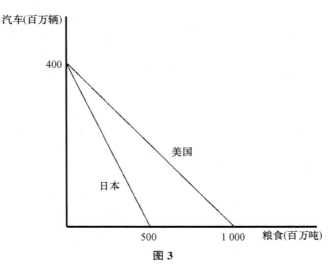

图 3

c. 一个美国工人能生产4辆汽车或10吨粮食,因此生产1辆汽车的机会成本是5/2吨粮食。同样,生产1吨粮食的机会成本是2/5辆汽车(4除以10)。一个日本工人能生产4辆汽车或5吨粮食,因此1辆汽车的机会成本是5/4吨粮食,1吨粮食的机会成本是4/5辆汽车。如下表所示:

	机会成本	
	1辆汽车 (以放弃的粮食吨数来表示)	1吨粮食 (以放弃的汽车辆数来表示)
美国	5/2	2/5
日本	5/4	4/5

d. 没有一个国家在生产汽车方面有绝对优势,因为它们有相同的生产率(每个工人有相同的产出);美国在生产粮食方面有绝对优势,因为它有更高的生产率(每个工人都有较高的产出)。

e. 日本在生产汽车方面有比较优势,因为与生产粮食相比,生产汽车有着更低的机会成本。美国在生产粮食方面有比较优势,因为与生产汽车相比,生产粮食有着更低的机会成本。

f. 如果每个国家各有一半的工人分别去生产汽车和粮食,美国将生产2亿辆汽车(5 000万个工人乘以每个工人生产4辆汽车)和5亿吨粮食(5 000万个工人乘以每个工人生产10吨粮食)。日本将生产2亿辆汽车(5 000万个工人乘以每个工人生产4辆汽车)和2.5亿吨粮食(5 000万个工人乘以每个工人生产5吨粮食)。

g. 在没有贸易的情况下,每个国家都会生产汽车和粮食。假定美国让一个生产汽车的工人去生产粮食,那么将会少生产4辆汽车而多生产10吨粮食。然后假设让美国用7吨粮食去跟日本换4辆汽车,美国是愿意换的,因为美国生产汽车的成本是10吨粮食。通过贸易,美国仅花费7吨粮食的成本就获得了4辆汽车,节省了3吨粮食,从而状况变得更好。假定日本让一个生产粮食的工人去生产汽车,那么将会多生产4辆汽车而少生产5吨粮食。日本也会愿意进行贸易,因为对于日本来说4辆汽车值5吨粮食。通过贸易,日本比原来多了2吨粮食,从而状况变得更好。通过贸易和一个工人生产的改变,美国和日本不但获得了与贸易前同样数量的汽车,而且获得了更多数量的粮食(美国增加了3吨,日本增加了2吨)。因此,通过贸易和生产的改变,两个国家的状况都变得更好了。

3. Pat 和 Kris 是室友。他们把大部分时间用于学习(理所当然),但也留出一些时间做他们喜欢的事:做比萨饼和制作清凉饮料。Pat 制作1加仑清凉饮料需要4小时,做1块比萨饼需要2小时。Kris 制作1加仑清凉饮料需要6小时,做1块比萨饼需要4小时。

   a. 每个室友做1块比萨饼的机会成本是多少?谁在做比萨饼上有绝对优势?谁在做比萨饼上有比较优势?

   b. 如果 Pat 和 Kris 互相交换食物,谁将用比萨饼换取清凉饮料?

   c. 比萨饼的价格可以用清凉饮料的加仑数来表示。能使两个室友状况都更好的比萨饼交易的最高价格是多少?最低价格是多少?解释原因。

【解答】

a. Pat 做1块比萨饼的机会成本是1/2加仑清凉饮料,因为她做1块比萨饼的时间(2小时)里能制作1/2加仑清凉饮料。Kris 做1块比萨饼的机会成本是2/3加仑清凉饮料,因为她做1块比萨饼的时间(4小时)里能制作2/3加仑清凉饮料。Pat 在做比萨饼上有绝对优势,因为她用2小时就能做1块比萨饼,而 Kris 要用4小时。Pat 做比萨饼的机会成本比 Kris 低,所以 Pat 在做比萨饼上有比较优势。

b. 因为 Pat 在做比萨饼上有比较优势,她将会用比萨饼来交换 Kris 做的清凉饮料。

c. 能使两个室友状况都更好的比萨饼交易的最高价格是2/3加仑清凉饮料。如果价格高于此,Kris 将宁愿自己做比萨饼(机会成本是2/3加仑清凉饮料)而不是交换 Pat 做的比萨饼。能使两个室友状况都更好的比萨饼交易的最低价格是1/2加仑清凉饮料。如果价格低于此,那么 Pat 将宁愿自己制作清凉饮料(她能制作1/2加仑清凉饮料来代替做1块比萨饼)而不是交换 Kris 制作的清凉饮料。

4. 假设加拿大有1000万名工人,而且每个工人每年可生产2辆汽车或30蒲式耳小麦。

   a. 加拿大生产1辆汽车的机会成本是多少?加拿大生产1蒲式耳小麦的机会成本是多少?解释这两种物品的机会成本之间的关系。

   b. 画出加拿大的生产可能性边界。如果加拿大选择消费1000万辆汽车,没有贸易时它可以消费多少小麦?在生产可能性边界上标出这一点。

   c. 现在假设美国计划从加拿大购买1000万辆汽车,每辆汽车用20蒲式耳小麦交换。如果加拿大继续消费1000万辆汽车,这种交易使加拿大可以消费多少小麦?在你的图上标出这一点。加拿大应该接受这笔交易吗?

【解答】

a. 因为一个加拿大工人一年能生产2辆汽车或30蒲式耳小麦,因此生产1辆汽车的机会成本是15蒲式耳小麦。同理,生产1蒲式耳小麦的机会成本是1/15辆汽车。这两种物品的机会成本互为倒数。

b. 见图4。如果1 000万个工人每人每年生产2辆汽车,他们将总共生产2 000万辆汽车,这就是生产可能性边界在纵轴上的截距。如果1 000万个工人每人每年生产30蒲式耳小麦,他们将总共生产3亿蒲式耳小麦,这就是生产可能性边界在横轴上的截距。因为汽车和小麦的交换比率总是一样的,所以生产可能性边界是一条直线。

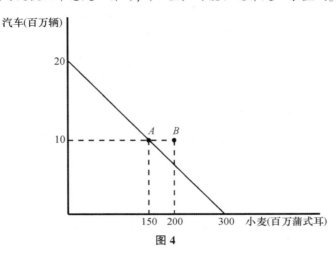

图4

如果加拿大选择消费1 000万辆汽车,这将需要500万个工人投入汽车的生产当中。然后让剩下的500万个工人去生产小麦,总共将会生产出1.5亿蒲式耳小麦(500万个工人乘以每个工人生产30蒲式耳小麦),用图4中的A点表示。

c. 如果美国从加拿大购买1 000万辆汽车,加拿大继续消费1 000万辆汽车,那么加拿大将总共需要生产2 000万辆汽车,因此加拿大将会在生产可能性边界的纵轴截距上生产。然而,如果加拿大每辆汽车能换回20蒲式耳小麦,它将能够消费2亿蒲式耳小麦和1 000万辆汽车,用图4中的B点表示。加拿大会接受这笔交易,因为它不但能消费与之前一样数量的汽车,而且还能额外消费5 000万蒲式耳小麦。

5. 英格兰和苏格兰都生产烤饼和毛衣。假设一个英格兰工人每小时能生产50个烤饼或1件毛衣。假设一个苏格兰工人每小时能生产40个烤饼或2件毛衣。
   a. 在每种物品的生产上,哪个国家有绝对优势?哪个国家有比较优势?
   b. 如果英格兰和苏格兰决定进行贸易,苏格兰将用哪种物品与英格兰交易?解释原因。
   c. 如果一个苏格兰工人每小时只能生产1件毛衣,苏格兰仍然能从贸易中得到好处吗?英格兰仍然能从贸易中得到好处吗?解释原因。

【解答】
a. 英格兰工人在生产烤饼上具有绝对优势,因为英格兰工人在单位时间内能生产更多的烤饼(50个,相比于苏格兰工人的40个)。苏格兰工人在生产毛衣上具有绝对优势,因为苏格兰工人在单位时间内能生产更多的毛衣(2件,相比于英格兰工人的1件)。比较优势也是如此。英格兰工人在生产烤饼上具有比较优势,因为英格兰工人生产1个烤饼的机会成本是1/50件毛衣(每小时生产1件毛衣除以每小时生产50个烤饼),而苏格兰工人生产1个烤饼的机会成本是1/20件毛衣(每小时生产2件毛衣除以每小时生产 40 个烤饼)。苏格兰工人在生产毛衣上具有比较优势,因为苏格兰工人生产 1 件毛衣的机会成本是 20 个烤饼(每小时生产 40 个烤饼除以每小时生产 2 件毛衣),而英格兰工人生产 1 件毛衣的机会成本是 50 个烤饼(每小时生产 50 个烤饼除以每小时生产 1 件毛衣)。

b. 如果英格兰和苏格兰决定进行贸易,那么苏格兰就会生产毛衣,而英格兰则会生产烤饼,然后进行交换。在贸易中,每件毛衣的价格在 20~50 个烤饼将使双方受益,因为与它们在本国生产的机会成本相比,进行贸易的价格更低。

c. 即使一个苏格兰工人每小时只能生产 1 件毛衣,苏格兰仍能从贸易中得到好处,这是因为苏格兰在生产毛衣上仍然具有比较优势。虽然苏格兰生产毛衣的机会成本比起之前变高了(现在为每件毛衣 40 个烤饼,之前为每件毛衣 20 个烤饼),但是英格兰仍能从贸易中得到好处,这是因为英格兰有更高的机会成本(每件毛衣 50 个烤饼)。

6. 下表描述了 Baseballia 国两个城市的生产可能性:

	一个工人每小时生产的红袜子量（双）	一个工人每小时生产的白袜子量（双）
波士顿	3	3
芝加哥	2	1

a. 没有贸易时,波士顿 1 双白袜子的价格(用红袜子表示)是多少? 芝加哥 1 双白袜子的价格是多少?

b. 在每种颜色的袜子的生产上,哪个城市有绝对优势? 哪个城市有比较优势?

c. 如果这两个城市进行贸易,两个城市将分别出口哪种颜色的袜子?

d. 可以进行交易的价格范围是多少?

【解答】

a. 在没有进行交易时,在波士顿,1 双白袜子的价格等于 1 双红袜子的价格,这是因为两种袜子的生产率是相同的。然而在芝加哥,1 双白袜子的价格等于 2 双红袜子的价格。

b. 波士顿在两种袜子的生产上都具有绝对优势,因为每个波士顿工人(每小时生产 3 双袜子)比每个芝加哥工人(每小时生产 2 双红袜子或 1 双白袜子)能生产更多的袜子。芝加哥在生产红袜子上具有比较优势,因为在芝加哥生产 1 双红袜子的机会成本是 1/2 双白袜子,而在波士顿生产 1 双红袜子的机会成本是 1 双白袜子。波士顿在生产白袜子上具有比较优势,因为在波士顿生产 1 双白袜子的机会成本是 1 双红袜子,而在芝加哥生产 1 双白袜子的机会成本是 2 双红袜子。

c. 如果波士顿和芝加哥进行贸易,那么波士顿将会出口白袜子,因为波士顿在生产白袜子方面有比较优势,而芝加哥则会出口红袜子,因为芝加哥在生产红袜子方面有比较优势。

d. 可以进行交易的价格范围为:1 双白袜子交换 1~2 双红袜子。如果 1 双白袜子的价格低于 1 双红袜子的价格,波士顿将会选择自己生产红袜子(1 双红袜子的生产成本为 1 双白袜子)而不是从芝加哥购买。同样,如果 1 双白袜子的价格高于 2 双红袜子的价格,芝加哥将会选择自己生产白袜子(1 双白袜子的生产成本为 2 双红袜子)而不是从波士顿购买。

7. 一个德国工人生产一辆汽车需要 400 小时,而生产一箱红酒需要 2 小时。一个法国工人生产一辆汽车需要 600 小时,而生产一箱红酒需要 x 小时。

a. 要从可能的贸易中得到好处,x 的值应该是多少？解释原因。

b. x 的值多大时德国会出口汽车,进口红酒？解释原因。

【解答】

a. 当 $x \neq 3$ 时,两国就有可能从贸易中受益。因为当存在比较优势时,才有可能从贸易中受益。在德国生产 1 辆汽车的机会成本是 200 箱红酒(400 小时除以每箱红酒 2 小时)。同样,在德国生产 1 箱红酒的机会成本是 1/200 辆汽车。当 $x=3$ 时,在法国生产 1 辆汽车的机会成本是 200 箱红酒(600 小时除以每箱红酒 3 小时)。在这种情况下,两个国家都不具有比较优势。当 x 取其他值时,比较优势才会存在。

b. 当 $x<3$ 时,德国会出口汽车而进口红酒。如果德国要出口汽车,那么它必须在汽车生产上具有比较优势,而法国则在生产红酒上具有比较优势。这种情况只有德国在汽车生产方面比法国具有更小的机会成本时才会发生。我们知道,在德国生产 1 辆汽车的机会成本是 200 箱红酒。当 $x<3$ 时,在法国生产 1 辆汽车的机会成本大于 200 箱红酒。例如,当 $x=2$ 时,在法国生产 1 辆汽车的机会成本是 300 箱红酒(600 小时除以每箱红酒 2 小时)。因此,当 $x<3$ 时,德国在汽车生产上具有比较优势,所以它会选择出口汽车和进口红酒。

8. 假设一个美国工人每年能生产 100 件衬衣或 20 台电脑,而一个中国工人每年能生产 100 件衬衣或 10 台电脑。

a. 画出这两个国家的生产可能性边界。假设没有贸易时,两个国家的工人各用一半时间生产两种物品。在你的图上标出这一点。

b. 如果这两个国家进行贸易,哪个国家将出口衬衣？举出一个具体的数字的例子,并在你的图上标出。哪个国家将从贸易中获益？解释原因。

c. 解释两国可能交易的电脑价格(用衬衣衡量)是多少。

d. 假设中国的生产率赶上了美国,因此,一个中国工人每年可以生产 100 件衬衣或 20 台电脑。你预计这时的贸易形式会是什么样的？中国生产率的这种进步将如何影响两国居民的经济福利？

【解答】

a. 两国的生产可能性边界如图 5 所示。没有贸易时,一个美国工人各用一半的时间生产两种物品,将会生产出 50 件衬衣和 10 台电脑。没有贸易时,一个中国工人各用一半的时间生产两种物品,将会生产出 50 件衬衣和 5 台电脑。

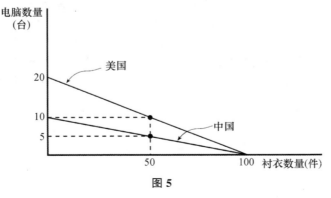

图 5

b. 中国将会出口衬衣,因为中国生产衬衣的机会成本更低。对于中国来说,1件衬衣的机会成本是1/10台电脑。对于美国来说,1件衬衣的机会成本则是1/5台电脑。因此,中国在生产衬衣上有比较优势,而美国在生产电脑上有比较优势。

1件衬衣的价格范围为1/10~1/5台电脑。例如,1件衬衣的价格是1台电脑价格的1/7。假设中国只生产衬衣(100件衬衣),出口了50件衬衣交换7.14台电脑(50/7≈7.14)。这种贸易使得中国比起贸易前的状况(50件衬衣和5台电脑)变得更好。美国也从贸易中受益。如果美国只生产电脑(20台电脑),用7.14台电脑和中国交换50件衬衣,那么美国将会有12.86台电脑和50件衬衣,比贸易前的状况(10台电脑和50件衬衣)变得更好。

c. 1台电脑的价格范围为5~10件衬衣。如果1台电脑的价格低于5件衬衣,那么美国将不愿意出口电脑,因为美国生产1件衬衣的机会成本是1/5台电脑。如果1台电脑的价格高于10件衬衣,那么中国将不愿意进口电脑,因为中国生产1台电脑的机会成本是10件衬衣。

d. 一旦两国之间的生产率相同,那么两国之间的贸易获益就消失了。从贸易中获益是因为它允许各国利用存在的比较优势。如果中国和美国生产衬衣与电脑的机会成本相同,那么双方将不会从贸易中受益。

9. 下列表述正确还是错误?分别做出解释。
   a. "即使一国在生产所有物品上都有绝对优势,两国也能从贸易中得到好处。"
   b. "某些极有才能的人在做每一件事情上都有比较优势。"
   c. "如果某种贸易能给某个人带来好处,那么它就不会也给另一个人带来好处。"
   d. "如果某种贸易对一个人是好事,那么它对另一个人也总是好事。"
   e. "如果贸易能给某个国家带来好处,那么它一定能给该国的每一个人都带来好处。"

【解答】
   a. 正确。两个国家都能从贸易中得到好处,即使其中一个国家在生产所有物品上都有绝对优势。其必要条件是每个国家都有生产某种物品的比较优势。
   b. 错误。没有人在任何事情上都有比较优势。比较优势表示的是一种物品或活动以另一种物品或活动计算的机会成本。如果你在某件事上有比较优势,那么你在其他事情上一定会有比较劣势。
   c. 错误。贸易能给双方带来好处——特别是基于比较优势的贸易。如果双方都不能获益,贸易就不会发生。
   d. 错误。某种贸易要对双方都有好处,贸易价格必须在双方的机会成本之间。
   e. 错误。贸易在提高整个国家福利水平的同时,也可能伤害到这个国家的某些个体的利益。例如,假设一个国家在生产小麦上有比较优势,而在生产汽车上有比较劣势。出口小麦、进口汽车将会提高整个国家的福利水平,因为它将使整个国家消费更多的物品。然而,贸易的出现很可能会损害国内汽车行业的工人和企业的利益。

第 4 章
供给与需求的市场力量

学习目标

在本章中,学生应理解
- 什么是竞争市场;
- 在一个竞争市场中是什么决定一种物品的需求;
- 在一个竞争市场中是什么决定一种物品的供给;
- 供给和需求如何共同决定一种物品的价格与销量;
- 市场经济中价格在稀缺资源配置过程中的关键性作用。

框架与目的

第 4 章是论述供给与需求以及市场如何运行的三章中的第一章。第 4 章说明一种物品的供给和需求如何决定该物品的产量与销售价格。第 5 章通过介绍弹性——供给量和需求量对经济变量变动的敏感性——的概念来提高我们对供给和需求讨论的精确性。第 6 章将分析政府政策对市场上价格和数量的影响。

第 4 章的目的是建立供求模型。供求模型是我们在教科书中其他部分讨论的基础。因此,花在学习这一章中的概念上的时间将为你在经济学的整个学习过程中带来收益。许多教师都认为,这一章是教科书中最重要的一章。

内容提要

- 经济学家用供求模型来分析竞争市场。在竞争市场上,有许多买者和卖者,他们每个人对市场价格的影响很小,甚至没有影响。
- 需求曲线表示价格如何决定一种物品的需求量。根据需求定理,随着一种物品价格的下降,其需求量增加。因此,需求曲线向右下方倾斜。
- 除了价格,决定消费者想购买多少物品的其他因素包括收入、替代品和互补品的价格、爱好、预期和买者的数量。如果这些因素中的一种改变了,那么需求曲线就会移动。
- 供给曲线表示价格如何决定一种物品的供给量。根据供给定理,随着一种物品价格的上升,其供给量增加。因此,供给曲线向右上方倾斜。
- 除了价格,决定生产者想出售多少物品的其他因素包括投入品价格、技术、预期和卖者的数量。如果这些因素中的一种改变了,那么供给曲线就会移动。

- 供给曲线与需求曲线的交点决定了市场均衡。当价格为均衡价格时,需求量等于供给量。
- 买者与卖者的行为会自然而然地使市场趋向于均衡。当市场价格高于均衡价格时,存在物品的过剩,引起市场价格下降。当市场价格低于均衡价格时,存在物品的短缺,引起市场价格上升。
- 为了分析某个事件如何影响一个市场,我们用供求图来考察该事件对均衡价格和均衡数量的影响。我们遵循三个步骤进行:第一,确定该事件是使供给曲线移动,还是使需求曲线移动(还是使两者都移动)。第二,确定曲线移动的方向。第三,比较新均衡与原来的均衡。
- 在市场经济中,价格是引导经济决策从而配置稀缺资源的信号。对于经济中的每一种物品来说,价格确保供给与需求达到平衡。均衡价格决定了买者选择购买多少这种物品,以及卖者选择生产多少这种物品。

教材习题解答

即问即答

1. - 什么是市场?
   - 一个完全竞争的市场具有哪些特征?

   【解答】
   - 市场是某种特定物品和服务的买方(决定需求)与卖方(决定供给)。
   - 完全竞争市场具有的特征是:市场上有无数的买者与卖者,物品完全无差别,因此任何一个买者或卖者对市场价格的影响都是微不足道的。

2. 编出一个比萨饼月需求表的例子,并画出隐含的需求曲线。举出一个将使这条需求曲线移动的因素的例子,并简要解释你的推理。比萨饼价格的变动会使这条需求曲线移动吗?

   【解答】
   比萨饼的月需求表如下:

比萨饼的价格(美元)	比萨饼的需求量(个)
0.00	10
0.25	9
0.50	8
0.75	7
1.00	6
1.25	5
1.50	4
1.75	3
2.00	2
2.25	1
2.50	0

比萨饼的需求曲线如图1所示：

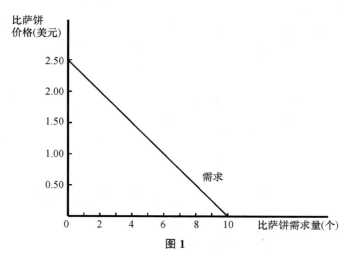

图1

引起需求曲线移动的因素有很多，比如收入、相关物品(如苏打水和热狗)的价格、口味、对未来收入或价格的预期、买者的数量。

比萨饼价格的改变不会引起需求曲线的移动，只会引起在同一条曲线上从一个点到另一个点的变动。

3. 编出一个比萨饼月供给表的例子，并画出隐含的供给曲线。举出一个将使这条供给曲线移动的因素的例子，并简要解释你的推理。比萨饼价格的变动会使这条供给曲线移动吗？

【解答】

比萨饼的月供给表如下：

比萨饼的价格(美元)	比萨饼的供给量(个)
0.00	0
0.25	100
0.50	200
0.75	300
1.00	400
1.25	500
1.50	600
1.75	700
2.00	800
2.25	900
2.50	1 000

比萨饼的供给曲线如图2所示。

引起供给曲线移动的因素有很多，比如投入品(如番茄酱和奶酪)价格的变化、技术的改变

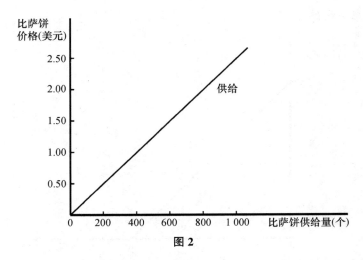

图2

(如效率更高的比萨饼烤箱或自动拌面机)、对未来比萨饼价格预期的改变和卖者数量的改变。

比萨饼价格的改变不会引起供给曲线的移动,只会引起在供给曲线上一点到另一点的变动。

4. • 用供求图分析,如果西红柿价格上升,比萨饼市场会发生什么变动。
   • 用供求图分析,如果汉堡包价格下降,比萨饼市场会发生什么变动。

【解答】
• 如果西红柿的价格上升,那么比萨饼的供给曲线就会向左移动,因为投入品价格上升增加了生产比萨饼的成本,但是需求曲线不会移动。供给曲线向左移动会引起均衡价格的上升和均衡数量的下降,如图3所示。

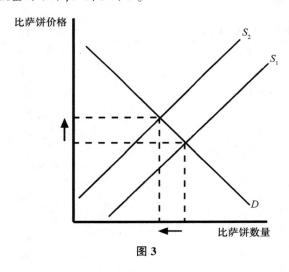

图3

• 如果汉堡包的价格下降,那么比萨饼的需求曲线就会向左移动,因为汉堡包较低的价格会导致人们买更多的汉堡包和更少的比萨饼,但是供给曲线不会移动。需求曲线向左移动会导致均衡价格和均衡数量的下降,如图4所示。

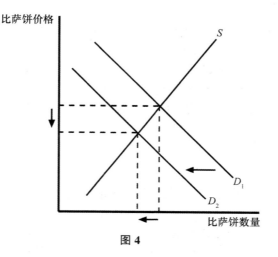

图 4

快速单选

1. 以下哪一种变动不会使汉堡包的需求曲线移动？
   a. 热狗的价格。
   b. 汉堡包的价格。
   c. 汉堡包面包的价格。
   d. 汉堡包消费者的收入。

2. _____增加将引起沿着既定需求曲线的变动，这种变动被称为_____的变动。
   a. 供给，需求
   b. 供给，需求量
   c. 需求，供给
   d. 需求，供给量

3. 电影票和电影视频服务是替代品。如果电影视频服务的价格上升，电影票市场会发生什么变动？
   a. 供给曲线向左移动。
   b. 供给曲线向右移动。
   c. 需求曲线向左移动。
   d. 需求曲线向右移动。

4. 发现新的大油田将使汽油的_____曲线移动，引起均衡价格_____。
   a. 供给，上升
   b. 供给，下降
   c. 需求，上升
   d. 需求，下降

5. 如果经济进入衰退而且收入下降，低档物品市场会发生什么变动？
   a. 价格和数量都提高。
   b. 价格和数量都下降。
   c. 价格提高，数量下降。

    d. 价格下降,数量提高。
6. 以下哪一种情况会引起果酱的均衡价格上升和均衡数量减少?
    a. 作为果酱互补品的花生酱的价格上升。
    b. 作为果酱替代品的棉花软糖的价格上升。
    c. 作为果酱投入品的葡萄的价格上升。
    d. 在果酱作为正常物品时,消费者的收入增加。

【答案】　1. b　2. b　3. d　4. b　5. a　6. c

复习题

1. 什么是竞争市场?简单描述一种不是完全竞争的市场。

   【解答】
   完全竞争市场的特征是:具有无数买者和卖者,物品完全无差别,每个买者和卖者对市场价格的影响都是微不足道的。另一种市场类型是完全垄断市场,其中只存在一个卖者。在完全垄断市场和完全竞争市场之间还有其他市场类型。

2. 什么是需求表和需求曲线?它们之间是什么关系?为什么需求曲线向右下方倾斜?

   【解答】
   需求表表示的是物品价格与需求量之间的关系。需求曲线是关于物品价格和数量之间关系的一条向下倾斜的直线。需求曲线与需求表是相关联的,因为需求曲线只是将需求表中的所有点用图形表示出来。

   需求曲线向下倾斜是因为需求定理——在其他条件相同的情况下,当物品的价格上升时,其需求量就会下降。当物品的价格上升时人们就会买更少的这种物品,是因为他们买不起与之前同样数量的该商品,或者转而购买了其他物品。

3. 消费者爱好的变化引起沿着需求曲线的变动,还是需求曲线的移动?价格的变化引起沿着需求曲线的变动,还是需求曲线的移动?请解释。

   【解答】
   消费者爱好的改变会导致需求曲线的移动。如果消费者爱好的改变增加了其对物品的需求,那么消费者就会在每一个价格水平上想要购买更多的这类物品。价格的改变导致沿着需求曲线的变动。因为价格用纵轴表示,价格的改变表示沿着需求曲线的变动。

4. Harry 的收入减少了,结果他买了更多的南瓜汁。南瓜汁是低档物品,还是正常物品?Harry 的南瓜汁需求曲线会发生什么变化?

   【解答】
   因为当 Harry 的收入下降时,他会购买更多的南瓜汁,所以南瓜汁对他来说是低档物品。由于收入减少,他对南瓜汁的需求曲线向右移动。

5. 什么是供给表和供给曲线?它们之间是什么关系?为什么供给曲线向右上方倾斜?

   【解答】
   供给表表示的是物品的价格和生产者愿意并且能够提供的物品数量之间的关系。供给曲线是一条关于物品价格和供给量之间关系的向上倾斜的曲线。供给表和供给曲线是相关联的,因为供给曲线只是将供给表中的所有点用图形表示出来。

   供给曲线向右上方倾斜是因为当物品价格上升时,供给者的利润就会增加,他们就会向市场提供更多的产品。其结果就是供给定理——在其他条件相同的情况下,当物品的价格上升时,物品的供给量也会增加。

6. 生产者技术的变化引起沿着供给曲线的变动,还是供给曲线的移动?价格的变化引起沿着供给曲线的变动,还是供给曲线的移动?

【解答】
生产者技术的变化会引起供给曲线的移动。价格的变化会引起沿着供给曲线的变动。

7. 给市场均衡下定义。描述使市场向均衡变动的力量。

【解答】
市场均衡就是需求量正好等于供给量的点。如果价格高于均衡价格,那么卖者想卖的数量就比买者想买的数量更多,物品存在剩余。卖者会通过降低价格增加他们的销售,直到达到均衡价格。当价格低于均衡价格时,买者想买的数量比卖者想卖的数量多,物品存在短缺。卖者会在不减少买者的前提下提高价格,直到达到均衡价格。

8. 啤酒与比萨饼是互补品,因为人们常常边吃比萨饼,边喝啤酒。当啤酒价格上升时,比萨饼市场的供给、需求、供给量、需求量以及价格会发生什么变动?

【解答】
当啤酒的价格上升时,比萨饼的需求就会下降,因为啤酒和比萨饼是互补品,而人们想买更少的啤酒。当比萨饼的需求下降时,其需求曲线就会向左移动,如图5所示。比萨饼的供给曲线不会受影响。随着需求曲线的向左移动,均衡价格和均衡数量都下降了,如图5所示,比萨饼的供给量和需求量都下降了。因此,比萨饼市场的供给不变,需求下降,需求量和供给量下降,价格下降。

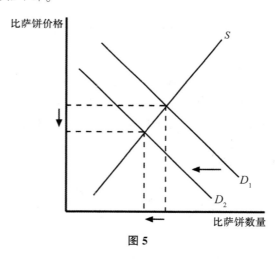

图5

9. 描述市场经济中价格的作用。

【解答】
价格在经济市场中扮演着重要的角色,它能让市场处于均衡状态。如果价格偏离均衡价格,供给量与需求量是不相等的。由此导致的剩余或短缺会使供给者去调整价格,直到回到均衡状态。因此,价格是指导经济决策和配置稀缺资源的信号。

问题与应用

1. 用供求图分别解释以下表述：
   a. "当寒流袭击佛罗里达时，全国超市中的橙汁价格都上升。"
   b. "当每年夏天新英格兰地区天气变暖时，加勒比地区旅馆房间的价格直线下降。"
   c. "当中东爆发战争时，汽油价格上升，而二手凯迪拉克车的价格下降。"

   【解答】
   a. 寒流破坏了橙子作物，减少了橙子的产量，提高了橙子的价格。由于橙子是橙汁最重要的投入品，这减少了橙汁的供给量。从图 6 可以看出，橙汁的供给曲线向左移动，新的均衡价格比之前的均衡价格要高。

   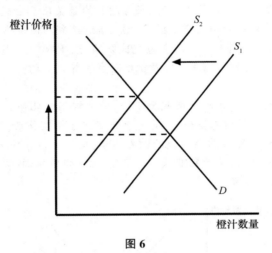

   图 6

   b. 为了躲避寒冷的天气，人们经常从新英格兰来加勒比地区旅游，以至于冬天加勒比地区旅馆的需求高。而夏天很少有人来加勒比地区旅游，因为北方气候更宜人。从图 7 可以看出，结果是需求曲线向左移动，夏天加勒比地区旅馆房间的均衡价格比冬天要低。

   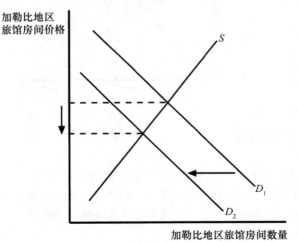

   图 7

c. 当中东地区爆发战争时,很多市场都会受到影响。因为很大比例的石油产量来自中东地区,而战争会破坏石油的供给,使得汽油的供给曲线向左移动,如图8所示。结果是汽油的均衡价格上升。随着汽油价格的上升,耗油的汽车(比如二手凯迪拉克)的行驶成本上升。因此,对二手凯迪拉克车的需求就会减少,汽车市场中的人们就会发现凯迪拉克车不像以前那样具有吸引力。并且,一些本来已经拥有凯迪拉克的人会尝试去卖掉它们。结果是二手凯迪拉克车的需求曲线向左移动,供给曲线向右移动,如图9所示。最终二手凯迪拉克车的均衡价格比原来有所降低。

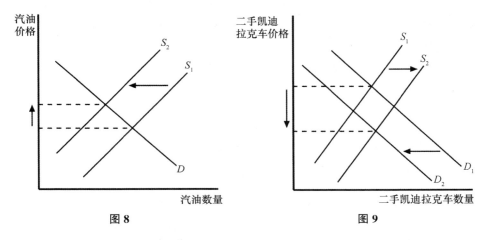

图8　　　　　　图9

2. "对练习本需求的增加提高了练习本的需求量,但没有提高练习本的供给量。"这句话是对还是错？解释原因。

   【解答】

   这个说法是错误的。如图10所示,在均衡时,练习本需求的增加会导致练习本的需求量和供给量都上升。

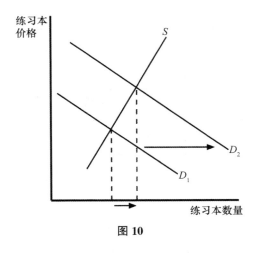

图10

3. 考虑家用旅行车市场。根据下面所列的事件,分别指出哪一种需求或供给的决定因素将受到影响。同时还要指出,需求或供给是增加了,还是减少了。然后画图说明该事件对家用旅行车价格和数量的影响。

a. 人们决定多生孩子。

b. 钢铁工人罢工,致使钢材价格上涨。

c. 工程师开发出用于家用旅行车生产的新的自动化机器。

d. 运动型多功能车价格上升。

e. 股市崩溃减少了人们的财产。

【解答】

a. 如果人们决定要更多的孩子,就会希望有更大的交通工具来带孩子外出,所以,对家用旅行车的需求就会增加。但是供给不会受到影响。结果是家用旅行车的均衡数量和均衡价格都会上升,如图 11 所示。

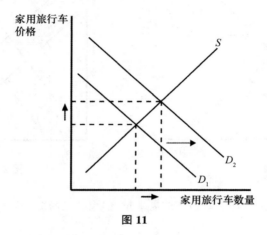

图 11

b. 如果钢铁工人的罢工使得钢材的价格有所上升,生产家用旅行车的成本将会上升,家用旅行车的供给会下降,需求不受影响。结果是家用旅行车的均衡价格上升,均衡数量下降,如图 12 所示。

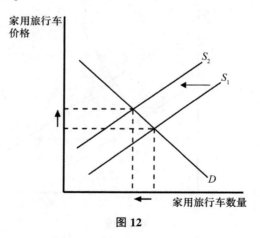

图 12

c. 新的自动化机器的开发对于家用旅行车的生产来说是一个科技上的进步。这能降低企业的生产成本,使得家用旅行车的供给上升,需求不受影响。结果是家用旅行车的均衡价格降低,均衡数量上升,如图 13 所示。

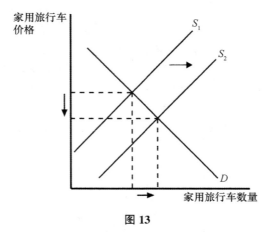

图 13

d. 运动型多功能车价格的上升会影响对家用旅行车的需求,因为它是家用旅行车的替代品。结果是对家用旅行车的需求增加,供给不受影响。家用旅行车的均衡数量和均衡价格都会上升,如图 11 所示。

e. 股市崩溃导致人们所拥有的财富减少,从而导致他们的收入减少,也会导致对家用旅行车的需求减少,因为家用旅行车是一种正常物品。供给不受影响。因此,家用旅行车的均衡价格和均衡数量都会下降,如图 14 所示。

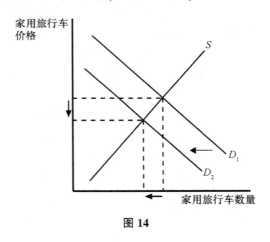

图 14

4. 考虑电影视频服务、电视和电影院门票市场。
   a. 对每一对物品,确定它们是互补品还是替代品:
      - 电影视频服务和电视机
      - 电影视频服务和电影票
      - 电视机和电影票
   b. 假设技术进步降低了制造电视机的成本。画一个图说明电视机市场会发生什么变动。
   c. 再画两个图说明电视机市场的变动如何影响电影视频服务市场和电影票市场。

【解答】
a. 电影视频服务和电视机有可能成为互补品,因为没有电视机就无法观看电影视频服务。电影视频服务和电影票有可能是替代品,因为你既可以在家,也可以在电影院观看电影。同样的道理,电视机和电影票也是替代品。
b. 技术进步会使得生产电视机的成本下降,从而使得电视机的供给曲线向右移动。需求曲线不发生变动。这样会导致电视机的均衡价格有所下降,均衡数量上升,如图15所示。

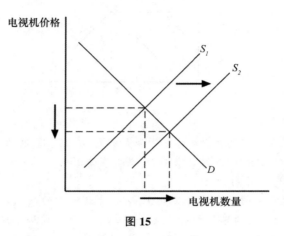

图 15

c. 电视机的价格降低会导致对电影视频服务的需求增加,因为电影视频服务和电视机是互补品。电影视频服务需求上升会导致电影视频服务的均衡数量和均衡价格都上升,如图16所示。电视机价格的降低会使得对电影票的需求下降,因为两者是替代品。电影票需求的下降会导致电影票的均衡价格和均衡数量都下降,如图17所示。

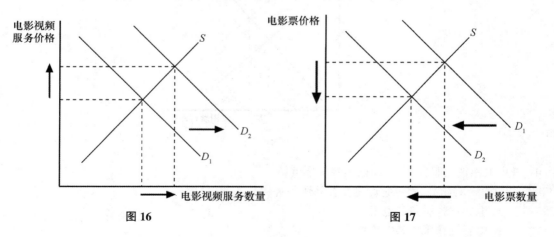

图 16   图 17

5. 过去40年间,技术进步降低了电脑芯片的成本。你认为这会对电脑市场产生怎样的影响?对电脑软件呢?对打字机呢?
【解答】
技术的进步使得生产电脑芯片的成本降低了,从而生产电脑的成本也降低了。结果是电脑的供给曲线向右移动,如图 18 所示。均衡价格降低了,均衡数量却上升了。

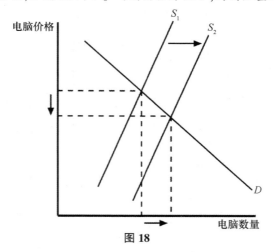

图 18

由于软件是电脑的互补品,更低的电脑均衡价格带来对软件的更大需求。如图 19 所示,结果是软件的均衡价格和均衡数量同时上升。

由于电脑是打字机的替代品,电脑均衡价格的下降带来对打字机的需求下降。如图 20 所示,结果是打字机的均衡价格和均衡数量同时下降。

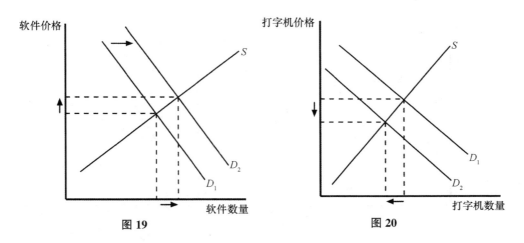

图 19　　　　　　　　　　　图 20

6. 运用供求图说明下列事件对运动衫市场的影响。
   a. 南卡罗来纳州的飓风损害了棉花作物。
   b. 皮夹克价格下降。
   c. 所有大学都要求学生穿合适的服装做早操。
   d. 新织布机被发明出来。

   【解答】
   a. 当飓风袭击南卡罗来纳州,破坏了当地的棉花作物时,生产运动衫的成本就会上升,结果是运动衫的供给曲线向左移动,如图 21 所示。新的运动衫的均衡价格会更高并且均衡数量会下降。

第 4 章　供给与需求的市场力量　▶ 41

b. 皮夹克价格下降会导致更多的人买皮夹克,并降低对运动衫的需求。结果是运动衫的均衡价格和均衡数量都下降了,如图22所示。

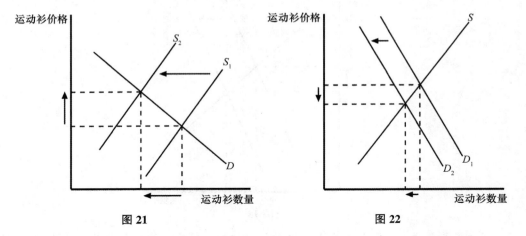

图21　　　　　　　　　图22

c. 大学要求学生做早操时穿合适的运动服装,这会导致对运动衫需求的增加,如图23所示。结果是运动衫的均衡价格和均衡数量的同步上升。

d. 新织布机的发明会提高运动衫的产量。结果是运动衫均衡价格的下降和均衡数量的上升,如图24所示。

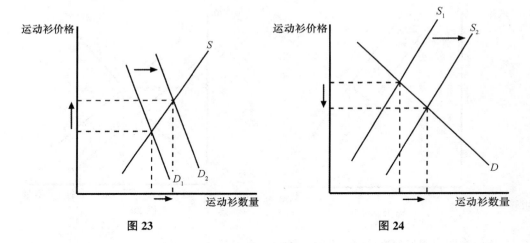

图23　　　　　　　　　图24

7. 番茄酱是热狗的互补品(以及调味品)。如果热狗价格上升,那么番茄酱市场会发生什么变动？番茄市场呢？番茄汁市场呢？橙汁市场呢？

【解答】

番茄酱是热狗的互补品。因此,当热狗的价格上升时,热狗的需求量会相应下降,这也会导致番茄酱需求量的下降。最终的结果会是番茄酱的均衡价格和均衡数量同时下降。番茄酱的数量下降会导致番茄的需求量同步下降,所以番茄的均衡数量和均衡价格下降。而番茄的价格下降会导致生产番茄汁的成本下降,于是番茄汁的供给曲线向外移动,导致番茄汁的均衡价格下降,均衡数量上升。番茄汁的价格下降又会使得人们更多地用番茄汁来代替橙汁,橙汁的需求量相应下降,导致橙汁的均衡价格和均衡数量同步下降。现在你可以清楚地知道为什么热狗价格的上升会相应地导致橙汁价格的下降！

8. 比萨饼市场的需求与供给表如下：

价格(美元)	需求量(个)	供给量(个)
4	135	26
5	104	53
6	81	81
7	68	98
8	53	110
9	39	121

a. 画出需求曲线与供给曲线。该市场上的均衡价格和均衡数量是多少？
b. 如果该市场上实际价格高于均衡价格,什么会使市场趋向于均衡？
c. 如果该市场上实际价格低于均衡价格,什么会使市场趋向于均衡？

【解答】
a. 当比萨饼的价格在 6 美元,数量在 81 个时,比萨饼的供给量和需求量相等,如图 25 所示。

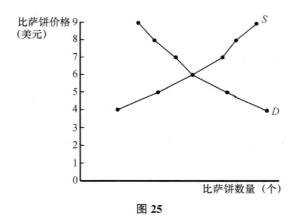

图 25

b. 如果价格高于 6 美元,供给量会大于需求量,所以供应商会通过降价的方式来提升销量。
c. 如果价格低于 6 美元,需求量会大于供给量,所以供应商可以在不影响销量的情况下涨价。
在 b 和 c 两种情况下,价格都会持续调整,直至达到 6 美元,只有在这个价格水平下才不存在剩余或短缺。

9. 考虑以下事件:科学家发现,多吃橙子可以降低患糖尿病的风险;同时农民用了新的肥料,提高了橙子的产量。说明并解释这些变化对橙子的均衡价格和均衡数量有什么影响。

【解答】

吃橙子有益健康的新闻会导致对橙子的需求增加,从而使橙子的均衡价格和均衡数量都上升。如果农民使用新的肥料使得橙子树更加多产,橙子的供给量就会上升,导致均衡价格的下降和均衡数量的上升。如果两者同时发生,均衡数量必然上升,但是均衡价格的升降是不确定的。

10. 因为百吉圈与奶酪通常一起食用,所以它们是互补品。

   a. 我们观察到奶酪的均衡价格与百吉圈的均衡数量同时上升。什么因素会引起这种变动——是面粉价格下降,还是牛奶价格下降? 说明并解释你的答案。

   b. 再假设奶酪的均衡价格上升了,但百吉圈的均衡数量减少了。什么因素会引起这种变动——是面粉价格上升,还是牛奶价格上升? 说明并解释你的答案。

【解答】

a. 面粉是制作百吉圈的原料,面粉价格的下跌导致百吉圈的供给曲线向右移动。结果如图 26 所示,百吉圈的均衡价格下降,均衡数量却上升了。

因为奶酪是百吉圈的互补品,所以百吉圈均衡价格的下降导致对奶酪的需求增加,如图 27 所示。结果是奶酪的均衡价格和均衡数量都上升。

所以,面粉价格的下跌实际上导致了奶酪均衡价格和百吉圈均衡数量的上升。

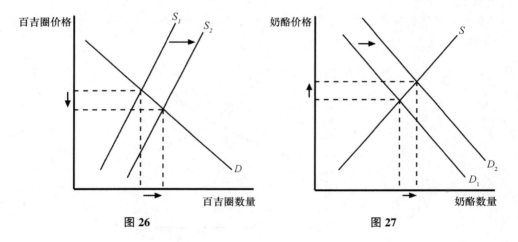

图 26   图 27

如果牛奶的价格下降了会发生什么呢? 因为牛奶是制作奶酪的原料,所以牛奶价格的下降导致奶酪供给量的上升。这会导致奶酪价格的下降,而不是奶酪价格的上升,如图 28 所示。所以牛奶价格的下降并不是题干中所述现象的原因。

b. 在 a 部分,我们可以发现,面粉价格的下跌在导致奶酪均衡价格上涨的同时,也会导致百吉圈均衡数量的上升。如果面粉价格上升,那么导致的结果是相反的:它将会导致奶酪均衡价格和百吉圈均衡数量的下降。因为题干中已经说了奶酪的均衡价格上升了,因此不会是面粉价格上涨导致的。

如果牛奶价格上升了会发生什么呢? 从 a 部分,我们可以发现,牛奶价格的下降会导致奶酪价格的下降,因此牛奶价格的上升也会导致奶酪价格的上升。因为百吉圈和奶酪是互补品,奶酪价格的上升会导致对百吉圈需求的下降,如图 29 所示。结果是百吉圈均衡数量的下降。所以牛奶价格的上升会导致奶酪均衡价格的上升和百吉圈均衡数量的下降。

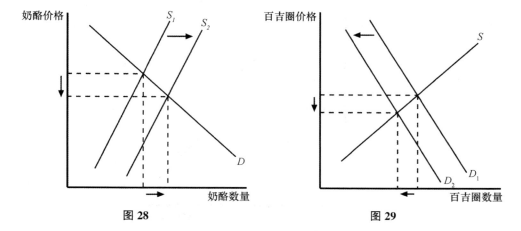

图28　　　　　　　　　　　　　图29

11. 假设你们大学里篮球票的价格是由市场力量决定的。现在,需求与供给表如下:

价格(美元)	需求量(张)	供给量(张)
4	10 000	8 000
8	8 000	8 000
12	6 000	8 000
16	4 000	8 000
20	2 000	8 000

a. 画出需求曲线和供给曲线。这条供给曲线有什么不寻常之处?为什么会是这样的?
b. 篮球票的均衡价格和均衡数量是多少?
c. 你们大学明年计划招收5 000名学生。新增的学生对篮球票的需求表如下:

价格(美元)	需求量(张)
4	4 000
8	3 000
12	2 000
16	1 000
20	0

现在把原来的需求表与新生的需求表加在一起,计算整个大学的新需求表。新的均衡价格和均衡数量是多少?

【解答】
a. 如图30所示,供给曲线是垂直的。供给量是一个常量,因为篮球场座位的数量是确定的,不随价格改变。

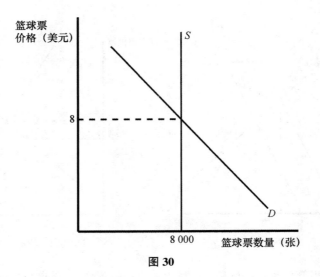

图30

b. 当价格为8美元时,供给量和需求量相等。均衡数量是8 000张票。

c. 如下表所示,当新的均衡价格为12美元时,供给量和需求量相等。均衡数量仍然是8 000张票。

价格(美元)	需求量(张)	供给量(张)
4	14 000	8 000
8	11 000	8 000
12	8 000	8 000
16	5 000	8 000
20	2 000	8 000

第 5 章
弹性及其应用

学习目标

在本章中,学生应理解

- 需求弹性的含义;
- 决定需求弹性的因素是什么;
- 供给弹性的含义;
- 决定供给弹性的因素是什么;
- 在三种完全不同的市场(小麦市场、石油市场和非法毒品市场)上运用弹性的概念。

框架与目的

第 5 章是论述供给与需求以及市场如何运行的三章中的第二章。第 4 章介绍了供给和需求。第 5 章说明买者和卖者对市场状况变动会做出多大反应。第 6 章将分析政府政策对竞争市场的影响。

第 5 章的目的是提高供求模型的精确性。本章我们引入弹性的概念,它衡量买者与卖者对价格和收入这类经济变量变动的反应程度。弹性的概念使我们可以定量观察供给与需求的变动对均衡价格和均衡数量的影响。

内容提要

- 需求价格弹性衡量的是需求量对价格变动的反应程度。如果某种物品可以得到相近的替代品、是奢侈品而不是必需品、市场边界狭窄,或者买者有相当长的时间对价格变动做出反应,那么,这种物品就倾向于更富有弹性。
- 可以用需求量变动百分比除以价格变动百分比来计算需求价格弹性。如果需求量变动比例小于价格变动比例,那么弹性小于 1,就可以说需求缺乏弹性。如果需求量变动比例大于价格变动比例,那么弹性大于 1,就可以说需求富有弹性。
- 总收益,即对一种物品的总支付量,等于该物品的价格乘以销售量。对于缺乏弹性的需求曲线,其总收益与价格变动方向相同;对于富有弹性的需求曲线,其总收益与价格变动方向相反。
- 需求收入弹性衡量的是需求量对消费者收入变动的反应程度。需求的交叉价格弹性衡量一种物品需求量对另一种物品价格变动的反应程度。

- 供给价格弹性衡量的是供给量对价格变动的反应程度。这种弹性往往取决于所考虑的时间长短。在大多数市场上,供给在长期中比在短期中更富有弹性。
- 可以用供给量变动百分比除以价格变动百分比来计算供给价格弹性。如果供给量变动比例小于价格变动比例,那么弹性小于1,就可以说供给缺乏弹性。如果供给量变动比例大于价格变动比例,那么弹性大于1,就可以说供给富有弹性。
- 供求工具可以被运用于许多不同类型的市场。本章运用它们分析了小麦市场、石油市场和非法毒品市场。

教材习题解答

即问即答

1.
   - 给出需求价格弹性的定义。
   - 解释总收益和需求价格弹性之间的关系。

   【解答】
   - 需求价格弹性衡量的是物品需求量对价格变动的反应程度,等于需求量变动百分比除以价格变动百分比。
   - 当需求缺乏弹性(需求价格弹性小于1)时,物品价格上升会增加总收益,物品价格下降会减少总收益。当需求富有弹性(需求价格弹性大于1)时,物品价格上升会减少总收益,物品价格下降会增加总收益。当需求是单位弹性(需求价格弹性等于1)时,物品价格的变化不会影响总收益。

2.
   - 说明供给价格弹性的定义。
   - 解释为什么在长期内的供给价格弹性与在短期内不同。

   【解答】
   - 供给价格弹性测量的是物品供给量对价格变动的反应程度,等于供给量变动百分比除以价格变动百分比。
   - 物品的供给价格弹性在长期和短期内不同是因为在短期内,厂商不能改变其生产规模以增加或减少物品的生产。因此,短期内物品的供给量对物品价格变动的反应并不明显。但是从长期来看,厂商可以新建厂房,扩大生产规模,关闭旧的工厂,或者选择进入或退出市场。因此,长期中,物品供给量可以更好地反映物品价格的变化。

3. 一场摧毁了一半农作物的旱灾对农民来说可能是一件好事吗?如果这样的旱灾对农民来说是好事,为什么在未发生旱灾的年头,农民不去摧毁自己的农作物?

   【解答】
   如果对农作物的需求缺乏弹性,则一场摧毁了一半农作物的旱灾对农民(至少那些没有受到旱灾影响的农民)来说可能是一件好事。供给曲线的左移会导致价格上升,如果需求价格弹性小于1,最终会增加农民的总收入。
   在未发生旱灾时,农民不会去摧毁自己的农作物,是因为他是市场价格的接受者。只有当所有的农民一起摧毁他们的部分农作物(比如通过政府的某项计划)时,才能使农民的状况更好。

快速单选

1. 一种没有任何相近替代品的挽救生命的药物将具有_____。
   a. 很小的需求弹性
   b. 很大的需求弹性
   c. 很小的供给弹性
   d. 很大的供给弹性

2. 一种物品的价格从 8 美元上升到 12 美元，需求从 110 单位减少为 90 单位。用中点法计算的弹性是_____。
   a. 1/5
   b. 1/2
   c. 2
   d. 5

3. 向右下方倾斜的线性需求曲线是_____。
   a. 缺乏弹性的
   b. 单位弹性的
   c. 富有弹性的
   d. 在一些点缺乏弹性，在另一些点富有弹性

4. 企业可以在一定时期内进入和退出一个市场意味着在长期中，_____。
   a. 需求曲线更有弹性
   b. 需求曲线更少弹性
   c. 供给曲线更有弹性
   d. 供给曲线更少弹性

5. 如果一种物品的_____，该物品的供给增加将减少生产者得到的总收益。
   a. 需求曲线缺乏弹性
   b. 需求曲线富有弹性
   c. 供给曲线缺乏弹性
   d. 供给曲线富有弹性

6. 随着时间的推移，技术进步增加了消费者的收入并降低了智能手机的价格。如果需求的收入弹性大于_____而且如果需求的价格弹性大于_____，那么这些力量都会增加消费者对智能手机的支出。
   a. 0，0
   b. 0，1
   c. 1，0
   d. 1，1

【答案】　1.a　2.b　3.d　4.c　5.a　6.c

复习题

1. 给需求价格弹性和需求收入弹性下定义。

【解答】

需求价格弹性衡量需求量对价格变化的反应程度。需求收入弹性衡量需求量对消费者收入变化的反应程度。

2. 列出并解释本章中所讨论的决定需求价格弹性的四个因素。

【解答】

决定需求价格弹性的四个因素包括：相似替代品的可得性，物品是必需品还是奢侈品，市场的定义和时间范围。有相似替代品的物品往往富有弹性；奢侈品比必需品的价格弹性更大；市场定义更狭窄的物品的弹性更大；时间越长，需求弹性越大。

3. 如果弹性大于1，需求是富有弹性还是缺乏弹性？如果弹性等于零，需求是完全有弹性还是完全无弹性？

【解答】

弹性大于1意味着需求是富有弹性的，当弹性大于1时，需求量变动百分比大于价格变动百分比。弹性等于零意味着需求是完全无弹性的，此时价格变动不会引起需求量变动。

4. 在一个供求图上标明均衡价格、均衡数量和生产者得到的总收益。

【解答】

图1是供求图，图中显示了均衡价格 P、均衡数量 Q 和生产者获得的总收益。总收益等于均衡价格 P 乘以均衡数量 Q，即图中的矩形面积。

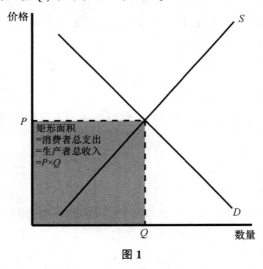

图1

5. 如果需求是富有弹性的，价格上升会如何改变总收益？解释原因。

【解答】

如果需求是富有弹性的，价格上升会减少总收益。由于需求是富有弹性的，需求量的变化比例会大于价格的变化比例，因此，总收益变化和价格变化方向相反，价格上升，总收益下降。

6. 如果一种物品的需求收入弹性小于零，那么我们把这种物品称为什么？

【解答】

需求收入弹性小于零的物品称为低档物品，因为随着收入的增加，对该物品的需求将会减少。

7. 如何计算供给价格弹性？供给价格弹性衡量什么？

   【解答】
   供给价格弹性等于供给量变动百分比除以价格变动百分比，衡量的是物品供给量对价格变动的反应程度。

8. 如果一种物品可获取的量是固定的，而且再也不能多生产，供给的价格弹性是多少？

   【解答】
   如果一件物品可获得的供给量是固定的，且再也不能多生产，则供给价格弹性是零。无论价格如何改变，供给量也不会改变。

9. 一场风暴摧毁了蚕豆苗的一半。当需求非常富有弹性还是非常缺乏弹性时，这个事件对农民的伤害更大？解释原因。

   【解答】
   当对蚕豆的需求富有弹性时，蚕豆苗的一半被摧毁更可能给农民造成损失。蚕豆苗的一半被摧毁导致供给曲线左移，价格上升。当需求富有弹性时，需求量的下降大于价格的上升，因此价格上升会导致总收益减少。

问题与应用

1. 在下列每一对物品中，你认为哪一种物品的需求更富有弹性？为什么？
   a. 指定教科书或神秘小说。
   b. 贝多芬音乐唱片或一般古典音乐唱片。
   c. 在未来6个月内乘坐地铁的人数或在未来5年内乘坐地铁的人数。
   d. 清凉饮料或水。

   【解答】
   a. 神秘小说更富有弹性。因为神秘小说有相似的替代品且属于奢侈品。而指定教科书没有相似的替代品且属于必需品。如果神秘小说的价格上升，读者会选择其他类型的小说或选择购买更少的小说。但是如果指定教科书价格上升，读者只能付更高的价格。因此，指定教科书的需求量对价格的反应程度要低于神秘小说的需求量对价格的反应程度。

   b. 一般来说，贝多芬音乐唱片的需求弹性比古典音乐唱片大。贝多芬音乐唱片比古典音乐唱片的市场要小，因此更容易找到相似的替代品。如果贝多芬音乐唱片的价格上升，人们可以选择其他的古典音乐唱片来替代，比如莫扎特音乐唱片。但是如果所有古典音乐唱片的价格都上升，那么替代会变得很难(从古典音乐转换成说唱音乐是不可能的)。因此，古典音乐唱片的需求量对价格的反应程度要低于贝多芬音乐唱片的需求量对价格的反应程度。

   c. 在未来5年内乘坐地铁的人数比在未来6个月内乘坐地铁的人数更富有弹性。时间越长，物品的需求弹性越大。如果地铁票价只是暂时上升，消费者无法在不付出更大成本或带来更多不便的情况转用其他的交通工具。但是，如果地铁票价长时间都保持在很高的水平，人们会逐渐转用其他可替代的交通方式。因此，未来6个月内乘坐地铁的需求量对价格变化的反应程度要低于未来5年内乘坐地铁的需求量对价格变化的反应程度。

d. 清凉饮料的需求弹性比水大。清凉饮料有相似的替代品且属于奢侈品,而水没有相似的替代品且属于必需品。如果水的价格上升,消费者只能付更高的价格。但是如果清凉饮料的价格上升,消费者可以很容易地选择其他的苏打水或饮料。因此,水的需求量对价格变化的反应程度要低于清凉饮料的需求量对价格变化的反应程度。

2. 假设公务乘客和度假乘客对从纽约到波士顿之间航班机票的需求如下:

价格(美元)	需求量(张)(公务乘客)	需求量(张)(度假乘客)
150	2 100	1 000
200	2 000	800
250	1 900	600
300	1 800	400

a. 当票价从200美元上升到250美元时,公务乘客的需求价格弹性为多少?度假乘客的需求价格弹性为多少?(用中点法计算。)

b. 为什么度假乘客与公务乘客的需求价格弹性不同?

【解答】

a. 当票价从200美元上升到250美元时,公务乘客的需求价格弹性是

$[(2\,000-1\,900)/1\,950]/[(250-200)/225] = 0.05/0.22 = 0.23$

度假乘客的需求价格弹性是

$[(800-600)/700]/[(250-200)/225] = 0.29/0.22 = 1.32$

b. 度假乘客的需求价格弹性比公务乘客的需求价格弹性大,因为度假乘客比公务乘客更容易选择替代品,比如度假乘客可以选择不同的交通方式(如自驾车或者坐火车)、不同的目的地、不同的出发日期、不同的返还日期,甚至可以选择不出行。公务乘客是不可能这样的,因为他们的日程表更难调整。

3. 假设取暖用油的需求价格弹性在短期中是0.2,而在长期中是0.7。

a. 如果每加仑取暖用油的价格从1.8美元上升到2.2美元,短期中取暖用油的需求量会发生什么变动?长期中呢?(用中点法计算。)

b. 为什么这种弹性取决于时间长短?

【解答】

a. 价格变化的百分比等于$(2.20-1.80)/2.00 \times 100\% = 20\%$。如果需求价格弹性是0.2,需求量在短期内会下降4%(即0.20×0.20)。如果需求价格弹性是0.7,需求量在长期内会下降14%(即0.70×0.20)。

b. 随着时间推移,消费者会通过购买天然气或者电暖炉等可替代的热源来进行调整。因此他们在长期内比在短期内更容易对取暖用油的价格做出反应。

4. 价格变动引起一种物品的需求量减少了30%,而这种物品的总收益增加了15%。这种物品的需求曲线是富有弹性的还是缺乏弹性的?解释原因。

【解答】

根据需求定理,如果需求量下降,价格必然是上升了。价格上升如果想使总收益增加,那么价格上升的百分比必须比需求量减少的百分比要大。因此,其需求曲线是缺乏弹性的。

5. 咖啡和面包圈是互补品。两者的需求都缺乏弹性。一场飓风摧毁了一半咖啡豆。用图形

回答以下问题,并做适当标记:
a. 咖啡豆的价格会发生什么变化?
b. 一杯咖啡的价格会发生什么变化?用于咖啡的总支出会发生什么变化?
c. 面包圈的价格会发生什么变化?用于面包圈的总支出会发生什么变化?

【解答】
a. 咖啡豆的市场效应如图2所示,当一场飓风摧毁了一半咖啡豆时,咖啡豆的供给减少,价格上升,数量下降。

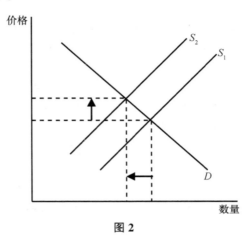

图2

b. 对一杯咖啡的影响如图2所示,当咖啡豆(作为咖啡生产的重要投入品)价格上升时,咖啡的供给量会下降。因而一杯咖啡的价格上升,数量下降。因为咖啡的需求是缺乏弹性的,当一杯咖啡价格上升时,用于咖啡的总支出会上升。

c. 对面包圈市场的影响如图3所示,当咖啡价格上升并且需求量下降时,消费者会消费更少的面包圈,因为咖啡和面包圈是互补品。当需求减少时,面包圈的价格下降。因为面包圈的需求是缺乏弹性的,当面包圈价格下降时,用于面包圈的总支出会减少。

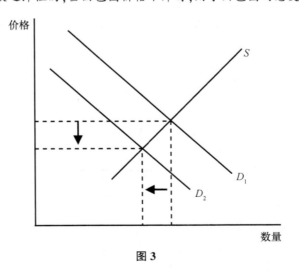

图3

6. 上个月咖啡的价格大幅度上升,而卖出的数量仍然不变。五个人提出了各自的解释。
Leonard:需求增加了,但供给完全无弹性。
Sheldon:需求增加了,但它是完全无弹性的。
Penny:需求增加了,但供给同时减少了。
Howard:供给减少了,但需求是单位弹性。
Raj:供给减少了,但需求是完全无弹性的。
谁讲的可能是正确的? 用图形解释你的答案。

【解答】
如果咖啡价格大幅上涨而销售量保持不变,Leonard、Penny 和 Raj 的解释可能是正确的,而 Sheldon 和 Howard 的解释是错误的。有关每种解释的说明,请参见下面的图 4 至图 8。

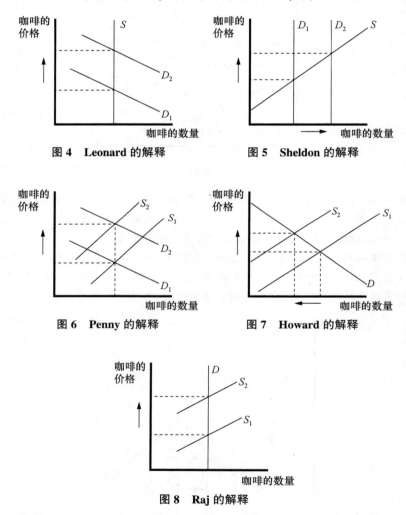

图 4　Leonard 的解释

图 5　Sheldon 的解释

图 6　Penny 的解释

图 7　Howard 的解释

图 8　Raj 的解释

在图 4 中,供给完全缺乏弹性,需求增加。结果,数量不变,但价格上涨,所以 Leonard 的解释可能是正确的。在图 5 中,需求完全没有弹性,而且需求还在增加。结果,价格和数量都增加了,所以 Sheldon 的解释不可能是正确的。在图 6 中,需求增加而供给减少。如果需求增加和供给减少相同的幅度,价格增加而数量保持不变,则 Penny 的解释可能是正确的。在图 7 中,需求具有单位弹性,供给减少。结果,数量减少,价格上涨,所以 Howard 的解释不正确。在图 8 中,需求完全没有弹性,供给减少。结果,价格上涨,数量保持不变,因此 Raj 的解释可能是正确的。

7. 假设你的比萨饼需求表如下:

价格 (美元)	需求量(张) (收入=20 000 美元)	需求量(张) (收入=24 000 美元)
8	40	50
10	32	45
12	24	30
14	16	20
16	8	12

a. 用中点法计算如果(i)你的收入是 20 000 美元和(ii)你的收入是 24 000 美元,当比萨饼价格从 8 美元上升到 10 美元时你的需求价格弹性。

b. 计算如果(i)价格是 12 美元和(ii)价格是 16 美元,当你的收入从 2 万美元增加到 2.4 万美元时你的需求收入弹性。

【解答】

a. 在你的收入为 20 000 美元的情况下,当比萨饼的价格从 8 美元上升到 10 美元时,你的需求价格弹性是[(40-32)/36]/[(10-8)/9]=0.22/0.22=1。在你的收入为 24 000 美元的情况下,你的需求价格弹性是[(50-45)/47.5]/[(10-8)/9]=0.11/0.22=0.5。

b. 如果价格是 12 美元,当收入从 20 000 美元增加到 24 000 美元时,你的需求收入弹性是[(30-24)/27]/[(24 000-20 000)/22 000]=0.22/0.18=1.22。

如果价格是 16 美元,当收入从 20 000 美元增加到 24 000 美元时,你的需求收入弹性是[(12-8)/10]/[(24 000-20 000)/22 000]=0.40/0.18=2.22。

8. 《纽约时报》(1996 年 2 月 17 日)报道,在地铁票价上升之后乘客减少了:"1995 年 12 月,即价格上涨 25 美分到了 1.5 美元的第一个月以后,乘客减少了近四百万人次,比上一年的 12 月减少了 4.3%。"

a. 用这些数据估算地铁乘客的需求价格弹性。

b. 根据你的估算,当票价上升时,地铁当局的收益会有什么变化?

c. 为什么你估算的弹性可能是不可靠的?

【解答】

a. 价格变化的百分比(使用中点公式)为(1.50-1.25)/(1.375)×100%=18.18%。因此,需求的价格弹性为 4.3/18.18=0.24,这意味着需求极度缺乏弹性。

b. 由于需求缺乏弹性,地铁当局的收益会随着票价的上涨而增加。

c. 所估算的弹性可能不可靠,因为这只是票价上涨后的第一个月。随着时间的推移,人们可能会转向其他交通方式来应对价格的上涨。所以长期中的弹性可能比短期中的弹性要大。

9. 两个司机——Walt 和 Jessie——分别开车到加油站。在看价格之前,Walt 说:"我想加 10 加仑汽油。"Jessie 说:"我想加 10 美元汽油。"每个司机的需求价格弹性是多少?

【解答】

Walt 的需求价格弹性是 0,因为不管价格是多少,他都想加相同数量的汽油。Jessie 的需求价格弹性是 1,因为不管价格是多少,他都想加相同金额的汽油,这意味着他加的汽油数量变动百分比等于价格变动百分比。

10. 考虑针对吸烟的公共政策。

    a. 研究表明,香烟的需求价格弹性大约是 0.4。如果现在每盒香烟为 5 美元,并且政府想减少 20% 的吸烟量,那么它应该将香烟价格提高多少?

    b. 如果政府永久性地提高香烟价格,这项政策对从现在起 1 年内吸烟量的影响更大,还是对从现在起 5 年内吸烟量的影响更大?

    c. 研究还发现,青少年的需求价格弹性大于成年人。为什么这可能是正确的?

    【解答】

    a. 香烟的需求价格弹性是 0.4,减少 20% 的吸烟量需要价格提高 50%,因为 20/50 = 0.4。香烟目前价格是 5 美元,这需要每包香烟价格提高到 8.33 美元。用中点法计算,即 $(8.33-5)/6.67 = 0.50$。

    b. 这个政策对从现在起 5 年内吸烟量的影响比从现在起 1 年内吸烟量的影响更大,长期中的弹性较大,因为人们减少吸烟量需要花一些时间,在短期内很难戒掉吸烟习惯。

    c. 因为青少年收入不像成年人那样多,他们很可能有一个更高的需求价格弹性,而且成年人更容易染上烟瘾,当价格提高时,他们减少吸烟需求量更难。

11. 你是一位博物馆馆长。博物馆经营缺乏资金,因此你决定增加收入。你应该提高还是降低门票的价格?解释原因。

    【解答】

    为了确定应该提高还是降低门票价格,你需要知道需求是富有弹性还是缺乏弹性的。如果需求是富有弹性的,降低门票价格会增加总收入;如果需求是缺乏弹性的,提高门票价格会增加总收入。

12. 请解释下列情况为什么可能是正确的:全世界范围内的干旱会增加农民通过出售粮食得到的总收入,但如果只有堪萨斯州出现干旱,堪萨斯州农民得到的总收入就会减少。

    【解答】

    如果对粮食的需求是缺乏弹性的,全世界范围内的干旱会增加农民总收入。干旱减少了粮食的供给,但如果需求是缺乏弹性的,减少供给会导致价格大幅提高,结果农民的总收入增加。如果只是堪萨斯州出现干旱,由于堪萨斯州的产量在所有农作物产量中占的比例太小,不足以影响价格(或者只有轻微的影响)。因此,当堪萨斯州的粮食产量减少时,该州农民的总收入就减少了。

第 6 章
供给、需求与政府政策

学习目标

在本章中,学生应理解

- 政府实行价格上限政策的影响;
- 政府实行价格下限政策的影响;
- 对一种物品征税如何影响它的价格和销售量;
- 对买者征税和对卖者征税的结果是相同的;
- 税收负担如何在买者与卖者之间分摊。

框架与目的

  第 6 章是论述供给与需求以及市场如何运行的三章中的第三章。第 4 章提出了供求模型。第 5 章通过提出弹性——供给量和需求量对经济状况变动的敏感程度——的概念来提高供求模型的精确性。第 6 章用第 4 章和第 5 章学过的供求工具说明政府政策对竞争市场的影响。

  第 6 章的目的是考察两种类型的政府政策——价格控制和税收。价格控制确定了一种物品可以销售的最高或最低价格,而税收在买者支付的价格和卖者得到的价格之间打入了一个楔子。我们可以用供求模型来分析这些政策。我们将发现,政府政策有时会产生意想不到的结果。

内容提要

- 价格上限是某种物品与服务的法定最高价格。租金控制是一个例子。如果价格上限低于均衡价格,则价格上限是限制性的,需求量大于供给量。由于价格上限引起短缺,卖者必须以某种方式在买者中配给物品或服务。
- 价格下限是某种物品或服务的法定最低价格。最低工资是一个例子。如果价格下限高于均衡价格,则价格下限是限制性的,供给量大于需求量。由于价格下限引起过剩,必然要以某种方式在卖者中配给买者的物品或服务需求。
- 当政府对一种物品征税时,该物品的均衡数量减少。也就是说,对某一市场征税缩小了该市场的规模。
- 对一种物品的征税是在买者支付的价格和卖者得到的价格之间打入的一个楔子。当市场向新均衡变动时,买者为该物品支付的价格高了,而卖者从该物品得到的价格低了。从这种意义上说,买者与卖者分摊了税收负担。税收归宿(也就是税收负担的分摊)并不取决于是向买者征税,还是向卖者征税。
- 税收归宿取决于供给和需求的价格弹性。税收负担更多地落在缺乏弹性的市场一方,因为市场的这一方较难通过改变购买量或销售量来对税收做出反应。

教材习题解答

即问即答

1. 给价格上限和价格下限下定义,并各举出一个例子。哪一个会引起短缺?哪一个会引起过剩?为什么?

   【解答】
   价格上限(price ceiling)指出售一种物品的法定最高价格。价格上限的例子包括租金控制、20世纪70年代对石油的价格控制以及在干旱时期对水价进行控制。价格下限(price floor)是指出售一种物品的法定最低价格。价格下限的例子包括最低工资和农产品价格补贴。限制性的价格上限将会导致短缺,因为供给者将不会制造足够的物品来满足需求。限制性的价格下限将会导致过剩,因为供给者制造了比需求量更多的物品。

2. 用一个供求分析图说明,对汽车购买者征收每辆1000美元的税将如何影响汽车销售量和汽车价格。用另一个图说明,对汽车销售者征收每辆1000美元的税将如何影响汽车销售量和汽车价格。在这两个图中说明汽车买者支付的价格的变化,以及汽车卖者得到的价格的变化。

   【解答】
   在没有征税时,如图1所示,需求曲线为 D_1,供给曲线为 S,均衡价格为 P_1,相应的均衡数量为 Q_1。如果对汽车买者征税,需求曲线将会根据税收金额(1000美元)向下移动至 D_2。需求曲线的下移将导致在均衡点时汽车销售者得到的价格下降到 P_2,销售数量降低到 Q_2。销售者得到的价格减少了 P_1-P_2,在图中用 ΔP_S 表示。汽车买者的购买价格为 P_2+1000 美元,比征税前的价格增加了 $(P_2+1000$ 美元$)-P_1$,在图中用 ΔP_B 表示。

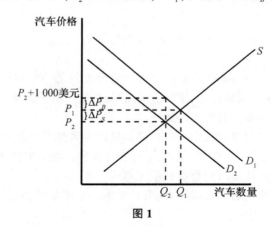

图1

如果对汽车销售者进行征税,如图 2 所示,供给曲线将由于 1 000 美元税收由 S_1 向上移动到 S_2。供给曲线的向上移动导致汽车买者购买汽车的价格上升到 P_2,均衡数量降低到 Q_2。汽车买者的购买价格上升了 P_2-P_1,在图中用 ΔP_B 表示。汽车销售者出售汽车的价格为 P_2-1000 美元,下降了 $P_1-(P_2-1000$ 美元$)$,在图中用 ΔP_S 表示。

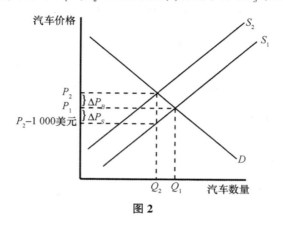

图 2

快速单选

1. 当政府设置限制性价格下限时,它会引起_____。
   a. 供给曲线向左移动
   b. 需求曲线向右移动
   c. 物品短缺
   d. 物品过剩

2. 在有限制性价格上限的市场上,价格上限上升会_____供给量,_____需求量,并减少_____。
   a. 增加,减少,过剩
   b. 减少,增加,过剩
   c. 增加,减少,短缺
   d. 减少,增加,短缺

3. 对一种物品的消费者征收每单位 1 美元的税收相当于_____。
   a. 向这种物品的生产者征收每单位 1 美元的税收
   b. 对这种物品的生产者支付每单位 1 美元的补贴
   c. 使该物品的每单位价格提高了 1 美元的价格下限
   d. 使该物品的每单位价格提高了 1 美元的价格上限

4. 以下哪一种情况会增加供给量,减少需求量,并提高消费者支付的价格?
   a. 实施限制性价格下限。
   b. 取消限制性价格下限。
   c. 把税收加在生产者一方。
   d. 取消对生产者征税。

5. 以下哪一种情况会增加供给量,增加需求量,并降低消费者支付的价格?

a. 实施限制性价格下限。
  b. 取消限制性价格下限。
  c. 把税收加在生产者一方。
  d. 取消对生产者征税。
6. 如果_____,那么税收负担将主要落在消费者身上。
  a. 向消费者收税
  b. 向生产者收税
  c. 供给缺乏弹性,需求富有弹性
  d. 供给富有弹性,需求缺乏弹性

【答案】
1. d   2. c   3. a   4. a   5. d   6. d

复习题

1. 举出一个价格上限的例子和一个价格下限的例子。

【解答】
价格上限的例子有纽约市的租金控制系统。价格下限的例子有最低工资。还有其他很多合适的例子。

2. 什么引起了一种物品的短缺?是价格上限还是价格下限?用图形证明你的答案。

【解答】
当存在限制性的价格上限时,会出现物品的短缺。限制性的价格上限是指低于均衡价格的价格上限。在这种情形下物品的需求量会超过物品的供给量,造成物品短缺。如图3所示。

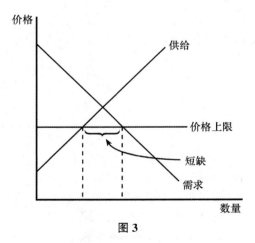

图3

3. 当不允许一种物品的价格使供给与需求达到平衡时,配置资源的机制是什么?

【解答】
当不允许一种物品的价格使供给与需求达到平衡时,必须用一些其他的方法来配置资源。如果物品供大于求,正如有限制性的价格下限时一样,会出现物品的过度供给,卖者也许会通过迎合买者的个人偏好来吸引买者。如果物品供不应求,正如有限制性的价格上限时一样,会出现物品短缺,卖者可以根据自己的个人偏好进行配给,或者让买者排队等候。

4. 解释为什么经济学家通常都反对价格控制。

   【解答】
   价格在通过平衡供求关系来协调经济活动上起着关键的作用,因此经济学家通常反对价格控制。当政策制定者对价格进行控制时,他们常常扭曲了引导资源合理配置的信号。除此之外,价格控制也经常损害政策制定者想要帮助的人群的利益。

5. 假设政府取消向一种物品的买者征税,而向这种物品的卖者征同样的税。税收政策的这种变动如何影响买者为这种物品向卖者支付的价格、买者所支付的(包括税在内的)货币量、卖者得到的(扣除税收的)货币量以及销售量?

   【解答】
   取消买者的税收并替换为对卖者征税,提高了买者付给卖者的价格(提高的幅度为税收金额),但不影响买者所支付的货币量,不影响卖者得到的扣除税收的货币量,提高了卖者得到的价格,对于物品的销售量没有影响。

6. 一种物品的税收如何影响买者支付的价格、卖者得到的价格以及销售量?

   【解答】
   对某种物品征税会提高买者支付的价格,降低卖者得到的价格,并且减少销售量。

7. 什么决定了税收负担在买者和卖者之间的分配?为什么?

   【解答】
   税收负担在买者和卖者之间的分配取决于需求弹性和供给弹性。弹性代表买者和卖者离开这个市场的意愿大小,并取决于他们的替代品。当政府向一种物品征税后,买卖双方中没有更好替代品的一方不能轻易离开这个市场,并将为此承受更多的税收负担。

问题与应用

1. 古典音乐的爱好者说服了国会实行每张门票 40 美元的价格上限。这种政策使听古典音乐会的人多了还是少了?解释原因。

   【解答】
   如果每张门票 40 美元的价格上限低于均衡价格,那么需求会超过供给,会导致门票的短缺。这一政策会使去听古典音乐会的人减少,因为低票价会导致门票供给的减少。

2. 政府确信奶酪自由市场的价格太低了。
   a. 假设政府对奶酪市场实行限制性价格下限。用供求图说明,这种政策对奶酪价格和奶酪销售量的影响。此时是存在奶酪的短缺还是过剩?
   b. 奶酪生产者抱怨价格下限减少了他们的总收益。这种情况可能吗?解释原因。
   c. 针对奶酪生产者的抱怨,政府同意以价格下限购买全部过剩奶酪。与基本的价格下限政策相比,谁从这种新政策中获益?谁受损失?

   【解答】
   a. 政府对奶酪实行限制性价格下限的情况如图 4 所示。在没有价格下限的情况下,均衡价格与数量分别为 P_1、Q_1。当价格下限设置为 P_f 时($P_f > P_1$),需求的数量下降为 Q_2,供给的数量上升为 Q_3,导致奶酪出现 $Q_3 - Q_2$ 的剩余。
   b. 如果需求是富有弹性的,那么生产者抱怨他们的总收益下降是正确的。因为需求富有弹性时,数量下降百分比将会超过价格上升百分比,因此他们的总收益将会下降。
   c. 如果政府以价格下限购买所有过剩的奶酪,那么生产者将会获益,纳税人的福利将减

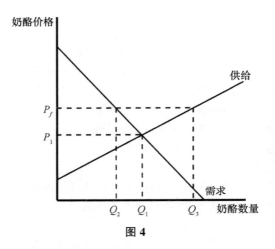

图 4

少。生产者将会生产数量为 Q_3 的奶酪并且他们的总收益将会上升。然而消费者只会购买数量为 Q_2 的奶酪,因此他们的福利状况与之前相同。纳税人将会受损失,因为购买那部分剩余奶酪的钱会通过更高税收的方式由纳税人支付。

3. 最近的研究发现,飞盘的需求与供给表如下:

每个飞盘的价格 (美元)	需求量 (百万个)	供给量 (百万个)
11	1	15
10	2	12
9	4	9
8	6	6
7	8	3
6	10	1

a. 飞盘的均衡价格和均衡数量是多少?

b. 飞盘制造厂说服了政府相信,飞盘的生产增进了科学家对空气动力学的了解,因此对于国家安全是很重要的。关注此事的国会投票通过了实行比均衡价格高 2 美元的价格下限。新的市场价格是多少? 可以卖出多少个飞盘?

c. 愤怒的大学生在华盛顿游行并要求飞盘降价。更为关注此事的国会投票通过取消了价格下限,并将以前的价格下限降低 1 美元作为价格上限。新的市场价格是多少? 可以卖出多少个飞盘?

【解答】

a. 飞盘的均衡价格为 8 美元,均衡数量为 600 万个。

b. 价格下限为 10 美元,由于该价格下限是限制性的,因此新的市场价格为 10 美元。在这个价格下,只能卖出 200 万个飞盘,因此需求量只有这么多。

c. 如果价格上限是 9 美元,那么将没有任何影响,因为市场的均衡价格为 8 美元,低于这个限价,因此市场价格仍然会是 8 美元,可以卖出 600 万个飞盘。

4. 假设联邦政府要求喝啤酒者每购买一箱啤酒就支付 2 美元税收(实际上,联邦政府和州政府都对啤酒征收某种税)。

a. 画出没有税收时啤酒市场的供求图。说明消费者支付的价格、生产者得到的价格以及啤酒销售量。消费者支付的价格和生产者得到的价格之间的差额是多少？

b. 现在画出有税收时啤酒市场的供求图。说明消费者支付的价格、生产者得到的价格以及啤酒销售量。消费者支付的价格和生产者得到的价格之间的差额是多少？啤酒的销售量是增加了还是减少了？

【解答】

a. 图 5 显示的是在没有税收情况下的市场。均衡价格为 P_1，均衡数量为 Q_1，消费者支付的价格与生产者得到的价格都是 P_1。

b. 增加税收这个因素，如图 6 所示，在供给和需求之间打入了 2 美元的税收楔子。顾客将要支付 P_2 的价格，然而生产者得到的价格是 P_2-2 美元，生产者与消费者的价差为 2 美元，啤酒的销售量减少到 Q_2。

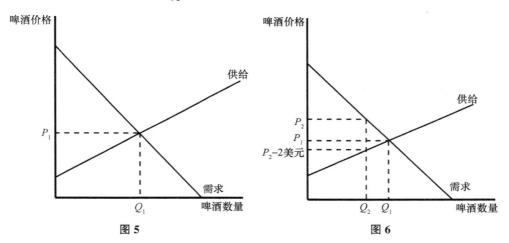

图 5　　　　　　　图 6

5. 一个参议员想增加税收收入并使工人的状况变好。一个工作人员建议增加由企业支付的工薪税，并将这些额外收入中的一部分用来减少工人支付的工薪税。这一建议能实现参议员的目标吗？解释原因。

【解答】

增加由企业支付的工薪税，并将这些额外收入中的一部分用于减少工人支付的工薪税，并不能使工人的境况变得更好。因为税收负担的分配是由供给和需求的弹性决定的，而不是由支付税收的一方承担。由于税收楔子变大了，一个可能的情况是，分担税负的企业和工人的境况都变差了。

6. 如果政府对豪华轿车征收 500 美元的税，那么消费者所支付价格的上涨幅度是大于 500 美元，小于 500 美元，还是正好为 500 美元？解释原因。

【解答】

价格的上升将会少于 500 美元。税收将会由消费者和企业分担（由消费者支出增加的部分和企业收入减少的部分共同构成了税收）。有两种情况除外，即供给曲线完全富有弹性或者需求曲线完全没有弹性。在这两种情况下，消费者将要承担全部税收，即需要多支付 500 美元。

7. 国会和总统认为，美国应该通过减少使用汽油来减轻空气污染。他们决定对所销售的每加仑汽油征收 0.5 美元的税收。
  a. 他们应该对生产者征税，还是对消费者征税？用供求图加以详细解释。
  b. 如果汽油的需求较富有弹性，那么这种税对减少汽油消费量更为有效，还是更为无效？用文字和图形做出解释。
  c. 这种税使汽油消费者受益还是受损？为什么？
  d. 这种税使石油行业工人受益还是受损？为什么？

【解答】
  a. 对生产者征税还是对消费者征税是不重要的——二者效果相同。如图 7 所示，当没有税收时需求曲线是 D_1，供给曲线是 S_1。如果对生产者征税，供给曲线向左移动到 S_2，移动幅度为税收额（50 美分）。然后，均衡数量变成了 Q_2，消费者支出的价格是 P_2，生产者获得的（税后）收入是 P_2-50 美分。如果对消费者征税，需求曲线将会向左移动到 D_2，移动幅度为税收额（50 美分）。（当对消费者征税时）需求曲线左移的大小和（当对生产者征税时）供给曲线左移的大小完全相同。所以，均衡数量仍是 Q_2，消费者支出的价格仍是 P_2（包含支付给政府的税），生产者获得的收入仍是 P_2-50 美分。
  b. 需求曲线越有弹性，税收在减少汽油消费量方面就会越有效。需求弹性越大意味着价格上升时，消费量减少得越快。图 8 显示了这个结果。需求曲线 D_1 表示一个富有弹性的需求曲线，而需求曲线 D_2 的弹性相对要小。当需求富有弹性时，税收会造成销售量更大幅度的下降。

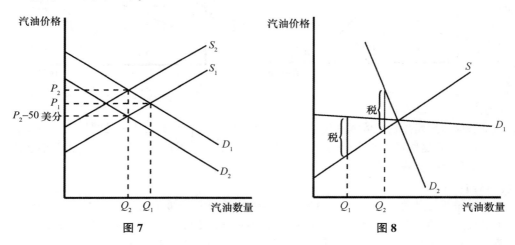

图 7　　　　　　　图 8

  c. 汽油消费者会因为征税而受损，因为他们要用更高的价格购买更少的汽油。
  d. 石油行业的工人也会受损。当汽油产量下降时，一些工人会因此而失业。当生产者获得更少的收入时，工人的工资将会下降。

8. 本章中的一个案例研究讨论了联邦最低工资法。
  a. 假设最低工资高于低技能劳动市场上的均衡工资。在低技能劳动市场的供求图上，标明市场工资、受雇工人数量，以及失业工人数量。再标明对低技能工人的总工资支付。
  b. 现在假设劳工部部长建议提高最低工资。这种提高对就业会有什么影响？就业变动取决于需求弹性还是供给弹性？还是同时取决于这两者？还是两者都不取决于？
  c. 这种最低工资的提高对失业会有什么影响？失业变动取决于需求弹性还是供给弹性？

还是同时取决于这两者？还是两者都不取决于？

d. 如果对低技能劳动力的需求是缺乏弹性的,提高最低工资的建议会增加还是减少对低技能工人的工资支付总量？如果对低技能劳动力的需求是富有弹性的,你的答案会有什么改变？

【解答】

a. 图9表示最低工资标准的效应。当没有最低工资时,市场工资是 W_1, Q_1 的劳动者将被雇用。当最低工资 W_m 高于 W_1 时,市场工资就是 W_m,被雇用的劳动者数量就是 Q_2,那么未被雇用的劳动者是 Q_3-Q_2。四边形 ABCD 的面积就是劳动者总工资支付额,等于工资 W_m 与劳动者数量 Q_2 的乘积。

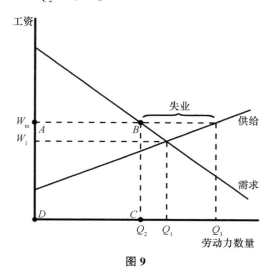

图9

b. 随着最低工资的提高,就业将相对减少。对就业影响的大小仅仅取决于需求弹性。供给弹性根本不起作用,因为存在劳动力的超额供给。

c. 最低工资的提高将会增加失业。失业人数上升的大小由供给弹性和需求弹性共同决定。需求弹性决定了劳动力需求量的改变,供给弹性决定了劳动力供给量的改变。劳动力的供给量和需求量之间的差额就是失业的数量。

d. 如果低技能劳动力的需求是缺乏弹性的,最低工资的上升将会使得低技能劳动力的工资支付总额上升。在需求缺乏弹性的条件下,就业人数下降百分比将会低于工资上升百分比,所以工资支付总额会上升。然而,如果低技能劳动力的需求是富有弹性的,就业人数下降百分比将会超过工资上升百分比,从而工资支付总额将会下降。

9. 在 Fenway 公园,波士顿红袜队的主场,只有38 000个座位,因此发售的门票也固定在这个数量上。由于看到了增加收入的黄金机会,波士顿市向每张票的买者征收5美元的税收。波士顿的球迷很有市民风范,顺从地为每张票交纳了5美元。画图说明上述税收的影响。税收负担落在谁身上——球队所有者、球迷,还是两者兼而有之？为什么？

【解答】

因为座位的供给完全没有弹性,所以税收负担会落到球队所有者身上。图10表示购买者为门票支付的价格的下降幅度和税的量相等。

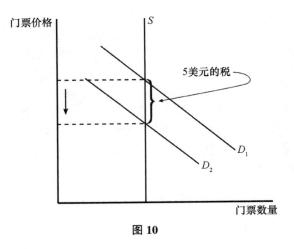

图 10

10. 一个市场的供给与需求曲线描述如下：

$$Q^S = 2P$$
$$Q^D = 300 - P$$

a. 解出均衡价格和均衡数量。

b. 如果政府实行 90 美元的价格上限，会有短缺或者过剩（或者两者都不）出现吗？价格是多少？供给量是多少？需求量是多少？以及有多大短缺或过剩？

c. 如果政府实行 90 美元的价格下限，会有短缺或过剩（或者两者都不）出现吗？价格是多少？供给量是多少？需求量是多少？以及有多大短缺或过剩？

d. 如果不实行价格控制，而是政府向每个生产者征收 30 美元税收。因此，新的供给曲线是：

$$Q^S = 2(P - 30)$$

会有短缺或过剩（或者两者都不）出现吗？价格是多少？供给量是多少？需求量是多少？以及有多大短缺或过剩？

【解答】

a. 假设供给量等于需求量，求解均衡价格和均衡数量：$2P = 300 - P$，所以 $P = 100$ 美元。当均衡价格为 100 美元时，均衡数量为 $2 \times 100 = 200$。

b. 如果政府规定价格上限为 90 美元，就会出现短缺。价格上限低于均衡价格，因此是限制性的价格上限。在 90 美元的最高价格下，供给量为 $2 \times 90 = 180$ 个单位，需求量为 $300 - 90 = 210$ 个单位。此时存在 30 个单位的短缺。

c. 如果政府规定价格下限为 90 美元，则既不会出现短缺，也不会出现剩余。价格下限低于均衡价格，因此它不是限制性的价格下限。价格下限为 90 美元，市场交易以 100 美元的均衡价格为准。供给量和需求量将为 200 个单位的均衡数量。

d. 如果政府对生产者征收 30 美元的税，则既不会出现短缺，也不会出现过剩，但交易的数量比不征税时要少。根据新的供给曲线，$2(P - 30) = 300 - P$，得出 $P = 120$ 美元，$Q = 300 - 120 = 180$。买家支付的价格是 120 美元。在支付 30 美元的税后，生产者保留每个单位 90 美元。需求量和供给量为 180 个单位。

第7章
消费者、生产者与市场效率

学习目标

在本章中,学生应理解
- 买者对一种物品的支付意愿与需求曲线之间的联系;
- 如何定义并衡量消费者剩余;
- 卖者生产一种物品的成本与供给曲线之间的联系;
- 如何定义并衡量生产者剩余;
- 供给与需求的均衡使市场上总剩余最大化。

框架与目的

第7章是论述福利经济学与市场效率的三章中的第一章。第7章用供求模型研究作为福利与市场效率衡量标准的消费者剩余和生产者剩余。第8章和第9章将用这些概念来确定税收与限制国际贸易的赢家和输家。

第7章的目的是提出福利经济学——研究资源配置如何影响经济福利。第4—6章中,当我们提出"什么是市场上的均衡价格和均衡数量"时,我们是在实证的框架内运用供给与需求。现在我们要解决规范问题:"市场的均衡价格和均衡数量是资源配置问题最优的可能解,还是仅仅是使供给与需求平衡的价格和数量?"我们将发现,在大多数情况下,均衡价格和均衡数量也是使福利最大化的价格和数量。

内容提要

- 消费者剩余等于买者对一种物品的支付意愿减去其实际为此所支付的量,它衡量买者从参与市场中得到的利益。可以通过找出需求曲线以下和价格以上的面积,来计算消费者剩余。
- 生产者剩余等于卖者出售其物品得到的量减去其生产成本,它衡量卖者从参与市场中得到的利益。可以通过找出价格以下和供给曲线以上的面积,来计算生产者剩余。
- 使消费者剩余和生产者剩余的总和最大化的资源配置被称为是有效率的。决策者通常关心经济结果的效率及平等。
- 供给和需求的均衡使消费者剩余与生产者剩余的总和达到最大化。这就是说,市场上看不见的手指引着买者与卖者有效地配置资源。
- 在存在市场势力或外部性等市场失灵的情况下,市场不能有效地配置资源。

教材习题解答

即问即答

1. 画出火鸡的需求曲线。在你画的图中,标出一种火鸡的价格并说明该价格下的消费者剩余。用文字解释这种消费者剩余衡量的内容。

   【解答】
   图 1 表示火鸡的需求曲线。火鸡的价格是 P_1,该价格下的消费者剩余用 CS 表示。消费者剩余是买者愿意为一种物品支付的量减去其为此实际支付的量。它衡量买者从参与市场中得到的利益。

   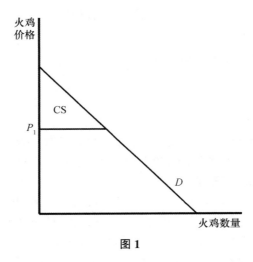

   图 1

2. 画出火鸡的供给曲线。在你的图中标出一种火鸡的价格并说明该价格下的生产者剩余。用文字解释这种生产者剩余衡量的内容。

   【解答】
   图 2 表示火鸡的供给曲线。火鸡的价格是 P_1,该价格下的生产者剩余用 PS 表示。生产者剩余是卖者出售一种物品得到的量减去其生产成本(通过供给曲线衡量)。它衡量了卖者从参与市场中得到的利益。

3. 画出火鸡的供给曲线和需求曲线。标出均衡状态下的生产者剩余和消费者剩余。解释为什么生产更多的火鸡会使总剩余减少。

   【解答】
   图 3 表示火鸡的供给曲线和需求曲线。火鸡的价格是 P_1,消费者剩余是 CS,生产者剩余是 PS。生产比均衡数量更多的火鸡将会降低总剩余,因为对于这些额外数量的火鸡,买者的边际效用将会低于卖者的边际成本。

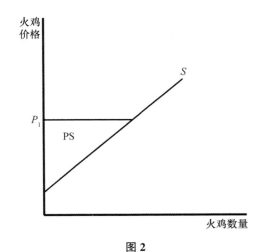

图 2

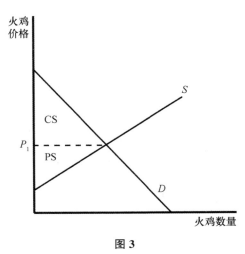

图 3

快速单选

1. Jen 对她的时间的评价为每小时 60 美元。她用 2 小时为 Colleen 按摩。Colleen 愿意为按摩支付 300 美元,但他们通过谈判把价格定为 200 美元。在这个交易中,_____。
    a. 消费者剩余比生产者剩余多 20 美元
    b. 消费者剩余比生产者剩余多 40 美元
    c. 生产者剩余比消费者剩余多 20 美元
    d. 生产者剩余比消费者剩余多 40 美元

2. 点心的需求曲线是向右下方倾斜的。当点心的价格是 2 美元时,需求量是 100。如果价格上升到 3 美元,消费者剩余会发生什么变动?
    a. 减少小于 100 美元。
    b. 减少多于 100 美元。
    c. 增加少于 100 美元。
    d. 增加多于 100 美元。

3. John 当大学教师每学期的收入为 300 美元。当大学把支付给教师的价格提高到 400 美元时,Emily 也进入市场并开始当教师。由于这种价格上升,生产者剩余增加了多少?
    a. 少于 100 美元。
    b. 在 100 美元到 200 美元之间。
    c. 在 200 美元到 300 美元之间。
    d. 多于 300 美元。

4. 有效的资源配置使_____最大化。
    a. 消费者剩余
    b. 生产者剩余
    c. 消费者剩余加生产者剩余
    d. 消费者剩余减生产者剩余

5. 当市场均衡时,买者是支付愿望_____的人,而卖者是成本_____的人。

a. 最高,最高
   b. 最高,最低
   c. 最低,最高
   d. 最低,最低
6. 生产大于供求均衡的产量是无效率的,因为边际买者的支付意愿是_____。
   a. 负数
   b. 零
   c. 正数但小于边际卖者的成本
   d. 正数并大于边际卖者的成本

【答案】　1. a　2. a　3. b　4. c　5. b　6. c

复习题

1. 解释买者的支付意愿、消费者剩余和需求曲线如何相关。

   【解答】

   买者的支付意愿、消费者剩余和需求曲线密切相关。需求曲线的高度代表买者的支付意愿。消费者剩余是位于需求曲线之下、价格之上的区域,它等于买者愿意支付的价格减去实际支付的价格。

2. 解释卖者的成本、生产者剩余和供给曲线如何相关。

   【解答】

   卖者的成本、生产者剩余和供给曲线密切相关。供给曲线的高度代表卖者的成本。生产者剩余是位于价格之下、供给曲线之上的区域,它等于卖者收到的价格减去每一位卖者生产该物品的成本。

3. 在供求图中,标出市场均衡时的生产者剩余和消费者剩余。

   【解答】

   图 4 为标出了生产者剩余和消费者剩余的供求图。

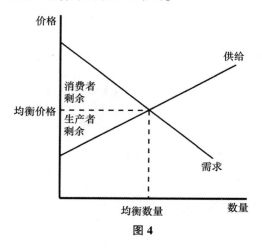

图 4

4. 什么是效率?它是经济决策者的唯一目标吗?

   【解答】

   一种资源的配置如果能使总剩余(消费者剩余与生产者剩余之和)最大化,那么它是有效率的。但是效率也许并不是经济决策者的唯一目标,经济决策者同样关心平等——经济财富在社会成员之间的合理分配。

5. 说出两种类型的市场失灵。解释为什么每一种都可能使市场结果无效率。

【解答】

市场失灵的两种类型是市场势力和外部性。市场势力可能导致市场结果无效率,因为企业可能会使价格和数量不同于完全竞争下的价格和数量水平,从而无法实现总剩余最大化。外部性是没有被买者和卖者考虑的外部影响,其结果是自由市场不能使总剩余最大化。

问题与应用

1. Melissa 用 240 美元购买了一个 iPhone,并得到了 160 美元的消费者剩余。
   a. 她的支付意愿是多少?
   b. 如果她在降价销售时买了售价为 180 美元的 iPhone,她的消费者剩余会是多少?
   c. 如果 iPhone 的价格是 500 美元,她的消费者剩余会是多少?

   【解答】
   a. 支付意愿是实际支付的价格与消费者剩余之和。因此,Melissa 的支付意愿是 400 美元(240 美元+160 美元)。
   b. 在 180 美元为价格时,她的消费者剩余为 400 美元-180 美元=220 美元。
   c. 如果 iPhone 的价格是 500 美元,Melissa 将不会购买,因为该价格超过了她的支付意愿。因此,她不会有消费者剩余。

2. 加利福尼亚早来的寒流使柠檬变酸。柠檬市场上的消费者剩余会有什么变动?柠檬水市场上的消费者剩余会有什么变动?用图形说明你的答案。

   【解答】
   如果加利福尼亚早来的寒流使柠檬变酸,柠檬的供给曲线将会向左移动,如图 5 所示。其结果是柠檬价格上升,消费者剩余从 $A+B+C$ 下降为 A。因此,消费者剩余下降了 $B+C$。
   在柠檬水市场,柠檬成本的上升减少了柠檬水的供给,如图 6 所示。其结果是柠檬水价格上升,消费者剩余从 $D+E+F$ 下降到 D,损失了 $E+F$。我们注意到一个市场的消费者剩余的变动通常会对另一个市场的消费者剩余产生影响。

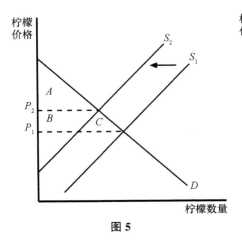

图 5

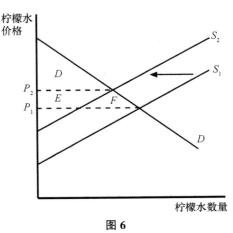

图 6

3. 假设对法国面包的需求增加。在法国面包市场上,生产者剩余会发生什么变动?在面粉市场上,生产者剩余会发生什么变动?用图形说明你的答案。

【解答】

对法国面包需求的上升引起法国面包市场上消费者剩余的上升,如图7所示。需求曲线向右移动引起价格的上升,这使得生产者剩余从 A 变为 $A+B+C$。

法国面包销售量的上升引起了对面粉需求的上升,如图8所示。结果面粉价格上升,使得生产者剩余从 D 变为 $D+E+F$。我们注意到一个市场的生产者剩余的变动通常会对另一个市场的生产者剩余产生影响。

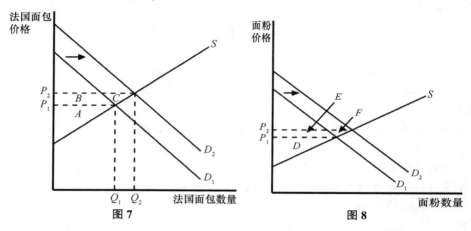

图7　　　　　图8

4. 这是一个大热天,Bert 口干舌燥。下面是他对一瓶水的评价:

对第一瓶水的评价　　　7美元
对第二瓶水的评价　　　5美元
对第三瓶水的评价　　　3美元
对第四瓶水的评价　　　1美元

a. 根据以上信息推导出 Bert 的需求表。画出他对瓶装水的需求曲线。

b. 如果一瓶水的价格是4美元,Bert 会买多少瓶水? Bert 从他的购买中得到了多少消费者剩余?在你的图形中标出 Bert 的消费者剩余。

c. 如果价格下降到2美元,需求量会有何变化? Bert 的消费者剩余会有何变化?用你的图形说明这些变化。

【解答】

a. Bert 的需求表是:

价格	需求数量(瓶)
超过7美元	0
5—7美元	1
3—5美元	2
1—3美元	3
少于1美元	4

Bert 的需求曲线如图9所示。

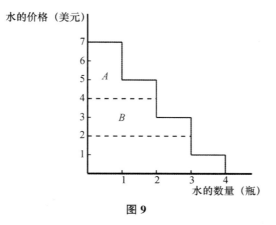

图9

b. 当每瓶水的价格是4美元时，Bert会买2瓶水。他的消费者剩余是图9中的A。他对第一瓶水的最高支付价格是7美元，但他仅支付了4美元，因此他的消费者剩余是3美元。他对第二瓶水的最高支付价格是5美元，但是他仅支付了4美元，因此他的消费者剩余是1美元。因此Bert的总消费剩余是3美元+1美元=4美元，即图9中的A。

c. 当每瓶水的价格从4美元降到2美元时，Bert会买3瓶水，增加了1瓶水。他的消费者剩余由图9中的A和B组成，增加了B。他从第一瓶水得到了5美元的消费者剩余(7美元-2美元)，从第二瓶水得到了3美元的消费者剩余(5美元-2美元)，从第三瓶水得到了1美元的消费者剩余(3美元-2美元)，总消费者剩余为9美元。因此当每瓶水的价格从4美元降到2美元时，他的消费者剩余增加了5美元，即图9中的B。

5. Ernie有一台抽水机。由于抽大量的水比抽少量的水困难，因此随着抽的水越来越多，生产一瓶水的成本增加。下面是他生产每瓶水的成本：

第一瓶水的成本	1美元
第二瓶水的成本	3美元
第三瓶水的成本	5美元
第四瓶水的成本	7美元

a. 根据以上信息推导出Ernie的供给表。画出他的瓶装水的供给曲线。

b. 如果一瓶水的价格是4美元，Ernie会生产并销售多少瓶水？Ernie从这种销售中得到了多少生产者剩余？在你的图形中标出Ernie的生产者剩余。

c. 如果价格上升为6美元，供给量会有何变化？Ernie的生产者剩余会有何变化？在你的图形中标出这些变化。

【解答】

a. Ernie对水的供给表是：

价格	供给数量(瓶)
超过7美元	4
5—7美元	3
3—5美元	2
1—3美元	1
少于1美元	0

Ernie 的供给曲线如图 10 所示。

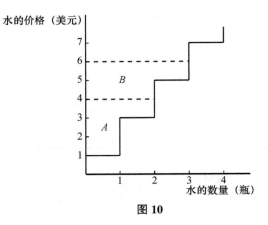

图 10

b. 当每瓶水的价格为 4 美元时，Ernie 会出售 2 瓶水。他的生产者剩余是图 10 中的 A。他出售第一瓶水得到了 4 美元，但是成本仅为 1 美元，因此 Ernie 获得了 3 美元的生产者剩余。同样，他出售第二瓶水也得到了 4 美元，但是生产成本为 3 美元，因此他获得了 1 美元的生产者剩余。因此 Ernie 的总生产者剩余为 3 美元+1 美元=4 美元，即图 10 中的 A。

c. 当每瓶水的价格从 4 美元上升到 6 美元时，Ernie 会出售 3 瓶水，增加了 1 瓶水。他的生产者剩余由图 10 中的 A 和 B 组成，增加了 B。他从第一瓶水得到了 5 美元的生产者剩余(6 美元-1 美元)，从第二瓶水得到了 3 美元的生产者剩余(6 美元-3 美元)，从第三瓶水得到了 1 美元的生产者剩余(6 美元-5 美元)，总生产者剩余为 9 美元。因此当每瓶水的价格从 4 美元上升到 6 美元时，他的生产者剩余增加了 5 美元，即图 10 中的 B。

6. 考虑一个由问题 4 中的 Bert 作为买者、问题 5 中的 Ernie 作为卖者组成的市场。

   a. 用 Ernie 的供给表和 Bert 的需求表找出价格为 2 美元、4 美元和 6 美元时的供给量和需求量。这些价格中哪一种能使供求达到均衡？

   b. 在这种均衡时，消费者剩余、生产者剩余和总剩余各是多少？

   c. 如果 Ernie 少生产并且 Bert 少消费一瓶水，总剩余会发生什么变动？

   d. 如果 Ernie 多生产并且 Bert 多消费一瓶水，总剩余会发生什么变动？

【解答】

a. 根据 Ernie 的供给表和 Bert 的需求表，供给量和需求量如下：

价格(美元)	供给量(瓶)	需求量(瓶)
2	1	3
4	2	2
6	3	1

只有价格为 4 美元时，供给和需求达到均衡，均衡数量是 2。

b. 当价格为 4 美元时，消费者剩余是 4 美元，生产者剩余是 4 美元(计算方法参考问题 4

和问题5)。总剩余为4美元+4美元=8美元。
   c. 如果Ernie少生产1瓶水,他的生产者剩余将会降到3美元(计算方法参考问题5)。如果Bert少消费1瓶水,他的消费者剩余将会降到3美元(计算方法参考问题4)。因此总剩余将会降到3美元+3美元=6美元。
   d. 如果Ernie多生产1瓶水,他的成本将会是5美元,但是价格只有4美元,因此他的生产者剩余将下降1美元。如果Bert多消费1瓶水,他的最高支付价格将会是3美元,但是价格是4美元,因此他的消费者剩余将会下降1美元。因此总剩余下降了1美元+1美元=2美元。
7. 在过去十年间,生产平板电视的成本降低了。让我们考虑这一事实的某些含义。
   a. 用供求图说明生产成本下降对平板电视的价格和销售量的影响。
   b. 用你的图形说明消费者剩余和生产者剩余发生了什么变化。
   c. 假定平板电视的供给是非常富有弹性的。谁从生产成本下降中获益最大?是平板电视的消费者还是生产者?

【解答】
   a. 平板电视生产成本的下降导致供给曲线向右移动,如图11所示。结果,平板电视的均衡价格下降了,均衡数量上升了。

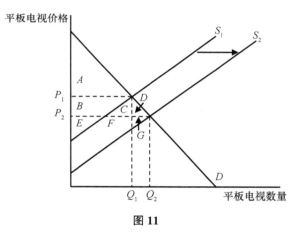

图11

   b. 平板电视价格的下降使消费者剩余从A增加到A+B+C+D,增加了B+C+D。供给曲线移动之前,生产者剩余为B+E(供给曲线以上和价格之下的区域)。在供给曲线移动之后,生产者剩余为E+F+G。因此生产者剩余变动为F+G-B,这个变动可能是正的,也可能是负的。销售量的增加导致生产者剩余的增加,而价格的下降导致生产者剩余的减少。消费者剩余提高了B+C+D,生产者剩余提高了F+G-B,总剩余提高了C+D+F+G。
   c. 如果平板电视的供给是富有弹性的,那么供给曲线的移动将使消费者受益最大。考虑最极端的例子,假定供给曲线是水平的,如图12所示,那么就不存在生产者剩余。消费者获得了价格下降带来的所有收益,这使得消费者剩余从A变为A+B。

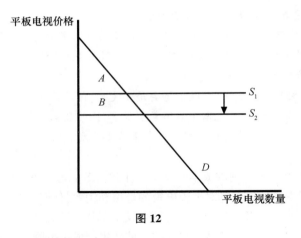

图 12

8. 有四位消费者愿意为理发支付下列价格：
   Gloria   35 美元
   Jay   10 美元
   Claire   40 美元
   Phil   25 美元
   有四家理发店，其成本如下：
   A 理发店   15 美元
   B 理发店   30 美元
   C 理发店   20 美元
   D 理发店   10 美元
   每家店只能为一个人理发。从效率来看，应该有多少次理发？哪些店应该理发？哪些消费者应该理发？最大可能的总剩余是多少？

   【解答】
   图 13 显示了理发的供给和需求曲线。供给和需求在理发数量为 3 次时达到均衡，价格在

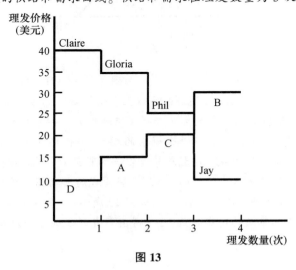

图 13

20美元和25美元之间。A、C、D理发店应该为Claire、Gloria和Phil理发。Jay的支付意愿太低,B理发店的价格太高,因此没有参与理发。总剩余最大化的区域位于需求曲线和供给曲线之间,总共55美元[第一次理发的总剩余(40美元-10美元),加上第二次理发的总剩余(35美元-15美元),加上第三次理发的总剩余(25美元-20美元)]。

9. 过去几十年经济中最大的变化之一是技术进步使生产电脑的成本降低了。
   a. 画出供求图说明电脑市场上价格、数量、消费者剩余和生产者剩余发生了什么变动。
   b. 四十年前学生在写文章时一般用打字机,今天他们都用电脑。电脑和打字机是互补品还是替代品?用供求图说明打字机市场上的价格、数量、消费者剩余和生产者剩余发生了什么变动。电脑技术进步对打字机生产者而言是好事还是坏事?
   c. 电脑和软件是互补品还是替代品?用供求图说明软件市场上的价格、数量、消费者剩余和生产者剩余发生了什么变动。电脑技术进步对软件生产者而言是好事还是坏事?
   d. 上述分析有助于解释为什么软件生产者比尔·盖茨是世界上最富有的人之一吗?

【解答】
   a. 如图14所示,市场上电脑生产成本的下降,将使供给曲线从 S_1 向右下方移动到 S_2,因此电脑的均衡价格下降而均衡产量上升。电脑价格的下降使得消费者剩余从 A 增加到 $A+B+C+D$,增加额为 $B+C+D$。
   供给曲线移动前,生产者剩余为 $B+E$(供给曲线上方与价格之下的区域)。供给曲线移动后,生产者剩余为 $E+F+G$。因此,生产者剩余变动额为 $F+G-B$,可能是正数也可能是负数。数量的增加导致生产者剩余的增加,价格的下降导致生产者剩余的减少。由于消费者剩余增加 $B+C+D$,生产者剩余增加 $F+G-B$,所以总剩余增加 $C+D+F+G$。
   b. 打字机和电脑是替代品。电脑价格的下降会使人们用电脑替代打字机,从而使得打字机的需求曲线向左移动,打字机的均衡价格和均衡数量下降,如图15所示。在打字机市场,消费者剩余从 $A+B$ 变为 $A+C$,净变化为 $C-B$。生产者剩余从 $C+D+E$ 变为 E,净损失 $C+D$。电脑技术的进步对打字机生产者而言是坏事,因为这导致了他们的生产者剩余下降。

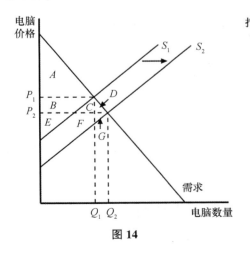

图14

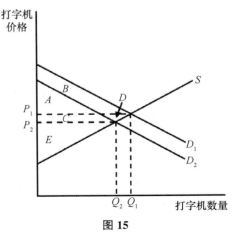

图15

c. 软件和电脑是互补品。当电脑价格下降时,对软件的需求会增加,从而使得软件需求曲线向右移动,导致软件的均衡价格和均衡数量都增加,如图 16 所示。在软件市场,消费者剩余从 B+C 变为 A+B,净变化为 A-C;生产者剩余从 E 变为 C+D+E,增加了 C+D。软件生产者会因为电脑技术的进步而获益。

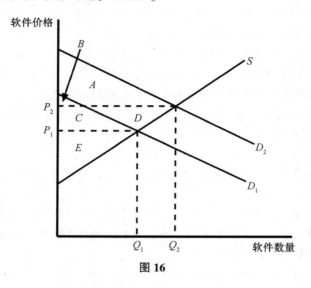

图 16

d. 是的,这种分析有助于解释为什么比尔·盖茨是世界上最富有的人之一。他的公司生产很多软件,而软件市场上的生产者剩余随着电脑技术的进步而不断增加。

10. 你的朋友正在考虑两家手机服务提供商。A 提供商每月收取固定服务费 120 美元,无论打多少次电话都是如此。B 提供商不收取固定服务费,而是每打 1 分钟电话收费 1 美元。你的朋友对每月打电话时间的需求由方程 $Q^D = 150-50P$ 给出,其中 P 是每分钟电话的价格。

a. 对每个提供商,你的朋友多打 1 分钟电话的费用是多少?

b. 根据你对 a 的回答,你的朋友用每个提供商的服务会打多少分钟电话?

c. 她每个月向每个提供商付费多少?

d. 她从每个提供商得到的消费者剩余是多少?(提示:画出需求曲线,并回忆一下三角形的面积公式。)

e. 你会推荐你的朋友选择哪一个提供商?为什么?

【解答】

a. 对于提供商 A,多打 1 分钟电话的费用为 0 美元;对于提供商 B,多打 1 分钟电话的费用为 1 美元。

b. 对于提供商 A,我的朋友会打 150 分钟(150-50×0)电话;对于提供商 B,我的朋友会打 100 分钟(150-50×1)电话。

c. 对于提供商 A,她每月会支付 120 美元;对于提供商 B,她每月会支付 100 美元。

d. 我的朋友的需求曲线如图 17 所示。对于提供商 A,她会打 150 分钟电话,她的消费者剩余 = 1/2×3×150-120 = 105。对于提供商 B,她会打 100 分钟电话,她的消费者剩余 = 1/2×2×100 = 100。

e. 我会推荐我的朋友选择提供商 A，因为她可以从提供商 A 那里得到更多的消费者剩余。

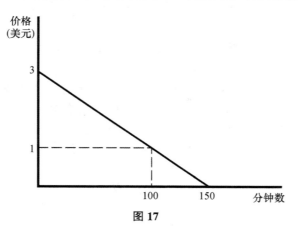

图 17

11. 考虑医疗保险如何影响所进行的医疗服务量。假设一般的治疗成本为 100 美元，但一个有医疗保险的人只需自付 20 美元，他的保险公司支付剩下的 80 美元。(保险公司将通过保险费来收回这 80 美元，但一个人所支付的保险费不取决于他接受了多少治疗。)
   a. 画出医疗市场上的需求曲线(在你的图形中，横轴应该代表治疗的次数)。标出如果治疗价格为 100 美元，治疗的需求量。
   b. 在你的图上标出如果消费者每次治疗只支付 20 美元，治疗的需求量。如果每次治疗的社会成本的确是 100 美元，而且如果个人有如上所述的医疗保险，这一治疗数量能使总剩余最大化吗？解释原因。
   c. 经济学家经常指责医疗保险制度会导致人们滥用医疗。根据你的分析，说明为什么医疗的使用被认为是"滥用"了。
   d. 哪种政策可以防止这种滥用？

【解答】
a. 医疗保险需求如图 18 所示。如果每次医疗服务的价格为 100 美元，那么医疗服务量为 Q_1。

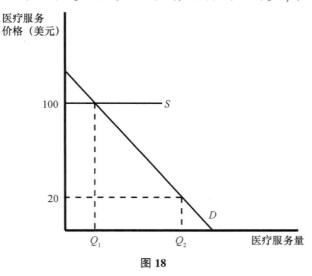

图 18

b. 如果消费者每次治疗只支付20美元,那么需求量为 Q_2。因为社会成本为100美元,医疗服务量超过了社会最优量,从而不能使总剩余最大化。使总剩余最大化的医疗服务量为 Q_1,小于 Q_2。

c. 消费者为医疗服务支付的价格低于医疗服务的成本,从而导致医疗服务被滥用。因此,医疗市场的经济总剩余减少了。

d. 为防止这种滥用,消费者必须承担医疗服务的边际成本,但这将要求取消医疗保险。另一种可能性是由支付大多数医疗服务边际成本(在本例中为80美元)的保险公司自行决定可以支付哪些医疗服务费用。但是保险公司并不能从医疗服务中受益,因此保险公司的决策可能并不能反映医疗服务对消费者的价值。

第 8 章
应用:税收的代价

学习目标

在本章中,学生应理解
- 税收如何减少消费者剩余和生产者剩余;
- 税收的无谓损失的含义和原因;
- 为什么一些税收的无谓损失大于另一些税收的无谓损失;
- 税收收入和税收的无谓损失如何随税收的规模变动而变动。

框架与目的

第 8 章是论述福利经济学的三章中的第二章。在关于供给与需求的上一篇中,第 6 章介绍了税收,并说明了税收如何影响市场上的价格和销售量。第 6 章还讨论了决定税收负担如何在市场上的买者和卖者之间分摊的因素。第 7 章提出了福利经济学——关于资源配置如何影响经济福利的研究。第 8 章把前两章学过的内容结合起来,并分析税收对福利的影响。第 9 章将分析贸易限制对福利的影响。

第 8 章的目的是运用第 7 章所学到的福利经济学的内容来分析在第 6 章中谈到的税收问题。我们将知道,税收给市场上的买者和卖者带来的成本通常大于政府筹集到的收入。我们还将学习决定税收的成本大于政府筹集到的收入的程度的因素。

内容提要

- 一种物品的税收使该物品买者与卖者的福利减少了,而且消费者剩余和生产者剩余的减少常常超过了政府筹集到的收入。总剩余——消费者剩余、生产者剩余和税收收入之和——的减少被称为税收的无谓损失。
- 税收带来无谓损失是因为它使买者少消费,使卖者少生产,而且,这种变动使市场规模缩小到使总剩余最大化的水平之下。由于供给弹性和需求弹性衡量市场参与者对市场状况变动的反应程度,所以弹性越大意味着无谓损失越大。
- 税收增加越多,对激励的扭曲越大,无谓损失也就越大。但由于税收减小了市场规模,税收收入不会一直增加。税收收入起初随着税收规模的扩大而增加,但如果税收规模达到足够大,税收收入就会开始下降。

教材习题解答

即问即答

1. 画出甜点的供给曲线与需求曲线。如果政府对甜点征税,说明买者支付的价格、卖者得到的价格以及销售量的变动。用你的图说明税收的无谓损失,并解释无谓损失的含义。

   【解答】
   图1表示甜点的供给曲线与需求曲线,Q_1是均衡数量,P_1则是均衡价格。当政府对甜点征税时,买者支付的价格上升到P_B,卖者得到的价格下降到P_S,而销售量从Q_1减少到Q_2。图中需求曲线下方、供给曲线上方与销售量Q_1和Q_2之间的三角形面积就是税收的无谓损失(DWL)。无谓损失就是税收引起的总剩余减少。

   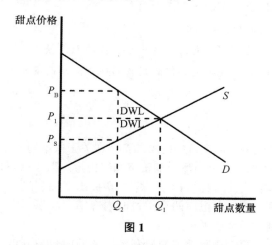

   图1

2. 啤酒的需求比牛奶的需求更富有弹性。是啤酒税的无谓损失大,还是牛奶税的无谓损失大?为什么?

   【解答】
   需求曲线越富有弹性,税收的无谓损失就越大。因此,啤酒税的无谓损失将要比牛奶税的无谓损失更大,因为啤酒的需求比牛奶的需求更富有弹性。

3. 如果政府将汽油税翻番,你能肯定汽油税的收入将增加吗?你能肯定汽油税的无谓损失将增加吗?解释原因。

   【解答】
   如果政府将汽油税翻番,汽油税的收入可能增加也可能减少,取决于税收规模在拉弗曲线向上倾斜的部分还是向下倾斜的部分。然而,如果政府将汽油税翻番,你可以肯定的是无谓损失将增加,因为无谓损失总是随着税率的提高而增加。

快速单选

1. 在哪一种情况下对一种物品征税会产生无谓损失?
   a. 消费者剩余和生产者剩余的减少大于税收收入。
   b. 税收收入大于消费者剩余和生产者剩余的减少。

c. 消费者剩余的减少大于生产者剩余的减少。
d. 生产者剩余的减少大于消费者剩余的减少。

2. Sofia 每周付给 Sam 50 美元的剪草坪费。当政府对 Sam 的剪草坪收入征收 10 美元的税时,他把价格提高到 60 美元。在这一较高价格时,Sofia 仍然雇用他。生产者剩余、消费者剩余和无谓损失的变化分别是多少?
   a. 0 美元,0 美元,10 美元
   b. 0 美元,-10 美元,0 美元
   c. 10 美元,-10 美元,10 美元
   d. 10 美元,-10 美元,0 美元

3. 鸡蛋的供给曲线是线性的,且向右上方倾斜;需求曲线是线性的,且向右下方倾斜。如果鸡蛋税从 2 美分增加到 3 美分,税收的无谓损失将_____。
   a. 增加 50% 以下,甚至有可能减少
   b. 正好增加 50%
   c. 增加 50% 以上
   d. 答案取决于供给和需求哪个更富有弹性

4. 花生酱有向右上方倾斜的供给曲线和向右下方倾斜的需求曲线。如果税收从每磅 10 美分增加到 15 美分,政府的税收收入将_____。
   a. 增加 50% 以下,甚至有可能减少
   b. 正好增加 50%
   c. 增加 50% 以上
   d. 答案取决于供给和需求哪个更富有弹性

5. 拉弗曲线说明,在某些情况下,政府可以对一种物品减税,并增加_____。
   a. 无谓损失
   b. 政府税收收入
   c. 均衡数量
   d. 消费者支付的价格

6. 如果决策者想通过对一种物品征税来增加收入而又减少无谓损失,那么他就应该找到一种需求弹性_____而供给弹性_____的物品。
   a. 小,小   b. 小,大
   c. 大,小   d. 大,大

【答案】 1. a 2. b 3. c 4. a 5. b 6. a

复习题

1. 当对一种物品征税时,消费者剩余和生产者剩余会发生怎样的变动?税收收入与消费者剩余和生产者剩余相比较如何?解释原因。

   【解答】
   当对一种物品征税时,消费者剩余和生产者剩余都会减少。消费者剩余和生产者剩余的减少超过了政府筹集到的收入,因此社会总剩余就减少了。税收扭曲了买者和卖者的激励,从而引起了资源配置的无效率。

2. 画出对某种物品征收销售税的供求图。在图上注明无谓损失，标明税收收入。

   【解答】
   图 2 说明了对某种物品征收销售税的无谓损失和税收收入。如果没有税收，均衡数量将是 Q_1，均衡价格将是 P_1，消费者剩余将是 $A+B+C$，生产者剩余则将是 $D+E+F$。征税之后，在买者支付的价格 P_B 与卖者收到的价格 P_S 之间就会打入一个楔子，也就是 $P_B=P_S+$税。销售量则减少到 Q_2。现在，消费者剩余为 A，生产者剩余为 F，同时政府收入为 $B+D$。税收的无谓损失则是 $C+E$，因为这是销售量从 Q_1 减少到 Q_2 所损失的面积。

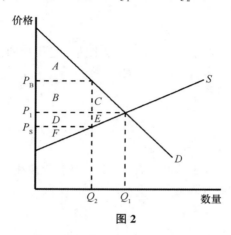

图 2

3. 供给弹性与需求弹性如何影响税收的无谓损失？为什么会有这种影响？

   【解答】
   需求和供给的弹性越大，税收的无谓损失就越大。因为弹性衡量的是买者和卖者对于价格变动的反应程度，更富有弹性意味着税收会引起数量上更大幅度的下降，也就意味着对市场更大的扭曲。

4. 为什么专家们对劳动税无谓损失大小的看法不一致？

   【解答】
   专家们关于劳动税无谓损失大小的看法不一致，是因为他们对劳动供给弹性有不同的看法。有些专家认为，劳动供给是相当缺乏弹性的，因此劳动税引起的无谓损失很小。但是另外一些专家认为工人们可以运用多种方式去调整他们的工作时间，因此劳动供给是比较富有弹性的，因此劳动税引起的无谓损失很大。

5. 当税收增加时，无谓损失和税收收入会发生怎样的变动？

   【解答】
   税收的无谓损失的增加幅度与税收的增加幅度不是同比例变动的。税收收入刚开始会随着税收的增加而增加，但是随着税收的进一步增加，税收收入最终会减少。

问题与应用

1. 比萨饼市场的特征是需求曲线向右下方倾斜，供给曲线向右上方倾斜。

   a. 画出竞争市场的均衡图。标出价格、数量、消费者剩余和生产者剩余。存在无谓损失吗？解释原因。

   b. 假设政府令每个比萨饼店每卖出一个比萨饼缴纳 1 美元税。说明这种税对比萨饼市场的影响,确定并标出消费者剩余、生产者剩余、政府收入及无谓损失。每块面积与税前相比有何变动?

c. 如果取消税收,比萨饼买者和卖者的状况会变好,但政府会失去税收收入。假设消费者和生产者自愿把他们的部分收入交给政府。各方(包括政府)的状况能比有税收时更好吗?用你的图上所标出的面积做出解释。

【解答】

a. 图3表示比萨饼市场。均衡价格是 P_1,均衡数量是 Q_1,消费者剩余是 $A+B+C$,生产者剩余是 $D+E+F$。图中不存在无谓损失,因为贸易的所有潜在利润都已经得到实现;在需求曲线和供给曲线之间的整个区域就是总剩余量:$A+B+C+D+E+F$。

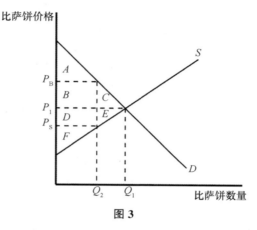

图 3

b. 每卖出一个比萨饼缴纳1美元的税,买者支付的价格 P_B 就会高于卖者得到的价格 P_S,即 $P_B=P_S+1$ 美元。数量减少到 Q_2,消费者剩余是 A,生产者剩余是 F,政府收入是 $B+D$,无谓损失是 $C+E$。消费者剩余比税前减少了 $B+C$,生产者剩余比税前减少了 $D+E$,政府收入比税前增加了 $B+D$,无谓损失比税前增加了 $C+E$。

c. 如果政府取消税收,消费者和生产者自愿将 $B+D$ 转交给政府,得以让政府去弥补税收收入的损失,那么各方的状况都会比有税收时更好。在没有税收的情况下,均衡数量会是 Q_1,均衡价格会是 P_1。消费者剩余将会是 $A+C$,因为消费者得到 $A+B+C$ 的剩余,然后自愿将 B 转交给政府。生产者剩余将会是 $E+F$,因为生产者得到 $D+E+F$ 的剩余,然后自愿将 D 转交给政府。消费者和生产者都会比有税收时的状况更好。如果消费者和生产者把比 $B+D$ 更多一点的部分转交给政府,那么这三方(包括政府)的状况都会比之前更好。这些说明了税收政策的无效率。

2. 评价以下两句话。你同意吗?为什么?
a. "一种没有无谓损失的税收不能为政府筹集任何收入。"
b. "不能为政府筹集收入的税收不会有任何无谓损失。"

【解答】

a. "一种没有无谓损失的税收不能为政府筹集任何收入"的说法是不正确的。一个反例是当供给或者需求完全缺乏弹性时的税收。此时税收既没有影响数量,也没有产生无谓损失,但却增加了收入。

b. "不能为政府筹集收入的税收不会有任何无谓损失"的说法是不正确的。一个反例是对卖者征收100%的税收。由于物品销售要征收100%的税,卖者就不会供给任何物品,因此该税收不能为政府筹集收入。然而该税收会产生大量的无谓损失,因为它使销售量减少到零。

3. 考虑橡皮筋市场。

   a. 如果这个市场供给非常富有弹性,而需求非常缺乏弹性,橡皮筋的税收负担将如何在消费者和生产者之间分摊?运用消费者剩余和生产者剩余工具来回答。

   b. 如果这个市场供给非常缺乏弹性,而需求非常富有弹性,橡皮筋的税收负担将如何在消费者和生产者之间分摊?把你的答案和 a 的答案进行对比。

【解答】

a. 如果橡皮筋市场的供给非常富有弹性,而需求非常缺乏弹性,则橡皮筋的税收负担主要由买者来承担。如图4所示,消费者剩余的减少非常明显,即减少了 $A+B$,但是生产者剩余的减少量仅为 $C+D$。

b. 如果橡皮筋市场的供给非常缺乏弹性,而需求非常富有弹性,则橡皮筋的税收负担主要由卖者来承担。如图5所示,消费者剩余的减少并不明显,仅为 $A+B$,然而生产者剩余大幅下降,即下降了 $C+D$。与 a 的答案相比,生产者分摊了更多的税收负担,同时消费者分摊了相对少的税收负担。

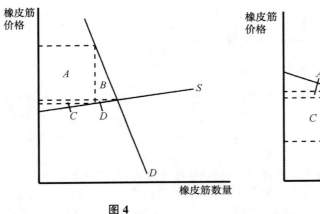
图 4

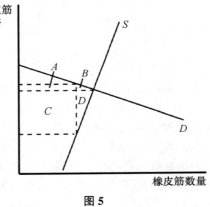
图 5

4. 假设政府征收燃油税。

   a. 这种税的无谓损失是在征税后第一年大,还是第五年大?解释原因。

   b. 从这种税中得到的收入是在征税后第一年多,还是第五年多?解释原因。

【解答】

a. 燃油税的无谓损失很可能在征税后的第五年比第一年更大。在征税的第一年,由于那些拥有燃油加热器的人们不可能立刻替换掉它们,故燃油需求是相对缺乏弹性的。但是随着时间的推移,他们可能转向其他的能源来源。购买新的加热器的人们将更可能选择使用天然气或电力产品,因此税收将对燃油的销售量有很大的影响。因此,随着时间的推移,燃油税的无谓损失将会更大。

b. 从燃油税中得到的收入很可能在征税后第一年比第五年更多。在第一年,需求更缺乏弹性,因此销售量不会大幅减少,税收收入相对较高。随着时间的推移,更多的人选择用新的能源代替燃油,燃油的销售量就会下降,税收收入也将随之减少。

5. 有一天在上完经济学课以后,你的朋友建议说:对食物征税是筹集收入的一个好方法,因为食物的需求是相当缺乏弹性的。从什么意义上说,对食物征税是筹集税收收入的"好"方法?从什么意义上说,它并不是筹集税收收入的"好"方法?

【解答】
食物的需求是相当缺乏弹性的,对食物征税只会产生很小的无谓损失,这是筹集税收收入的一个好方法。因此对食物征税比对其他物品征税的效率更高。但是从公平的角度来看,它并不是筹集税收收入的一个好办法,因为较贫穷的人们花费了他们收入当中占比较高的金额在食物上。对食物征税对他们产生的影响将远远大于对较富有的人产生的影响。

6. 前纽约州参议员 Daniel Patrick Moynihan 曾经提出一个法案,该法案要对某种空心子弹征收 10 000% 的税。
   a. 你认为这种税能筹集到大量税收收入吗?为什么?
   b. 即使这种税不能筹集到税收收入,Moynihan 参议员为什么还要提议征收这种税呢?

【解答】
   a. 这种税的税率如此之高,以至于不可能筹集到多少税收收入。由于税率较高,市场上的均衡数量很可能达到或接近于零。
   b. Moynihan 参议员的目的可能是禁止空心弹的使用。在这种情况下,该税收可能跟完全的禁令一样有效。

7. 政府对购买袜子征税。
   a. 说明这种税对袜子市场的均衡价格和均衡数量的影响。确定在征税前后的以下面积:消费者总支出、生产者总收益和政府税收收入。
   b. 生产者得到的价格上升了还是下降了?你能判断出生产者的总收益增加了还是减少了吗?解释原因。
   c. 消费者支付的价格上升了还是下降了?你能判断出消费者的总支出增加了还是减少了吗?详细解释。(提示:考虑弹性。)如果消费者总支出减少了,消费者剩余增加了吗?解释原因。

【解答】
   a. 图6表示袜子市场和税收对它产生的影响。在征税前,袜子的均衡数量是 Q_1,均衡价格是 P_1,消费者的总支出和生产者的总收益持平,为 $P_1 \times Q_1$,等同于 $B+C+D+E+F$,政府税收收入为零。在征税后,在买者支付的价格 P_B 与卖者收到的价格 P_S 之间就会产生一个楔子,也就是 $P_B = P_S +$ 税。销售量则减少到 Q_2。这样消费者的总支出就是 $P_B \times Q_2$,等同于 $A+B+C+D$,生产者的总收益就是 $P_S \times Q_2$,即 $C+D$,同时政府税收收入是 $Q_2 \times$ 税,即 $A+B$。
   b. 除了在供给完全富有弹性或需求完全缺乏弹性的情况下,生产者得到的价格会由于税收而下降。生产者的总收益减少了,减少的部分等于 $B+E+F$。
   c. 除了在需求完全富有弹性或供给完全缺乏弹性的情况下,消费者支付的价格会由于税收而上升。消费者总支出是增加还是减少取决于需求是否富有弹性。如果需求是富有弹性的,那么数量减少的比例将超过价格上升的比例,因此消费者总支出将减少。如果需求是缺乏弹性的,那么数量减少的比例将小于价格上升的比例,因此消费者总支出将增加。无论消费者总支出是增加还是减少了,消费者总剩余都减少了,因为价格上升了,同时数量减少了。

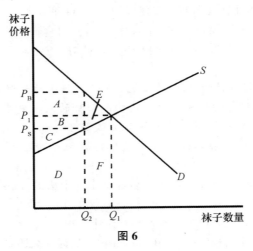

图 6

8. 本章分析了对物品征税的福利影响。现在考虑相反的政策。假定政府补贴一种物品:每销售1单位该物品,政府向买者支付2美元。该补贴如何影响消费者剩余、生产者剩余、税收收入和总剩余?补贴会引起无谓损失吗?解释原因。

【解答】
图 7 表示政府对某一物品补贴 2 美元产生的影响。没有补贴前,均衡价格是 P_1,均衡数量是 Q_1。有了补贴后,购买者支付价格 P_B,生产者得到的价格是 P_S($P_S = P_B + 2$ 美元),同时销售量为 Q_2。下面的表格表示该补贴对消费者剩余、生产者剩余、政府税收收入以及总剩余的影响。因为市场总剩余减少了 $D+H$,所以该补贴会引起一定数量上的无谓损失。

	补贴前	补贴后	变化
消费者剩余	$A+B$	$A+B+E+F+G$	$+(E+F+G)$
生产者剩余	$E+I$	$B+C+E+I$	$+(B+C)$
政府税收收入	0	$-(B+C+D+E+F+G+H)$	$-(B+C+D+E+F+G+H)$
总剩余	$A+B+E+I$	$A+B-D+E-H+I$	$-(D+H)$

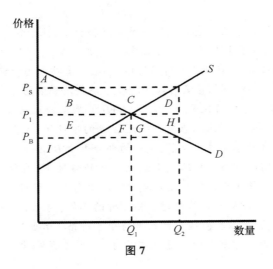

图 7

9. 小镇的旅馆房间价格为每天每间100美元，一般每天租出去1 000个房间。
   a. 为了筹集收入，市长决定对旅馆每个租出去的房间收取10美元的税。在征税之后，旅馆房间的价格上升到108美元，租出去的房间减少为900个。计算这种税为小镇筹集到多少收入，以及税收的无谓损失。
   b. 市长现在把税收翻一番，即增加到20美元。价格上升到116美元，租出去的房间减少为800个。计算税收增加后的税收收入和无谓损失。它们是等于、大于，还是小于原来的两倍？解释原因。

【解答】
a. 图8显示了对旅馆每个租出去的房间征收10美元的税而产生的影响。A+B代表这种税为小镇筹集到的收入，等于10美元×900=9 000美元。C+D代表税收的无谓损失，等于0.5×10美元×100=500美元。

b. 图9表示对旅馆每个租出去的房间征收20美元的税而产生的影响。A+B代表这种税为小镇筹集到的收入，等于20美元×800=16 000美元。C+D代表税收的无谓损失，等于0.5×20美元×200=2 000美元。

当税收翻番后，税收收入的增加小于原来的两倍，而税收的无谓损失的增加大于原来的两倍。因为更高的税收引起了对市场更大的扭曲。

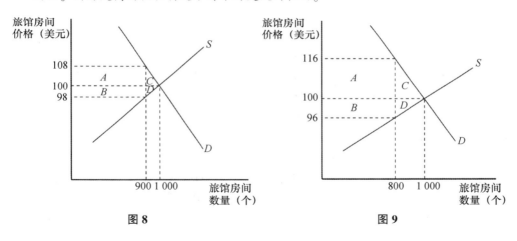

图8　　　　　　　　　图9

10. 假设某个市场可由以下供给和需求方程来描述：
$$Q^S = 2P$$
$$Q^D = 300 - P$$

   a. 求解均衡价格和均衡数量。
   b. 假设对买者征收税收T，因此新的需求方程式是：
$$Q^D = 300 - (P+T)$$
   求解新的均衡。卖者得到的价格、买者支付的价格和销售量会发生什么变动？
   c. 税收收入是T×Q。用你对问题b的答案求解作为T的函数的税收收入。画出T在0和300之间时这种关系的图形。
   d. 税收的无谓损失是供给曲线和需求曲线之间三角形的面积。回忆一下，三角形的面积是1/2×底×高，以此求解作为T的函数的无谓损失。画出T在0和300之间时这种关系的图形。(提示:从侧面看,无谓损失三角形的底是 T,高是有税收时的销售量与无税收时的销售量之差。)

e. 现在政府对每单位该物品征收 200 美元的税。这是一种好政策吗？为什么？你能提出更好的政策吗？

【解答】

a. 假设供给量等于需求量,即 $2P=300-P$,得到 $P=100$。将 $P=100$ 代回供给和需求的方程后得到 $Q=200$。

b. 现在 P 是卖者得到的价格, $P+T$ 是买者支付的价格。需求量等于供给量,则有 $2P=300-(P+T)$。由此可得 $P=100-T/3$。该价格就是卖者得到的价格。买者支付的价格等于卖者得到的价格加上税收($P+T=100+2T/3$)。目前的销售量则是 $Q=2P=200-2T/3$。

c. 因为税收收入是 $T \times Q$,而 $Q=200-2T/3$,税收收入等于 $200T-2T^2/3$。图 10 用曲线显示了它们之间的关系。税收收入在 $T=0$ 和 $T=300$ 时是零。

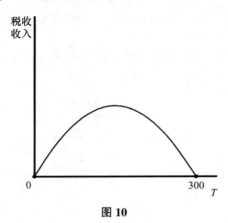

图 10

d. 如图 11 所示,代表无谓损失的三角形的面积为 1/2×底×高,无谓损失三角形的底(T)也就是税前与税后的价格之差,高是税前与税后的销售量之差($2T/3$)。因此无谓损失等于 $1/2 \times T \times 2T/3 = T^2/3$。如图 12 所示,当 T 从 0 上升到 300 时,无谓损失从 0 上升到 30 000 美元。

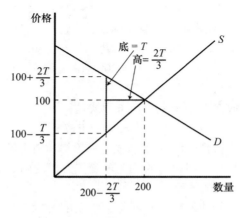

图 11

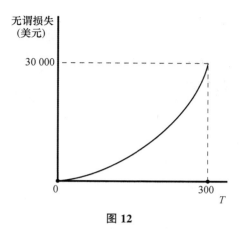

图 12

e. 政府对每单位该物品征收 200 美元的税是一种不利政策,因为在该税收水平上,税收收入是在下降。政府可以将对每单位该物品征收的税减少到 150 美元,这样就能得到更多的税收收入(当税收是 150 美元时,税收收入达到 15 000 美元,而当税收是 200 美元时,税收收入是 13 333 美元),同时无谓损失减少了(当税收分别为 150 美元和 200 美元时,无谓损失分别是 7 500 美元和 13 333 美元)。

第 9 章
应用:国际贸易

学习目标

在本章中,学生应理解

- 一国是进口还是出口一种物品由什么决定;
- 在国际贸易中谁获益,谁受损;
- 国际贸易中赢家的收益大于输家的损失;
- 关税和进口配额的福利影响;
- 人们用来支持贸易限制的各种论据。

框架与目的

第 9 章是论述福利经济学的三章中的第三章。第 7 章介绍了福利经济学——研究资源配置如何影响经济福利。第 8 章把福利经济学的内容运用于税收。第 9 章把第 7 章中介绍的福利经济学的工具运用于国际贸易的研究(我们在第 3 章中第一次介绍了国际贸易)。

第 9 章的目的是运用有关福利经济学的知识更准确地研究贸易的好处,在第 3 章中我们只研究了比较优势和贸易的好处。在本章中我们将提出决定一国进口还是出口一种物品的条件,并找出当一国进口或出口一种物品时,谁获益,谁受损。我们将发现,当允许自由贸易时,赢家的收益大于输家的损失。由于贸易有好处,我们将说明对自由贸易的限制减少了贸易的好处,并与税收类似地引起无谓损失。

内容提要

- 通过比较没有国际贸易时的国内价格和世界价格,可以确定自由贸易的影响。国内价格低表明,该国在生产这种物品上有比较优势,该国将成为出口者。国内价格高表明,世界其他国家在生产这种物品上有比较优势,该国将成为进口者。
- 当一国允许贸易并成为一种物品的出口国时,该物品生产者的状况变好了,消费者的状况变差了。当一国允许贸易并成为一种物品的进口者时,该物品消费者的状况变好了,生产者的状况变差了。在这两种情况下,贸易的好处都大于损失。
- 关税——对进口物品征收的一种税——使市场向没有贸易时的均衡移动,因此,减少了贸易的好处。虽然国内生产者的状况变好了,政府筹集了收入,但消费者的损失大于这些好处。
- 有各种限制贸易的观点：保护工作岗位、保卫国家安全、帮助幼稚产业、防止不公平竞争以及对外国的贸易限制做出反应。尽管这些观点在某些情况下有些道理，但经济学家相信，自由贸易通常是一种更好的政策。

教材习题解答

即问即答

1. Autarka 国不允许国际贸易。在 Autarka 国，你可以用 3 盎司黄金买一件羊毛套装。同时，你在邻国可以用 2 盎司黄金买一件同样的羊毛套装。如果 Autarka 国打算允许自由贸易，它将进口还是出口羊毛套装？为什么？

   【解答】
   因为邻国羊毛套装的价格比 Autarka 国更便宜，所以如果 Autarka 国打算允许自由贸易，它将进口羊毛套装。

2. 画出 Autarka 国羊毛套装的供给曲线与需求曲线。当允许贸易时，一件羊毛套装的价格从 3 盎司黄金下降为 2 盎司黄金。在你画的图中，标明消费者剩余的变动、生产者剩余的变动和总剩余的变动。羊毛套装进口关税将如何改变上述结果？

   【解答】
   图 1 显示了 Autarka 国羊毛套装的供给曲线和需求曲线。在没有贸易的情况下，羊毛套装的价格是 3 盎司黄金，消费者剩余是区域 A，生产者剩余是 B+C，总剩余是 A+B+C。当允许贸易时，价格下降为 2 盎司黄金，消费者剩余增加到 A+B+D（增加了 B+D），生产者剩余下降到 C（减少了 B），因此总剩余增加到 A+B+C+D（增加了 D）。羊毛套装进口关税将减少消费者剩余的增长，减少生产者剩余的下降，同时减少总剩余的增加。

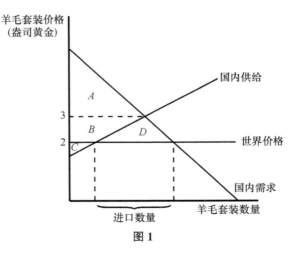

图 1

3. Autarka 国的纺织行业主张禁止羊毛套装进口。描述它的游说者可能提出的五种观点。对其中每一种观点做出回应。

【解答】
关于纺织行业主张禁止羊毛套装进口,游说者可能提出五种论点赞成该禁令:(1) 羊毛套装进口会影响工作岗位;(2) 羊毛套装行业对国家安全至关重要;(3) 羊毛套装行业才刚起步,需要保护其免受来自国外的竞争;(4) 其他国家不公平地对它们的羊毛套装行业进行补贴;(5) 禁止羊毛套装进口可以在国际谈判中被用作谈判筹码。

从支持羊毛套装自由贸易的立场来说,你应该做出如下回应:(1) 即使自由贸易会减少羊毛套装行业的工作岗位,但它在其他行业会创造很多工作机会,并使 Autarka 国人民享受到更高的生活水平;(2) 羊毛套装在军事上的角色可能被夸大了;(3) 对一个行业的成长来说,政府的保护是没必要的,它需要靠自我去成长;(4) Autarka 国国民能够以补贴价格购买羊毛套装是件好事;(5) 对自由贸易进行限制的威胁可能会适得其反,它会导致更低的贸易水平,导致每个人得到更低的经济福利。

快速单选

1. 如果一个不允许钢铁进行国际贸易的国家的国内价格低于世界价格,那么____。
    a. 该国在生产钢铁中有比较优势,如果开放贸易会成为钢铁出口国
    b. 该国在生产钢铁中有比较优势,如果开放贸易会成为钢铁进口国
    c. 该国在生产钢铁中没有比较优势,如果开放贸易会成为钢铁出口国
    d. 该国在生产钢铁中没有比较优势,如果开放贸易会成为钢铁进口国

2. 当 Ectenia 国在咖啡豆方面对世界开放贸易时,国内咖啡豆的价格下降。以下哪一个选项说明了这种情况?
    a. 国内咖啡产量增加,而且 Ectenia 变成了咖啡进口国。
    b. 国内咖啡产量增加,而且 Ectenia 变成了咖啡出口国。
    c. 国内咖啡产量减少,而且 Ectenia 变成了咖啡进口国。
    d. 国内咖啡产量减少,而且 Ectenia 变成了咖啡出口国。

3. 当一国开放一种产品的贸易并成为一个进口国时,将带来哪种结果?
    a. 生产者剩余减少,但消费者剩余和总剩余都增加。
    b. 生产者剩余减少,消费者剩余增加,而进口对总剩余的影响不确定。
    c. 生产者剩余和总剩余都增加,但消费者剩余减少。
    d. 生产者剩余、消费者剩余和总剩余都增加。

4. 如果进口一种产品的国家征收关税,这就会增加_____。
    a. 国内需求量
    b. 国内供给量
    c. 从国外的进口量
    d. 以上全部

5. 以下哪一种贸易政策将有利于生产者,损害消费者,并增加一国贸易量?
    a. 增加对进口国征收的关税。
    b. 减少对进口国征收的关税。
    c. 当世界价格高于国内价格时,开始允许贸易。
    d. 当世界价格低于国内价格时,开始允许贸易。

6. 征收关税和在进口配额下发放许可证的主要差别是关税增加了_____。

a. 消费者剩余
b. 生产者剩余
c. 国际贸易
d. 政府收入

【答案】　1. a　2. c　3. a　4. b　5. c　6. d

复习题

1. 一国在没有国际贸易时的国内价格向我们传达了关于该国比较优势的哪些信息？

   【解答】
   一国在没有国际贸易时，如果国内价格高于世界价格，则该国在生产这种物品上没有比较优势；如果国内价格低于世界价格，那么该国在生产这种物品上就有比较优势。

2. 一国什么时候成为一种物品的出口者？什么时候成为进口者？

   【解答】
   在一国的国内价格低于世界价格时，该国将出口该物品。因此，当该国在生产这种物品上有比较优势，且允许自由贸易时，该国将成为出口者。在一国的国内价格高于世界价格时，该国将进口该物品。因此，当该国在生产这种物品上没有比较优势，且允许自由贸易时，该国将成为进口者。

3. 画出一个进口国的供求图。在允许贸易之前，消费者剩余和生产者剩余是多少？有自由贸易时，消费者剩余和生产者剩余是多少？总剩余有什么变化？

   【解答】
   图 2 显示了一个进口国的供给曲线和需求曲线。在允许贸易之前，消费者剩余是 A，生产者剩余是 $B+C$。允许自由贸易后，消费者剩余是 $A+B+D$，生产者剩余是 C。总剩余的变化是增加了 D。

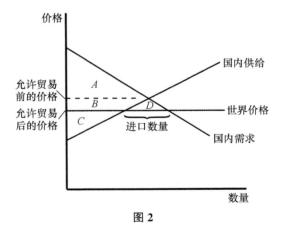

图 2

4. 描述什么是关税以及关税的经济影响。

   【解答】
   关税是对在国外生产而在国内销售的物品征收的一种税。如果一个国家是一种物品的进口国，关税会减少进口量，并使国内市场向没有贸易时的均衡移动，提高了物品价格，减少了消费者剩余和总剩余,然而增加了生产者剩余和政府收入。

5. 列出经常用来支持贸易限制的五种观点。经济学家如何对这些观点做出回应?

【解答】

经常用来支持贸易限制的五种观点:(1) 工作岗位论;(2) 受竞争威胁的行业可能对国家安全至关重要;(3) 贸易限制有助于新兴行业的建立;(4) 一些国家不正当地补贴它们的企业,因此国际市场上的竞争是不公平的;(5) 贸易限制有利于谈判中的讨价还价。经济学家不同意上述观点,理由如下:(1) 自由贸易在消灭一些工作岗位的同时也创造了另一些工作岗位;(2) 关于国家安全的理由可能被夸大了;(3) 政府无法轻松地确定哪个新兴行业值得保护;(4) 如果各国补贴它们的出口,则会使进口国的消费者受益;(5) 将贸易限制作为讨价还价筹码的策略是有风险的,因为它可能会适得其反,致使该国在没有贸易时的情况更糟。

6. 实现自由贸易的单边方法和多边方法之间有什么区别?各举一个例子。

【解答】

实现自由贸易的单边方法是一国单方面取消自己的贸易限制,多边方法是多个国家相互进行谈判以共同减少贸易限制。英国在19世纪就采取了单边方法,智利和韩国在近年也采取了这种方法。多边方法的例子包括1993年的北美自由贸易协定(NAFTA)和第二次世界大战后的关税及贸易总协定(GATT)。

问题与应用

1. 没有贸易时,世界红酒的价格低于加拿大的现行价格。

   a. 假设加拿大的红酒进口只是世界红酒总产量的一小部分,画出自由贸易下加拿大红酒市场的图形。在一个适当的表中,列出消费者剩余、生产者剩余和总剩余。

   b. 现在假设墨西哥湾流的异常移动使欧洲的夏天气候异常寒冷,降低了大部分的葡萄收成。这种冲击对世界红酒价格有什么影响?用你在问题a中的图和表说明对加拿大的消费者剩余、生产者剩余和总剩余的影响。谁是赢家?谁是输家?加拿大作为一个整体,状况变好了还是变坏了?

   【解答】

   a. 图3显示了自由贸易下的加拿大红酒市场,红酒的世界价格为 P_1。此时的消费者剩余、生产者剩余和总剩余如下表的第1列所示。

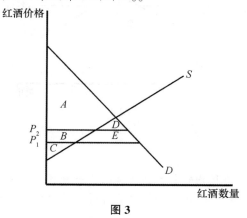

图3

	P_1	P_2	变动
消费者剩余	$A+B+D+E$	$A+D$	$-B-E$
生产者剩余	C	$B+C$	$+B$
总剩余	$A+B+C+D+E$	$A+B+C+D$	$-E$

b. 墨西哥湾流的异常移动降低了欧洲大部分的葡萄收成,从而提升了红酒的世界价格至 P_2。上表显示了消费者剩余、生产者剩余和总剩余的新面积,同时显示了这些剩余的变动。消费者是输家,生产者是赢家,加拿大作为一个整体,状况变得更坏了。

2. 假设国会对进口汽车征收关税,以保护美国汽车工业免受外国竞争,并且假设美国在世界汽车市场上是一个价格接受者。用图形说明:进口量的变化、美国消费者的损失、美国制造商的收益、政府收入以及关税带来的无谓损失。消费者的损失可以分为三部分:转移给国内生产者的收益、转移给政府的收入及无谓损失。用你的图形确定这三个部分。

【解答】

对进口汽车征收关税的影响如图4所示。在没有关税时,汽车价格为 P_W,美国的供给量为 Q_1^S,美国的购买量为 Q_1^D。美国进口 $Q_1^D-Q_1^S$ 的汽车。征收关税会提高汽车的价格至 P_W+t,随之美国制造商的汽车供给量也会增加至 Q_2^S,而购买量会减少至 Q_2^D。这就使进口量减少至 $Q_2^D-Q_2^S$。下表列明了征收关税前后的消费者剩余、生产者剩余、政府收入和总剩余。由于消费者剩余减少了 $C+D+E+F$,而生产者剩余增加了 C,政府收入增加了 E,无谓损失就是 $D+F$。消费者剩余损失总量 $C+D+E+F$ 分为以下几部分:C 转移给生产者,E 转移给政府,$D+F$ 就是无谓损失。

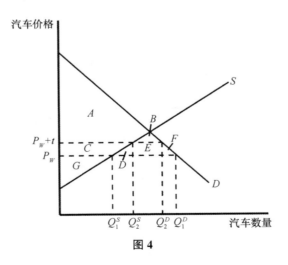

图4

	征收关税前	征收关税后	变动
消费者剩余	$A+B+C+D+E+F$	$A+B$	$-C-D-E-F$
生产者剩余	G	$C+G$	$+C$
政府收入	0	E	$+E$
总剩余	$A+B+C+D+E+F+G$	$A+B+C+E+G$	$-D-F$

3. 当中国的纺织业扩张时,世界供给的增加降低了纺织品的世界价格。
   a. 画出一个适当的图来分析这种价格变动如何影响像美国这样的纺织品进口国的消费者剩余、生产者剩余和总剩余。
   b. 现在画出一个适当的图来说明这种价格变动如何影响像多米尼加共和国这样的纺织品出口国的消费者剩余、生产者剩余和总剩余。
   c. 比较你对 a 和 b 的答案。相同之处是什么?不同之处是什么?哪一个国家应担心中国纺织品行业的扩张?哪一个国家应欢迎这种情况?解释原因。

【解答】
   a. 对于一个纺织品进口国来说,世界价格的降低产生的影响如图 5 所示。原始价格为 P_{W1},原始的进口量为 $Q_1^D - Q_1^S$。新的世界价格为 P_{W2},新的进口量为 $Q_2^D - Q_2^S$。下面的表格显示了消费者剩余、生产者剩余和总剩余及变动情况。国内消费者的境况变好了,而国内生产者的境况变差了。总剩余增加了 $D+E+F$。

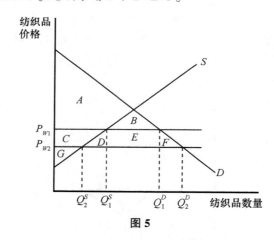

图 5

	P_{W1}	P_{W2}	变动
消费者剩余	$A+B$	$A+B+C+D+E+F$	$C+D+E+F$
生产者剩余	$C+G$	G	$-C$
总剩余	$A+B+C+G$	$A+B+C+D+E+F+G$	$D+E+F$

   b. 对于一个像多米尼加共和国这样的纺织品出口国来说,世界价格的降低产生的影响如图 6 所示。原始价格为 P_{W1},原始的出口量为 $Q_1^S - Q_1^D$。新的世界价格为 P_{W2},新的出口量为 $Q_2^S - Q_2^D$。下表显示了消费者剩余、生产者剩余和总剩余及变动情况。国内消费者的境况变好了,而国内生产者的境况变差了。总剩余减少了 D。

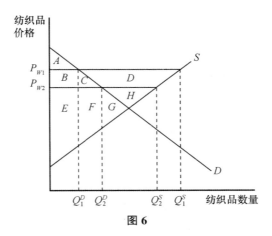

图6

	P_{W1}	P_{W2}	变动
消费者剩余	A	A+B+C	B+C
生产者剩余	B+C+D+E+F+G+H	E+F+G+H	−B−C−D
总剩余	A+B+C+D+E+F+G+H	A+B+C+E+F+G+H	−D

    c. 总的来说,进口国从纺织品世界价格的下降中获益,而出口国却从中受损。

4. 考虑本章中支持限制贸易的观点。

    a. 假设你是一个木材业的游说者,该行业因低价格的国外竞争而受损。你认为五种限制贸易的观点中,哪两个或三个能最有效地说服普通议员?解释你的理由。

    b. 现在假设你是一个聪明的经济学专业学生(希望这不是一个难以实现的假设)。虽然所有支持限制贸易的观点都有缺点,但请选择两个或三个看来对你最具经济学意义的观点。对于其中每种支持限制贸易的观点,给出支持它或反对它的经济学原理。

【解答】

    a. 这有多种可能的答案,其中一种正确答案是工作岗位论和不公平竞争论。木材行业雇用了很多工人,这些工人可能没经过在其他行业中工作的良好培训,因此如果实行自由贸易,他们就会因为价格更低的进口物品而失去工作。其他国家对木材行业的管制可能不那么严格,从而使竞争者的产品更加廉价。

    b. 这有多种可能的答案,其中一种正确答案是国家安全论和幼稚产业论。支持国家安全论的经济学原理是,如果某种物品对国家安全非常重要,我们就不应该在该物品的生产上依赖进口。反对国家安全论的经济学原理是,贸易限制的支持者可能夸大该物品对国家安全的重要性。支持幼稚产业论的经济学原理是,需要对新兴产业中的企业进行保护,使其免受来自国外的竞争,以确保该产业的成熟。反对幼稚产业论的经济学原理是,政府很难预见哪个产业是有利可图并值得保护的。

5. Textilia 国不允许服装进口。在没有贸易的均衡下,一件 T 恤衫的价格为 20 美元,均衡产量为 300 万件。有一天该国总统在度假时读了亚当·斯密的《国富论》,他决定向世界开放 Textilia 国的市场。T 恤衫的市场价格下降到世界价格 16 美元。Textilia 国消费的 T 恤衫增加到 400 万件,而生产的 T 恤衫减少到 100 万件。

    a. 用一个图描述以上情况。你的图上应该标明所有数字。

b. 计算开放贸易引起的消费者剩余、生产者剩余和总剩余的变动。

【解答】

a. 图 7 显示了 Textilia 国的 T 恤衫市场。在没有贸易时,一件 T 恤衫的国内价格为 20 美元,当价格下降为 16 美元时,T 恤衫的进口量为 300 万件。

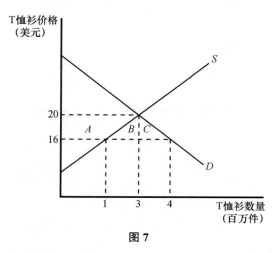

图 7

b. 消费者剩余增加了 $A+B+C$。其中,$A=4\times1+0.5\times4\times2=8$,$B=0.5\times4\times2=4$,$C=0.5\times4\times1=2$。消费者剩余增加了 1 400 万美元。生产者剩余减少了 A,即生产者剩余减少了 800 万美元。总剩余增加了 $B+C$,即总剩余增加了 600 万美元。

6. 中国是一个粮食(如小麦、玉米和大米)的生产大国。若干年前,中国政府由于担心粮食出口提高了国内消费者的食品价格,所以对粮食出口征税。

a. 画出一个说明出口国粮食市场的图形。把这个图作为回答以下问题的出发点。

b. 出口税对国内粮食价格有什么影响?

c. 它如何影响国内消费者的福利、国内生产者的福利及政府收入?

d. 用消费者剩余、生产者剩余和税收收入的总和来衡量中国的总福利会发生什么变化?

【解答】

a. 图 8 表示一个出口国的粮食市场。世界价格为 P_W。

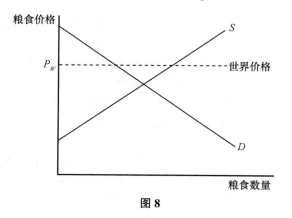

图 8

b. 出口税将降低出口国收到的有效世界价格。
c. 出口税将使国内消费者剩余增加,国内生产者剩余减少,政府收入增加。
d. 因为生产者剩余的下降量高于消费者剩余和政府收入变化的总和,所以总剩余下降。出口税造成了无谓损失。

7. 考虑一个从外国进口某种物品的国家。判断以下各种说法是对还是错。解释你的答案。
   a. "需求弹性越大,从贸易中获益越多。"
   b. "如果需求完全无弹性,就不能从贸易中获益。"
   c. "如果需求完全无弹性,消费者就不能从贸易中获益。"

【解答】
   a. 正确。对于一个既定的世界价格(低于国内价格)而言,需求弹性越大,需求量上升越多。因此,需求弹性越大,消费者剩余也会越大,即从贸易中获益会越多。
   b. 错误。需求量会保持不变,但消费者会支付更低的价格。这将增加消费者剩余。国内生产者剩余将下降,但是低于消费者剩余的增加。所以从贸易中的获益会增加。
   c. 错误。当允许贸易时,即使需求量没有增加,消费者剩余也会增加,因为消费者将支付更低的价格,即消费者可以从贸易中获益。

8. 在否决了纺织品关税(进口税)提案之后,Isoland 国总统现在考虑对纺织品消费(既包括进口的纺织品,也包括国内生产的纺织品)征收同样数额的税。
   a. 用教材中的图 9-4 确定在纺织品消费税下,Isoland 国纺织品的消费量和生产量。
   b. 对纺织品消费税设计一个与教材中图 9-4 中表格相似的表格。
   c. 哪一种税——消费税还是关税——使政府筹集的收入更多?哪一种税的无谓损失更少?解释原因。

【解答】
   a. 教材中的图 9-4 显示,Isoland 国纺织品的消费量将下降为 Q_2^D,即在有关税时的消费量。然而,生产量并不会发生变化,因为卖者得到的价格将等同于世界价格。因此,生产量将保持在 Q_1^S。
   b. 纺织品消费税的影响如下表所示:

	世界价格	世界价格+税	变动
消费者剩余	A+B+C+D+E+F	A+B	−C−D−E−F
生产者剩余	G	G	无
政府收入	无	C+D+E	C+D+E
总剩余	A+B+C+D+E+F+G	A+B+C+D+E+G	−F

   c. 消费税使政府筹集的收入更多,因为消费税是对所有单位的物品征税(不仅是对进口的单位征税)。因此,消费税的无谓损失小于关税的无谓损失。

9. 假设美国是一个电视进口国,而且没有贸易限制。美国消费者一年购买 100 万台电视,其中 40 万台是国内生产的,60 万台是进口的。
   a. 假设日本电视制造商的技术进步使世界电视价格下降了 100 美元。画图说明这种变化如何影响美国消费者和美国生产者的福利,以及如何影响美国的总剩余。
   b. 价格下降后,消费者购买 120 万台电视,其中 20 万台是国内生产的,而 100 万台是进口的。计算价格下降引起的消费者剩余、生产者剩余和总剩余的变动。

c. 如果政府的反应是对进口电视征收 100 美元关税,这会产生什么影响?计算筹集的收入和无谓损失。从美国福利的角度看,这是一个好政策吗?谁可能会支持这项政策?

d. 假设价格下降并不是由于技术进步,而是由于日本政府向该行业进行了每台电视 100 美元的补贴。这会影响你的分析吗?

【解答】

a. 当技术进步使电视的世界价格下降时,对美国这样一个电视进口国产生的影响如图 9 所示。电视的世界价格最初为 P_1,消费者剩余为 $A+B$,生产者剩余为 $C+G$,总剩余为 $A+B+C+G$,进口量为"进口$_1$"。技术进步后,电视的世界价格下降为 P_2(等于 P_1-100),消费者剩余增加了 $C+D+E+F$,生产者剩余减少了 C,总剩余增加了 $D+E+F$,进口量上升为"进口$_2$"。

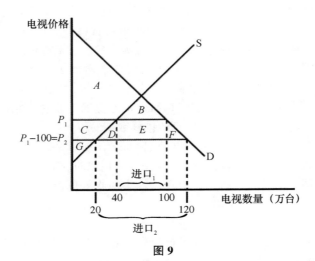

图 9

	P_1	P_2	变动
消费者剩余	$A+B$	$A+B+C+D+E+F$	$C+D+E+F$
生产者剩余	$C+G$	G	$-C$
总剩余	$A+B+C+G$	$A+B+C+D+E+F+G$	$D+E+F$

b. 各个区域的面积计算如下: $C = 200\,000 \times 100$ 美元 $+ 0.5 \times 200\,000 \times 100$ 美元 $= 3\,000$ 万美元,$D = 0.5 \times 200\,000 \times 100$ 美元 $= 1\,000$ 万美元,$E = 600\,000 \times 100$ 美元 $= 6\,000$ 万美元,$F = 0.5 \times 200\,000 \times 100$ 美元 $= 1\,000$ 万美元。因此,消费者剩余增加了 1.1 亿美元,生产者剩余减少了 3\,000 万美元,总剩余增加了 8\,000 万美元。

c. 如果征收 100 美元的关税,那么,生产者剩余、消费者剩余都将恢复到最初的量。因而,消费者剩余减少了 $C+D+E+F$(1.1 亿美元),生产者剩余增加了 C(3\,000 万美元),政府征收了 100 美元 $\times 600\,000 = 6\,000$ 万美元的关税,征收关税带来的无谓损失相当于 $D+F$(2\,000 万美元)。从美国福利的角度看,这不是一个好政策,因为征收关税后美国的总剩余减少了。但是,美国国内的生产者会支持该政策,因为他们从征收关税中获益了。

d. 我们的分析并不受世界价格下降的具体原因的影响。世界价格的下降使消费者剩余的增加额超过了生产者剩余的减少额,从而使社会总福利增加。

10. 考虑一个出口钢铁的小国。假设该国"支持贸易"的政府决定通过对每吨销往国外的钢铁支付一定量货币来补贴钢铁出口。这种出口补贴如何影响国内钢铁价格、钢铁产量、钢铁消费量以及钢铁出口量？它如何影响消费者剩余、生产者剩余、政府收入和总剩余？从经济效率的角度看，这是一项好政策吗？（提示：对出口补贴的分析类似于对关税的分析。）

【解答】

如图10所示，出口补贴提高了生产者出口钢铁的价格，提高的价格用 s 表示。在没有出口补贴时，钢铁的世界价格为 P_W。在这一价格，国内消费者购买数量为 Q_1^D 的钢铁，生产者供给数量为 Q_1^S 的钢铁，国家出口钢铁的数量为 $Q_1^S - Q_1^D$。由于有出口补贴，供给者获得的每单位钢铁价格为 $P_W + s$，因为它们不但获得了钢铁出口的世界价格 P_W，而且得到了政府支付给它们的出口补贴 s。然而，国内消费者仍旧能通过进口以 P_W 的世界价格买到钢铁。国内生产者不想把钢铁出售给国内消费者，因为得不到出口补贴。因此国内生产者将会把它们所生产的所有钢铁出口到国外，总量为 Q_2^S。国内消费者仍旧购买数量为 Q_1^D 的钢铁，因此国家进口数量为 Q_1^D 的钢铁和出口数量为 Q_2^S 的钢铁，因此净出口的钢铁数量为 $Q_2^S - Q_1^D$。最终的结果是国内的钢铁价格没有变化，钢铁产量增加了，钢铁的消费数量没有变化，出口的钢铁数量增加了。如下表所示，消费者剩余不受影响，生产者剩余增加了，政府收入和总剩余下降了。因此，从经济的角度看，这不是一个好政策，因为它造成了总剩余的下降。

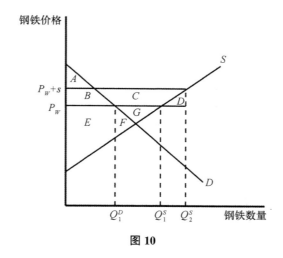

图10

	无补贴	有补贴	变动
消费者剩余	A+B	A+B	0
生产者剩余	E+F+G	B+C+E+F+G	B+C
政府收入	0	−B−C−D	−B−C−D
总剩余	A+B+E+F+G	A+B−D+E+F+G	−D

第 10 章
外部性

学习目标

在本章中，学生应理解
- 什么是外部性；
- 为什么外部性会使市场无效率；
- 旨在解决外部性问题的各种政府政策；
- 人们如何自己解决外部性问题；
- 为什么外部性的私人解决方法有时不起作用。

框架与目的

　　第 10 章是公共部门经济学三章中的第一章。第 10 章分析外部性——一个人的行为对一个旁观者福利的无补偿的影响。第 11 章将分析公共物品和公共资源（将在第 11 章中给出定义），第 12 章将讨论税收制度。

　　在第 10 章中，我们将说明外部性的不同来源，以及针对外部性的各种潜在对策。市场使市场上买者和卖者的总剩余最大化。但是，如果市场引起了外部性（对市场之外的某人的成本或收益），市场均衡就不会使社会的总剩余最大化。因此，在第 10 章中，我们将说明，虽然市场通常是组织经济活动的一种好方法，但政府有时可以改善市场结果。

内容提要

- 当买者和卖者之间的交易间接影响了第三方时，这种影响称为外部性。如果一项活动产生了负外部性，例如污染，社会最优量将小于均衡量。如果一项活动产生了正外部性，例如技术溢出效应，社会最优量将大于均衡量。
- 政府用各种政策来解决外部性引起的无效率。有时政府通过管制来防止从社会看来无效率的活动。有时政府通过矫正税来使外部性内在化。还有一种公共政策是发放许可证。例如，政府可以通过发放数量有限的污染许可证来保护环境。这种政策的结果与对污染者征收矫正税的结果大致相同。
- 受外部性影响的人有时可以用私人方法去解决问题。例如，当一个企业给另一个企业带来外部性时，两个企业可以通过合并把外部性内在化。此外，利益各方也可以通过签订合约来解决问题。根据科斯定理，如果人们能够无成本地谈判，那么，他们总可以达成一个资源有效配置的协议。但在许多情况下，在利益各方间达成协议是困难的，从而科斯定理并不适用。

教材习题解答

即问即答

1. 分别举出一个负外部性和一个正外部性的例子。解释为什么当存在这些外部性时市场结果是无效率的。

   【解答】
   负外部性的例子包括污染、狗吠和酒精饮料的消费。正外部性的例子包括历史建筑的修缮、新技术的研发，以及教育。(还有很多负外部性和正外部性的例子。)市场面对外部性会失灵，这是因为负外部性使市场生产的数量大于社会合意的数量，正外部性使市场生产的数量小于社会合意的数量。市场结果并没有反映所有的成本(负外部性)和收益(正外部性)。

2. 一个胶水厂和一个钢铁厂排放烟雾，并且这种烟雾中含有一种如果大量吸入会有害健康的化学物质。描述镇政府可以对这种外部性做出反应的三种方法。每一种解决方法的优缺点各是什么？

   【解答】
   镇政府对烟雾这种外部性做出反应的三种方法：(1) 管制；(2) 矫正税；(3) 可交易的污染许可证。

   规定工厂可以排放的最高污染水平的管制是一个良好的选择，因为它通常能有效地减少污染。但是要制定出良好的规则，需要政府了解很多行业信息和这些行业可采用的替代技术。

   矫正税是一种减少污染的有效方法，因为税收的提高能使污染降到较低的水平，同时税收增加了政府的收入。征税比管制更加有效，因为它能给予工厂经济激励去减少污染和采用减少污染的新技术。矫正税的缺点是它需要政府掌握足够多的信息，从而能制定出合适的税率。

   可交易的污染许可证类似于矫正税，但是它允许工厂之间相互交易污染权，从而使得政府不必了解很多关于企业技术的信息。政府只需规定总的排污量并依此颁发污染许可证，然后允许工厂相互交易污染许可证即可。可交易的污染许可证不但在经济上是有效率的，同时也能减少污染。

3. • 举出一个用私人方法解决外部性问题的例子。
   • 什么是科斯定理？
   • 为什么私人经济主体有时不能解决外部性引起的问题？

   【解答】
   • 私人方法解决外部性问题的例子包括道德规范和社会约束、慈善行为、利益各方签订合约。
   • 科斯定理是这样一种观点：如果私人各方可以无成本地就资源配置进行协商，那么，他们就可以自己解决外部性问题。

- 私人经济主体有时不能解决外部性造成的问题,是因为交易成本或谈判失败。特别是当利益相关方很多时,这种情况最可能发生。

快速单选

1. 以下哪一种是正外部性的例子?
   a. Dev 为 Hillary 修剪草坪,并因这项工作得到 100 美元的报酬。
   b. 在修剪草坪时,Dev 的修剪草机喷出烟雾,而 Hillary 的邻居 Kristen 不得不吸入。
   c. Hillary 的新修剪的草坪使她所在的社区更有吸引力。
   d. 如果 Hillary 答应定期修剪草坪,她的邻居会向她付费。

2. 如一种物品的生产引起了负外部性,那么,社会成本曲线就在供给曲线_____,而且社会的最优数量_____均衡数量。
   a. 上方,大于
   b. 上方,小于
   c. 下方,大于
   d. 下方,小于

3. 当政府对一种物品征收的税等于与生产这种物品相关的外部成本时,它就_____消费者支付的价格,并使市场结果_____效率。
   a. 提高了,更有
   b. 提高了,更无
   c. 降低了,更有
   d. 降低了,更无

4. 以下哪一种关于矫正税的说法不正确?
   a. 经济学家更偏爱矫正税,而不是命令与控制型管制。
   b. 矫正税增加了政府收入。
   c. 矫正税引起了无谓损失。
   d. 矫正税减少了市场销售量。

5. 政府拍卖出 500 单位的污染权。拍卖价格为每单位 50 美元,一共筹集了 25 000 美元。这种政策相当于对每单位污染征收_____的矫正税。
   a. 10 美元
   b. 50 美元
   c. 450 美元
   d. 500 美元

6. 在以下哪一种情况下,科斯定理并不适用?
   a. 双方之间存在严重的外部性。
   b. 法院系统可以有效地执行所有合约。
   c. 交易成本使谈判变得困难。
   d. 双方都完全了解外部性。

【答案】 1. c 2. b 3. a 4. c 5. b 6. c

复习题

1. 举出一个负外部性的例子和一个正外部性的例子。

   【解答】

   负外部性的例子包括污染、狗吠和酒精饮料消费。正外部性的例子包括历史建筑物的修缮、新技术的研发，以及教育。（还有其他许多负外部性和正外部性的例子。）

2. 用供求图解释企业生产过程中发生负外部性的影响。

   【解答】

   负外部性的影响如图 1 所示。市场的均衡数量是 $Q_{市场}$。由于外部性，生产的社会成本大于生产的私人成本，因此社会成本曲线位于供给曲线之上。社会最优量是 $Q_{最优}$。由于 $Q_{市场}$ 大于 $Q_{最优}$，所以可知市场生产了太多的物品。

   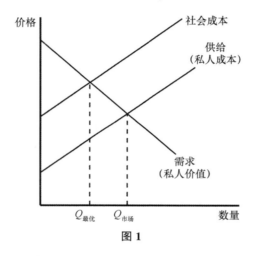

   图 1

3. 专利制度怎样帮助社会解决外部性问题？

   【解答】

   专利制度有助于社会解决技术外溢的外部性问题。通过给予发明者在一定时期内排他性使用自己发明的权利，专利制度使得发明者能从发明中获取更多经济利益。通过这种方式，专利制度鼓励研究和技术创新，并通过溢出效应使社会受益。

4. 什么是矫正税？为什么就保护环境免受污染的方法而言，经济学家更偏好矫正税，而非管制？

   【解答】

   矫正税是用于纠正负外部性影响的税。就保护环境免受污染的方法而言，经济学家偏好矫正税大于管制，这是因为对于社会来说，这种方法减少污染的成本更低。矫正税在减少污染的水平上跟管制一样。这种税的优势在于它能使市场以最低的成本去减少污染。税收激励企业去开发更加清洁的技术以减少不得不支付的税收量。

5. 列出不用政府干预也可以解决外部性引起的问题的一些方法。

   【解答】

   不用政府干预也可以解决外部性的方法包括道德规范和社会约束、慈善行为、将外部性影响到的各方进行合并，或利益各方签订合约。

6. 设想你是一个与吸烟者同住一间房的不吸烟者。根据科斯定理,什么因素决定了你的室友是否在房间里吸烟?这个结果有效率吗?你和你的室友是如何达成这种解决方法的?

【解答】
根据科斯定理,你和你的室友将在你室友可否在房间里吸烟的问题上达成交易。如果你重视清洁空气的程度超过你室友重视吸烟的程度,那么协商的结果将是你室友不能在房间吸烟。相反,如果你室友重视吸烟的程度超过你重视清洁空气的程度,那么协商的结果将是允许你室友在房间吸烟。只要交易成本没有阻碍协商的达成,结果就是有效的。解决问题的方法是你们中的一方向另一方支付不吸烟或吸烟的成本。

问题与应用

1. 考虑保护你的汽车不被偷窃的两种方法。防盗杆(一种方向盘锁)使偷车者难以偷走你的汽车,而报警器(一种跟踪系统)使得你的车在被偷以后,警察可以轻而易举地抓住小偷。以上哪一种类型的保护会给其他车主带来负外部性呢?哪一种会带来正外部性?你认为你的分析有什么政策含义吗?

【解答】
防盗杆给其他车主带来了负外部性,因为偷车者将不会去偷显而易见装有防盗杆的汽车,这意味着他们将会选择去偷没有使用防盗杆的汽车。报警器给车主带来了正外部性,因为偷车者并不知道哪辆车装有报警器。因此,他们将可能会减少对汽车的偷盗。该分析的政策含义是,政府应当给装有报警器的车主补贴而对使用防盗杆的车主征税。

2. 考虑灭火器市场。
   a. 为什么灭火器会表现出正外部性?
   b. 画出灭火器市场的图形,标出需求曲线、社会价值曲线、供给曲线和社会成本曲线。
   c. 指出市场均衡产量水平和有效率的产量水平。直观地解释为什么这两种产量不同。
   d. 如果每个灭火器的外部收益是10美元,描述一种能带来有效率结果的政府政策。

【解答】
   a. 灭火器带来了正外部性,因为人们即使是买来自己用,灭火器也可以阻止火灾毁坏其他人的财产。
   b. 灭火器的正外部性如图2所示。我们可以发现,社会价值曲线位于需求曲线之上,同时社会成本曲线与供给曲线相同。

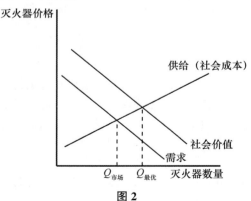

图 2

c. 在图2中,市场均衡产量水平用$Q_{市场}$表示,有效率的产量水平用$Q_{最优}$表示。两个产量不同是因为人们决定买灭火器时并没有考虑灭火器给其他人带来的收益。

d. 能带来有效率结果的政府政策是,政府给予购买者每购买1个灭火器10美元的补贴。这将使需求曲线上移至社会价值曲线,市场产量将会增加至有效率的产量。

3. 酒的消费越多,引发的汽车事故就越多,因此给那些不喝酒但开车的人带来了成本。

   a. 画出酒的市场的图形,标出需求曲线、社会价值曲线、供给曲线、社会成本曲线、市场均衡的产量水平和有效率的产量水平。

   b. 在你画的图上用阴影标出与市场均衡的无谓损失相对应的面积。(提示:由于消费某种数量的酒的社会成本大于社会价值,从而产生了无谓损失。)解释原因。

【解答】

   a. 酒的市场如图3所示。这种情况下,社会价值曲线等于需求曲线。社会成本曲线位于供给曲线之上,这是因为酒驾导致的汽车事故带来了负外部性。市场均衡产量是$Q_{市场}$,有效率的产量是$Q_{最优}$。

   b. 位于A、B、C之间的三角形区域代表市场均衡的无谓损失。这个区域所代表的面积是指酒的消费量超过有效率的水平导致社会成本超过社会价值的量。

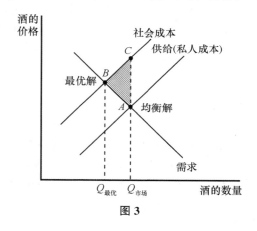

图3

4. 许多观察者认为,我们社会中的污染程度太高了。

   a. 如果社会希望把总污染减少一定量,为什么让不同企业减少不同量是有效率的?

   b. 命令与控制方法通常依靠各个企业等量地减少污染。为什么这种方法一般不能针对那些本应该减少更多污染的企业?

   c. 经济学家认为,适当的矫正税或可交易的污染权可以有效率地减少污染。这些方法是怎样针对那些应该减少更多污染的企业的?

【解答】

   a. 让不同企业减少不同量是有效率的,这是因为每个企业减少污染的成本是不同的。如果让所有企业减少的污染量都相同,那么有些企业减少污染的成本很低,有些则很高,从而总体上增加了企业的负担。

   b. 依靠各个企业等量地减少污染的命令与控制方法并不能激励企业减少超过规定量的污染。相反,每个企业将只会减少污染到所规定的量。

   c. 矫正税或可交易的污染权将会激励企业减少污染。如果企业找到可以减少污染的方法，将可以缴纳更少的税或花费更少的钱购买污染许可证，这会激励企业从事污染控制的研发。政府也不必调查出哪些企业可以减少最多的污染，市场会提供激励让企业自行减少污染。

5. Whoville 镇的许多偏好非常相似的居民都喜欢喝 Zlurp 饮料。每位居民对这种美味饮料的支付意愿是：

第一瓶	5 美元
第二瓶	4 美元
第三瓶	3 美元
第四瓶	2 美元
第五瓶	1 美元
更多瓶	0 美元

a. 生产 Zlurp 饮料的成本是 1.5 美元，而且竞争性的供给者以这一价格出售。（供给曲线是水平的。）Whoville 镇的每个居民将消费多少瓶饮料？每个人的消费者剩余是多少？

b. 生产 Zlurp 饮料引起了污染。每瓶饮料的外部成本是 1 美元。把这个额外的成本计算进去，在 a 题中你所描述的配置的情况下，每个人的总剩余是多少？

c. Whoville 镇的一个居民 Cindy Lou 决定把自己消费的 Zlurp 饮料减少一瓶。Cindy 的福利（她的消费者剩余减她承受的污染成本）会发生什么变动？Cindy 的决策如何影响 Whoville 的总剩余？

d. Grinch 市长对 Zlurp 饮料征收 1 美元的税收。现在每人消费多少？计算消费者剩余、外部成本、政府收入以及每个人的总剩余。

e. 根据你的计算，你会支持市长的政策吗？为什么？

【解答】

a. 在每瓶 1.5 美元的价格上，每位 Whoville 镇的居民将会消费 4 瓶 Zlurp 饮料。每个消费者的总支付意愿是 14 美元（5+4+3+2）。每个 Whoville 镇的居民在 Zlurp 饮料上的总花费是 6 美元（1.5×4）。因此，每位消费者将有 8 美元（14-6）的消费者剩余。

b. 每个人的总剩余将会是 4 美元（减少了 4 美元）。

c. 如果 Cindy Lou 只消费 3 瓶 Zlurp 饮料，那么她的消费者剩余将是 4.5 美元。她对 3 瓶 Zlurp 饮料的支付意愿是 5+4+3=12 美元。她在 Zlurp 饮料上需支付的费用是 1.5×3=4.5 美元，外部性成本是 1×3=3 美元。因此，Cindy Lou 的消费者剩余是 12-4.5-3=4.5 美元。Cindy 的决定会使 Whoville 镇的居民的消费者剩余增加 0.5 美元（4.5-4）。

d. 1 美元的税收使得每瓶 Zlurp 饮料的价格变为 2.5 美元。（由于供给曲线是完全弹性的，因此所有的税收将由消费者承担。）在这个较高的价位上，每位居民将只消费 3 瓶 Zlurp 饮料，每位消费者的总支付意愿现在变为 12 美元（5+4+3），每位居民将支付 7.5 美元（2.5×3）。因此，每位消费者的消费者剩余将变为 4.5 美元（12-7.5）。

因为每瓶 Zlurp 饮料具有 1 美元的外部性成本，每位居民的外部性成本是 3 美元（1×3）。政府从每位居民那里获得 3 美元收入。含税总剩余等于 4.5-3+3=4.5 美元。

e. 会，因为现在总剩余比税前更高了。

6. Bruno 喜爱以高音量演奏摇滚乐。Placido 喜爱歌剧，并讨厌摇滚乐。不幸的是，他们是一座墙薄如纸的公寓楼里的邻居。

a. 这个例子中的外部性是什么？

b. 房东可以实行什么命令与控制政策？这种政策可能引起无效率的结果吗？

c. 假设房东允许房客做自己想做的事。根据科斯定理，Bruno 和 Placido 可以怎样自己实现有效率的结果？什么可能妨碍他们实现有效率的结果？

【解答】

a. 外部性是噪声污染。Bruno 用高音量播放摇滚乐影响了 Placido，但是 Bruno 在决定用多高音量播放摇滚乐时并没有把这种影响考虑在内。

b. 房东可以规定房客在房间里播放音乐不能超过特定分贝。这种规定可能是无效率的，因为如果 Placido 不在家，Bruno 播放摇滚乐并不会产生伤害。

c. Bruno 和 Placido 可能会达成交易，比如，允许 Bruno 在特定的时间段播放摇滚乐。他们也可能由于交易成本过高或各自坚持更利于自己的方案不让步而无法达成交易。

7. 教材中的图 10-4 表明当污染权的需求曲线既定时，政府可以通过用矫正税确定价格或用污染许可证确定数量来达到同样的结果。现在假设控制污染的技术有了显著进步。

a. 用类似于教材中的图 10-4 的图形说明这种技术进步对污染权需求的影响。

b. 在每种管制制度下，这对污染的价格和数量有什么影响？解释原因。

【解答】

a. 控制污染的技术的进步将会减少污染权的需求，从而使得需求曲线向左移动。图 4 说明了政府采用矫正税的情形，而图 5 说明了使用污染许可证的影响。在这两个图中，D_1 表示初始的污染权需求曲线，D_2 表示技术进步后新的污染权需求曲线。

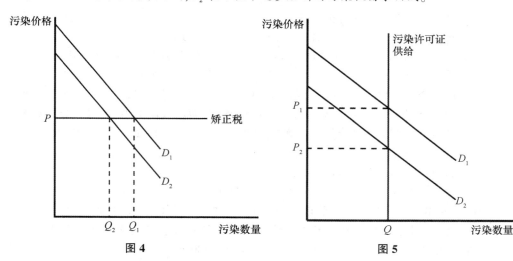

图 4

图 5

b. 在矫正税下，污染价格保持不变，污染数量下降，如图 4 所示。在污染许可证制度下，污染价格下降，污染数量保持不变，如图 5 所示。

8. 假设政府决定发行针对某种污染的可交易许可证。

a. 政府是分配还是拍卖许可证对经济效率有影响吗？

b. 如果政府选择分配许可证，则许可证在各企业中的分配方式对效率有影响吗？

【解答】

a. 政府无论是分配还是拍卖许可证，只要企业可以相互交易许可证，就不会对污染管理市场的经济效率产生影响。唯一的不同是，政府可以拍卖许可证来获得收入，以此减税，从而减少税收带来的无谓损失。但是如果企业使用寻租手段获取额外许可证,将会产生一些无谓损失。

b. 如果政府把许可证分配给那些不重视许可证价值的企业,这些企业将会把许可证卖给那些愿意出更高价格购买的企业。因此,许可证在各企业之间的分配方式不会对效率产生影响。但是,它会影响财富的分配,因为那些得到并出售许可证的企业的境况将会变得更好。

9. 在快乐山谷有三家工业企业。

企业	最初的污染水平(单位)	减少一单位污染的成本(美元)
A	30	20
B	40	30
C	20	10

政府想把污染减少为60单位,所以它给每个企业颁发20单位的可交易污染许可证。

a. 谁将出售许可证?出售多少?谁将购买许可证?购买多少?简单解释为什么卖者与买者愿意这样做。在这种情况下减少污染的总成本是多少?

b. 如果许可证不能交易,减少污染的成本会高多少?

【解答】

a. 减少污染成本最高的企业将会选择购买许可证而不是减少污染。减少污染成本低于出售许可证的收益的企业将会出售许可证。

因为企业B减少污染的成本最高,减少1单位污染的成本是30美元,因此它将保持自己20单位的可交易污染许可证,同时从其他企业购买20单位的可交易污染许可证,从而使得自己依旧能污染40单位。因此,企业B根本不会减少污染。

余下的两个企业中,企业A具有较高的减少污染成本,因此它会保留20单位的可交易污染许可证,使得企业的污染以200美元(20×10)的成本降低10单位。企业C将会出售自己所有的可交易污染许可证给B,同时使企业的污染以200美元(10×20)的成本降低20单位。

因此,减少污染的总成本为400美元。

b. 如果许可证不能交易,企业A将不得不以200美元(20×10)的成本把污染减少10单位;企业B将不得不以600美元(30×20)的成本把污染减少20单位;企业C将不需要减少污染,因为它拥有的许可证数量等于其污染排放量。减少污染的总成本将会是800美元,比原先的许可证可交易时的成本高了400美元。

第 11 章
公共物品和公共资源

学习目标

在本章中，学生应理解

- 公共物品和公共资源的特征；
- 为什么私人市场不能提供公共物品；
- 我们经济中一些重要的公共物品；
- 为什么公共物品的成本—收益分析既是必要的又是困难的；
- 为什么人们往往会过多地使用公共资源；
- 我们经济中的一些重要的公共资源。

框架与目的

第 11 章是公共部门经济学三章中的第二章。第 10 章分析外部性。第 11 章分析公共物品和公共资源——难以对其使用者收费的物品。第 12 章将讨论税收制度。

第 11 章的目的是论述一些对消费者免费的物品。当物品免费时，正常配置资源的市场力量就不存在了。因此，像球场与公园这类免费物品的生产量和消费量可能并不是最有效率的。政府有可能解决这种市场失灵，并增进经济福利。

内容提要

- 物品在是否具有排他性和竞争性上存在差别。如果阻止某个人使用某种物品是可能的，这种物品就具有排他性。如果一个人对某种物品的使用减少了其他人对同一物品的使用，这种物品就具有竞争性。市场运行最适用于既有排他性又有竞争性的私人物品。市场运行不适用于其他类型的物品。
- 公共物品既无竞争性也无排他性。公共物品的例子包括烟火表演、国防和基础知识的创造。因为不能对使用公共物品的人收费，所以人们存在搭便车的激励，导致私人不能提供这种物品。因此，政府提供公共物品，并以成本—收益分析为基础做出关于每种物品供给量的决策。
- 公共资源具有消费中的竞争性但无排他性。例子包括公有的草地、清洁的空气和拥挤的道路。由于不能向使用公共资源的人收费，人们往往会过度地使用公共资源。因此，政府努力用各种方法限制公共资源的使用。

教材习题解答

即问即答

1. 给公共物品和公共资源下定义,并各举出一个例子。

   【解答】
   公共物品既不具有排他性也不具有竞争性,例如国防、教育和不拥挤的不收费道路。公共资源是指那些在消费中具有竞争性但是不具有排他性的物品,例如海洋中的鱼、环境和拥挤的不收费道路。

2. • 什么是搭便车者问题?为什么搭便车者问题促使政府提供公共物品?
   • 政府应该如何决定是否提供一种公共物品?

   【解答】
   • 当人们从一种物品中得到好处又不需要有所付出时,搭便车问题就出现了。搭便车问题使得公共物品必须由政府来提供,因为私人市场不可能自发生产数量合意的公共物品。
   • 政府运用每个人都要缴的税收来生产公共物品,同时每个人都能享有这些公共物品。政府通过衡量公共物品的成本和它所带来的收益来决定是否提供这种公共物品。如果收益大于成本,那么社会福利状况就会得到改善。

3. 为什么政府努力限制公共资源的使用?

   【解答】
   政府努力限制公共资源的使用是因为一个人使用资源必然导致另一个人能使用的资源减少,这意味着使用这些资源会导致负外部性,并且人们倾向于过度使用公共资源。

快速单选

1. 以下哪一类物品具有排他性?
   a. 私人物品与俱乐部物品。
   b. 私人物品与公共资源。
   c. 公共物品与俱乐部物品。
   d. 公共物品与公共资源。

2. 以下哪一类物品具有消费中的竞争性?
   a. 私人物品与俱乐部物品。
   b. 私人物品与公共资源。
   c. 公共物品与俱乐部物品。
   d. 公共物品与公共资源。

3. 以下哪一种是公共物品的例子?
   a. 住房。
   b. 国防。
   c. 餐馆的饮食。
   d. 海洋中的鱼。

4. 以下哪一种是公共资源的例子？
   a. 住房。
   b. 国防。
   c. 餐馆的饮食。
   d. 海洋中的鱼。
5. 公共物品_____。
   a. 可以由市场力量有效率地提供
   b. 如果没有政府就会提供不足
   c. 如果没有政府就会使用过多
   d. 是一种自然垄断
6. 公共资源_____。
   a. 可以由市场力量有效率地提供
   b. 如果没有政府就会提供不足
   c. 如果没有政府就会使用过多
   d. 是一种自然垄断

【答案】　1. a　2. b　3. b　4. d　5. b　6. c

复习题

1. 解释一种物品具有"排他性"意味着什么。解释一种物品具有"消费中的竞争性"意味着什么。一块比萨饼是否有排他性？是否有消费中的竞争性？

   【解答】
   一种物品具有排他性是指人们可以阻止别人使用这种物品。一种物品具有消费中的竞争性是指一个人的使用会减少其他人使用相同的物品。比萨饼是具有排他性的，因为比萨饼的生产者可以阻止其他人在没有付费的情况下食用它。比萨饼同时也具有消费中的竞争性，因为一个人食用了一块比萨饼，其他人就不能再食用这块比萨饼了。

2. 给公共物品下定义并举出一个例子。私人市场本身能提供这种物品吗？解释原因。

   【解答】
   公共物品是指既不具有排他性也不具有竞争性的物品。例子包括保护整个国家的国防。没有人能够被阻止从中获益，因此它是不具有排他性的。增加一个人使用并不会减少其他人从中获得的价值，因此它是不具有竞争性的。私人市场不可能提供这种物品，没有人会为这种物品付钱，因为即使他们不付钱，也不能阻止他们从中受益。

3. 什么是公共物品的成本—收益分析？为什么它很重要？为什么进行这种分析很困难？

   【解答】
   成本—收益分析是用于比较提供公共物品的成本和收益的概念。它非常重要是因为政府需要知道哪种公共物品给人们带来的收益最大，哪种公共物品的收益高于提供这种公共物品的成本。这个很难衡量，因为很难通过问卷调查的形式对收益进行定量分析，而且回答问卷的人没有如实回答的激励。

4. 给公共资源下定义并举出一个例子。如果没有政府干预，人们对这种物品的使用会太多还是太少？为什么？

【解答】

公共资源是指具有竞争性但是不具有排他性的物品。例子包括海洋中的鱼类。如果有一个人抓走了一条鱼,那么留给其他人的鱼就减少了,因此它是具有消费中的竞争性的。但是海洋是广阔无边的,你无法对人们捕鱼的权利收费或者阻止他们捕鱼,因此它是不具有排他性的。在没有政府干预的情况下,人们会无止境地使用这种物品,因为当他们使用这种物品时,并不需要承担自己给其他人带来的成本。

问题与应用

1. 考虑你们当地政府提供的物品与服务。
   a. 用教材中的图 11-1 中的分类解释下列每种物品分别属于哪类:
      - 警察保护
      - 铲雪
      - 教育
      - 乡间道路
      - 城市道路
   b. 你认为政府为什么要提供不是公共物品的东西?

   【解答】
   a.
      - 警察保护是俱乐部物品,因为它是具有排他性的(警察可以对某些街区不予理睬),并且警察保护是不具有竞争性的。你也可以争辩说,警察的保护具有竞争性,因为警察可能会太忙了以至于无法应对所有的犯罪,所以一个人使用了警察这种资源势必会导致其他人可用的资源减少。在这种情况下,警察保护是私人物品。
      - 铲雪更可能是一种公共资源。一旦道路上的积雪被铲除,它是不具有排他性的。但同时它是具有竞争性的,特别是在一场大雪之后,去铲除一条街道的积雪就意味着没有去铲除另一条街道的积雪。
      - 教育是私人物品(具有正外部性)。教育具有排他性,因为没有付费的人是可以被阻止进入教室上课的。它同时具有竞争性,在教室中增加一名学生将会减少其他人得到教育的机会。
      - 乡间道路是公共物品。它不具有排他性,也不具有竞争性。因为它是不拥挤的。
      - 城市道路在拥挤时是公共资源。它不具有排他性,因为任何一个人都可以在上面行驶。但同时它是具有竞争性的,因为拥挤意味着每增加一个驾驶者就会减慢其他人前进的速度。当不拥挤时,城市道路是公共物品,因为此时它没有竞争性。
   b. 政府会提供诸如教育等非公共物品,因为它具有正外部性。

2. 公共物品和公共资源都涉及外部性。
   a. 与公共物品相关的外部性通常是正的还是负的?举例回答。自由市场上的公共物品数量通常大于还是小于有效率的数量?
   b. 与公共资源相关的外部性通常是正的还是负的?举例回答。自由市场上公共资源的使用量通常大于还是小于有效率的使用量?

   【解答】
   a. 与公共物品相关的通常是正外部性。因为一个人得到的来自公共物品的收益不会减少其他人得到的收益,公共物品所带来的社会价值会远大于私人价值。例如,国防、教育、不拥挤的免费道路和不拥挤的公园。因为公共物品是不具有排他性的，在自由市场上的供给数量为零，因此它的数量会少于有效率的数量。

b. 与公共资源相关的通常是负外部性。因为公共资源具有竞争性但是不具有排他性，如果一个人使用了公共资源，必然会导致其他人可用量的减少。因为公共资源是没有价格的，人们倾向于过度使用它们——私人的支出会远小于社会的成本。例如，海洋中的鱼、环境、拥挤的不收费道路、拥挤的公园。

3. Fredo 喜欢看本地公共电视台的"Downton Abbey"节目，但在电视台筹集运营资金时，他从不出钱支持电视台。
   a. 经济学家给像 Fredo 这样的人起了个什么名字？
   b. 政府如何能解决像 Fredo 这样的人引起的问题？
   c. 你能想出私人市场解决这个问题的方法吗？有线电视台的存在如何改变这种状况？

   【解答】
   a. Fredo 是搭便车者。
   b. 政府可以通过赞助这个节目并为此向每个人征税来解决这个问题。
   c. 私人市场同样能够通过让人们观看插入节目中的商业广告来解决这个问题。有线电视台的存在使电视节目具有排他性，因此不再是公共物品。

4. Communityville 市的机场免费提供无线高速互联网服务。
   a. 起初只有几个人使用这种服务。此时这种服务属于哪一种类型的物品？为什么？
   b. 后来，随着越来越多的人发现了这项服务并开始使用它，上网的速度开始下降了。现在无线互联网服务属于哪一种类型的物品？
   c. 这可能会引起什么问题？为什么？解决这个问题的一种可能方法是什么？

   【解答】
   a. 如果只有很少的人使用这项服务，它就不具有排他性也不具有竞争性。因此，它是公共物品。
   b. 一旦大量的人开始使用这种免费的网络服务，它就是公共资源。它仍然是不具有排他性的，但这个时候它具有了竞争性。
   c. 可能会出现过度使用的情况。一个可能的办法是通过收费的方式使得物品具有排他性。

5. 四个室友计划在宿舍看老电影来共度周末，但他们还在争论要看几部。下面是他们对每部电影的支付意愿：

(单位：美元)

	Steven	Peter	James	Christopher
第一部电影	7	5	3	2
第二部电影	6	4	2	1
第三部电影	5	3	1	0
第四部电影	4	2	0	0
第五部电影	3	1	0	0

a. 在宿舍范围内播放电影是一种公共物品吗？为什么？

b. 如果租一部电影的花费为 8 美元,为使所有室友的总剩余最大化,应该租几部电影?

c. 如果他们从 b 中得出了所选择的最优数量,并平均分摊租电影的费用,每个人从看电影中得到了多少剩余?

d. 有一种分摊成本的方法能保证每个人都获益吗?这种解决方法引起了什么实际问题?

e. 假设他们事前一致同意选择有效率的电影数量并平均分摊电影的成本。当被问到支付意愿时,Steven 有说实话的激励吗?如果有的话,为什么?如果没有的话,他最可能说什么?

f. 关于公共物品的最优供给量,这个例子给你什么启发?

【解答】

a. 在宿舍内播放电影是公共物品。没有一个室友被排除在看电影之外,所以该物品不具有排他性。同时,因为一个室友观看电影不会影响另外的室友观看电影,所以该物品也不具有竞争性。

b. 应该租 3 部电影。因为第四部电影所带来的价值(6 美元)小于租电影的成本(8 美元)。

c. 总成本为 8×3=24 美元。如果将总成本平均分摊至每一个室友,那么每个室友将要支付 6 美元。Steven 从三部电影中获得的效用是 18 美元,因此他的剩余是 12 美元。Peter 从三部电影中获得的效用是 12 美元,因此他的剩余是 6 美元。James 从三部电影中获得的效用是 6 美元,因此他的剩余是 0 美元。Christopher 从三部电影中获得的效用是 3 美元,因此他的剩余是 −3 美元。四位室友的总剩余是 15 美元。

d. 可以按照每个人获得的效用大小对成本进行分摊。因为 Steven 从电影中获得的效用最多,因此他需要负担的也最多。问题在于,这使得每个人都有激励向室友低报自己从电影中得到的效用。

e. 因为他们将平均分摊电影的成本,所以 Steven 有说实话的动机以确保大家会选择租电影。他对每部电影的评价比他分摊的每部电影的成本高(2 美元)。

f. 如果个体没有隐藏其自身对物品的评价的倾向,最优数量就会达成。这就意味着每个个体的花费可能与他对物品的评价不相关。

6. 一些经济学家认为私人企业从事的基础科学研究不会达到有效率的数量。

a. 解释为什么可能会这样。在你的回答中,把基础研究划入教材中图 11-1 所示类型中的某一类。

b. 为了应对这个问题,美国政府采取了什么政策?

c. 人们往往认为,这种政策提高了美国企业相对于外国企业的技术能力。这种观点与你在 a 中对基础研究的分类一致吗?(提示:排他性能否只适用于公共物品的某些潜在受益者,而不适用于其他人?)

【解答】

a. 因为知识是公共物品,基础研究的收益将由很多人共享。在选择从事多少研究时,私人公司并不考虑这些外部收益,而是只考虑自己能获得多少利润。

b. 美国政府试图通过美国国立卫生研究院和美国国家科学基金会等组织给基础研究提供津贴与补助,以此来激励私人公司。

c. 如果基础研究增加了知识,它是不具有排他性的,除非其他国家的人们被阻止参与知识的分享。因此,或许美国公司会具有些许优势,因为它们首先掌握了这种技术,但同时知识的传播是快速的。

7. 两个镇都在决定是否要举行烟火表演来庆祝新年,而且每个小镇都有 3 个人。举行烟火表演的成本是 360 美元。在每个镇都存在一些人比另一些人更喜欢观看烟火表演的情况。

   a. 在 Bayport 镇,每位居民对这种公共物品的评价如下:
      Frank   50 美元
      Joe   100 美元
      Callie   300 美元
      举行烟火表演能通过成本—收益分析吗? 解释原因。

   b. Bayport 镇的镇长提议根据多数原则来做决定,而且如果举行烟火表演在全民投票中通过了,那么所有居民都平均分摊成本。谁会投票支持? 谁会投票反对? 投票能得出和成本—收益分析一样的结果吗?

   c. 在 River Heights 镇,每位居民对这种公共物品的评价如下:
      Nancy   20 美元
      Bess   140 美元
      Ned   160 美元
      举行烟火表演能通过成本—收益分析吗? 解释原因。

   d. River Heights 镇的镇长也提议根据多数原则来做决定,而且如果举行烟火表演在全民投票中通过了,那么所有居民都平均分摊成本。谁会投票支持? 谁会投票反对? 投票能得出和成本—收益分析一样的结果吗?

   e. 关于公共物品的最优供给量,你认为这些例子说明了什么?

   【解答】
   a. 在 Bayport 镇,收益之和(50+100+300=450 美元)大于烟火表演的成本(360 美元),因此举行烟火表演的决定将通过成本—收益分析。

   b. 如果成本在所有居民中平均分摊,则每位居民的成本为 120 美元(360÷3)。Frank 会投反对票,因为他的评价(50 美元)低于成本。Joe 会投反对票,因为他的评价(100 美元)低于成本。Callie 会投赞成票,因为她的评价(300 美元)高于成本。公投的结果将是不举行烟火表演,因此公投不会产生与成本—收益分析相同的答案。

   c. 在 River Heights 镇,收益总和(20+140+160=320 美元)低于烟火表演的成本(360 美元),因此举行烟火表演的决定不会通过成本—收益分析。

   d. 如果成本在所有居民中平均分摊,则每位居民的成本为 120 美元 (360÷3)。Nancy 会投反对票,因为她的评价(20 美元)低于成本。Bess 会投赞成票,因为她的评价(140 美元)高于成本。Ned 会投赞成票,因为他的评价(160 美元)高于成本。公投的结果将是举行烟火表演,因此公投不会产生与成本—收益分析相同的答案。

   e. 公共物品的最优提供具有挑战性,因为当平均收益低于平均成本时,总收益可能会超过总成本,反之亦然。

8. 在公路旁往往有垃圾,而在私人花园则很少出现垃圾,对这种现象给出一种经济学解释。

   【解答】
   当一个人在高速公路上丢垃圾时,其他人员承担了负外部性,因此带来的私人成本是很低的。在你自己的院子(或者是在你邻居的院子里)里丢垃圾,你将承担所有的成本,因此这种行为的私人成本较高以至于较少发生。此外,在高速公路上捡垃圾的人的边际收益较小,而在私人院子里捡垃圾的人的边际收益较大。

9. 许多交通体系,例如华盛顿特区的地铁,在高峰时段的收费比一天中的其他时间高。为什么要这样做?

【解答】当一个交通体系发生拥堵时,每增加一个出行者都会加重其他人的负担。例如,当所有的椅子都被人坐的时候,其余的人就不得不站着。又或者,当已经没有足够的空间供人们站立时,其余的人就不得不等待下一辆不那么拥挤的列车。在高峰时段提高收费,可以使这种外部性内化。

10. 为了避免死亡的风险,高收入的人愿意比低收入的人花更多钱,例如他们更愿意为汽车的安全性花钱。你认为当评价公共项目时,成本—收益分析应该考虑这一事实吗?例如,考虑有一个富人镇和一个穷人镇,它们都正在考虑是否安装红绿灯。在做出这项决策时,富人镇应该对人的生命的货币价值做出更高的估计吗?为什么?

【解答】与成本—收益分析相关的机会成本是回答这个问题的关键。一个富人镇可能会对生命和安全的价值做出更高的估计。因此,一个富人镇更乐于安装红绿灯,在成本—收益分析中应该考虑到这一点。

第 12 章
税制的设计

学习目标

在本章中,学生应理解

- 美国政府如何筹集资金;
- 税收的效率成本;
- 评价税收平等的不同方法;
- 为什么研究税收归宿对评价税收平等是至关重要的;
- 在设计税制时效率与平等之间的权衡取舍。

框架与目的

第 12 章是公共部门经济学三章中的第三章。第 10 章论述外部性。第 11 章论述公共物品和公共资源。第 12 章论述税制。税收是不可避免的,因为当政府弥补外部性、提供公共物品或管制公共资源的使用时,需要税收收入来完成这些职能。

第 12 章的目的建立在以前各章学过的税收内容的基础之上。我们已经知道,税收减少了市场销售量,税收负担的分配取决于供给和需求的相对弹性,以及税收引起了无谓损失。在第 12 章中,我们通过论述美国政府如何筹集资金扩展我们关于税收的研究,并讨论制定既有效率又平等的税制的困难之处。

内容提要

- 美国政府用各种税收筹集收入。联邦政府最重要的税是个人所得税和用于社会保险的工薪税。州与地方政府最重要的税是销售税和财产税。
- 税制的效率是指它给纳税人带来的成本。除了资源从纳税人向政府转移,税收还有两种成本:第一种是由于税收改变了激励、扭曲了资源配置而带来的无谓损失;第二种是遵从税法而必须承担的管理负担。
- 税制的平等涉及税收负担是否公平地在个人之间进行分配。根据受益原则,人们根据他们从政府得到的收益来纳税是公平的。根据支付能力原则,人们根据他们承受税收负担的能力来纳税是公平的。当评价税制的平等性时,记住从税收归宿研究中得出的一条结论是很重要的:税收负担的分配与税单的分配并不相同。
- 当考虑税法的变动时,决策者经常面临效率与平等之间的权衡取舍。大多数关于税收政策争论的产生是因为人们对这两个目标的侧重不同。

教材习题解答

即问即答

1. - 联邦政府最重要的两类税收来源是什么？
   - 州与地方政府最重要的两类税收来源是什么？

   【解答】
   - 联邦政府最重要的两类税收来源是个人所得税和工薪税（社会保险税）。
   - 州与地方政府最重要的两类税收来源是销售税和财产税。

2. - 税制的效率是指什么？
   - 什么会使税制无效率？

   【解答】
   - 税制的效率取决于筹集既定量税收收入的成本。如果一种税制在筹集同等税收收入时所花费的成本更低，那么就说这种税制比另一种税制更有效率。
   - 说一种税制是无效率的，是因为当税收扭曲了人们做出的决策时引起了无谓损失或者因为纳税人在遵照税法纳税时承担了管理负担。一个有效率的税制引起的无谓损失和管理负担都很小。

3. - 解释受益原则和支付能力原则。
   - 什么是纵向平等和横向平等？
   - 为什么研究税收归宿对于确定税制的平等性是很重要的？

   【解答】
   - 受益原则是指人们应该根据他们从政府服务中得到的利益来纳税。这一原则通过使得从公共物品中得到更多利益的人支付得更多来使公共物品更接近私人物品。支付能力原则是指人们应该根据个人承受能力来纳税。这个原则试图使每个人在纳税上做出平等的牺牲。
   - 纵向平等是指支付能力更强的纳税人应该纳更多的税。横向平等是指具有相似支付能力的纳税人纳的税应该相同。
   - 研究税收归宿对于判定一种税制的公平性是重要的，因为理解一种税制的公平性需要理解税收的间接影响。在很多情况下，税收负担并不是由那些实际纳税的人承担的，而是由其他人承担的。

快速单选

1. 美国联邦政府两个最大的税收来源是_____。
   a. 个人所得税和公司所得税
   b. 个人所得税和用于社会保险的工薪税
   c. 公司所得税和用于社会保险的工薪税
   d. 用于社会保险的工薪税和财产税

2. Aiden 讲授钢琴课，他每堂课的机会成本是 50 美元，收费 60 美元。他有两位学生：Brandon

的支付意愿为 70 美元,Chloe 的支付意愿为 90 美元。当政府对每堂钢琴课征收 20 美元税收而且 Aiden 把价格提高到 80 美元时,无谓损失是_____,税收收入是_____。
   a. 10 美元,20 美元
   b. 10 美元,40 美元
   c. 20 美元,20 美元
   d. 20 美元,40 美元

3. 如果税法规定第一个 2 万美元的收入免税,然后对所有高于这一水平的收入征收 25% 的税,那么,一个赚 5 万美元的人的平均税率是_____%,边际税率是_____%。
   a. 15,25
   b. 25,15
   c. 25,30
   d. 30,25

4. 通行费是针对那些使用收费公路的人的税。这种政策可以看作对_____的运用。
   a. 受益原则
   b. 横向公平
   c. 纵向公平
   d. 累进税

5. 在美国,收入分配中最高收入的 1% 的纳税人在联邦税中支付了他们收入的_____。
   a. 5%
   b. 10%
   c. 20%
   d. 30%

6. 如果公司所得税引起企业减少它们的资本投资,那么_____。
   a. 税收没有任何无谓损失
   b. 公司股东从税收中获益
   c. 工人要承担部分税收负担
   d. 税收达到了纵向公平的目标

【答案】　1. b　2. c　3. a　4. a　5. d　6. c

复习题

1. 过去的一个世纪以来,政府税收收入的增长与经济中其他部分的增长相比,是更快还是更慢?
   【解答】
   过去的一个世纪以来,政府税收收入的增长比经济中其他部分的增长要快。随着时间的推移,政府税收收入与 GDP 之比增加了很多。

2. 解释公司利润为何存在双重纳税。
   【解答】
   公司利润第一次被课税是被当作公司收入时纳的公司所得税。当公司利润被当作股息支付给股东时,它们通过个人所得税被再次课税。

3. 为什么纳税人的税收负担大于政府得到的收入?

   【解答】
   纳税人的税收负担大于政府得到的收入是因为:(1) 税收使生产和销售的物品的数量低于有效率的水平,产生无谓损失。(2) 税收把管理负担成本施加在纳税人身上。

4. 为什么一些经济学家支持对消费征税,而不是对收入征税?

   【解答】
   一些经济学家主张对消费征税而不是对收入征税是因为对收入征税可能抑制储蓄。消费税不会扭曲个人的储蓄意愿。

5. 定额税的边际税率是多少?这与这种税的效率有什么关系?

   【解答】
   定额税的边际税率是 0。这种类型的税没有无谓损失,因为它们没有对激励造成扭曲。

6. 举出富有的纳税人应该比贫穷的纳税人多纳税的两个论据。

   【解答】
   富有的纳税人应该比贫穷的纳税人多纳税,这是因为:(1) 他们从公共服务中受益更多。(2) 他们有更大的能力去纳更多的税。

7. 什么是横向平等的概念?为什么很难将其运用于实践?

   【解答】
   横向平等就是指具有相似支付能力的纳税人纳的税应该相同。横向平等很难被运用于实践,因为每个家庭可能在很多方面不同,所以该如何让它们平等地纳税并不是显而易见的。比如,两个收入相同的家庭可能会有不同数量的孩子和不同的医疗支出水平。

问题与应用

1. 本章中许多表的信息都可以在每年公布一次的《总统经济报告》中找到。根据从你们图书馆或网上找到的最近一期报告回答下列问题,并举出一些数字来支持你的答案。(提示:美国政府印刷局的网站是 http://www.gpo.gov。)

   a. 教材中的图 12-1 表示政府收入占总收入的百分比在不断提高。这种增长主要是由于联邦政府收入的变动,还是州与地方政府收入的变动?

   b. 观察联邦政府和州与地方政府的共同收入。总收入的构成如何随着时间变动?个人所得税是更重要了,还是更不重要了?社会保险税呢?公司所得税呢?

   【解答】
   a. 政府总收入的增加更多地归因于州与地方政府收入的增加,而不是联邦政府的收入。1965 年,州与地方政府收入占政府总收入的 37%;到 2014 年,这一比例已上升到 44% 以上。

   b. 与 1950 年相比,2015 年个人所得税占联邦、州和地方政府总收入的比例更高;2015 年社会保险税的占比大大高于 1950 年;2015 年公司所得税的占比低于 1950 年。

2. 假设你是美国经济中的一个普通人。你将收入的 4% 用于支付州所得税,并将劳动收入的 15.3% 用于支付联邦工薪税(雇主与雇员共同分摊)。你还要按教材中的表 12-2 支付联邦所得税。如果你的年收入是 3 万美元,那么你每年支付的各种税是多少?考虑到所有税收,你的平均税率与边际税率是多少?如果你的收入增加到 6 万美元,你的税单和你的平均税率与边际税率会发生什么变动?

【解答】

- 如果你的年收入是 30 000 美元,那么按照教材中表 12-2 所示的税率,你将分两部分缴纳联邦所得税:为低于 9 075 美元的部分支付 10% 的税,为高于 9 075 美元的部分支付 15% 的税。因此,你的联邦所得税为 (9 075×0.1)+(20 925×0.15)= 907.5+3 138.75 = 4 046.25 美元。你还需支付 30 000×0.153 = 4 590 美元的联邦工薪税和 30 000×0.04 = 1 200 美元的州所得税,纳税总额为 9 836.25 美元。你的平均税率为 9 836.25/30 000 = 32.8%。你的边际税率为 0.15+0.153+0.04 = 0.343 = 34.3%。

- 如果你的年收入是 60 000 美元,那么你将分三部分缴纳联邦所得税:为低于 9 075 美元的部分支付 10% 的税,为高于 9 075 美元、低于 36 900 美元的部分支付 15% 的税,为剩余的 23 100 美元支付 25% 的税。因此,你的联邦所得税为 (9 075×0.1)+(27 825×0.15)+(23 100×0.25)= 907.5+4 173.75+5 775 = 10 856.25 美元,你还需支付 60 000×0.153 = 9 180 美元的联邦工薪税和 60 000×0.04 = 2 400 美元的州所得税。你的纳税总额为 22 436.25 美元。你的平均税率为 22 436.25/60 000 = 0.374 = 37.4%。你的边际税率为 0.25+0.153+0.04 = 0.443 = 44.3%。

3. 一些州不对食物和衣服这类必需品征收销售税,另一些州则征收。考虑这种扣除的优点。讨论中既要考虑效率又要考虑平等。

【解答】

在征收销售税时把食物和衣服排除在外从平等的角度来看是合理的,因为贫困人口在这些物品上的支出占比更大。通过把它们排除在外,这种税制会让富人承担的税收比穷人更多。然而,从效率方面来说,把食物和衣服排除在外不是有效率的,因为这种税制可能会刺激消费食物和衣服而不是其他物品。这会导致资源的无效配置。此外,因为食物和衣服的需求可能会相对缺乏弹性,与需求相对富有弹性的物品相比,对这些物品征税的无谓损失较小。

4. 当某个人拥有的一种资产(例如股票)升值时,他有一种"增值"的资本收益。如果他出售这种资产,那么他就把以前增值的收益"实现"了。按照美国的所得税,实现了的资本收益要纳税,但"增值"的资本收益不纳税。

a. 解释这种规定如何影响个人行为。

b. 一些经济学家认为,降低资本收益,特别是暂时性资本收益的税率,会增加税收收入。为什么可能会是这样呢?

c. 你认为对实现了的资本收益征税但对增值的资本收益不征税是一个好规定吗?为什么?

【解答】

a. 只有当个人出售某种资产时,他才必须缴税。这种税法会影响个人是保有还是出售资产的决策。只有当个人卖出某种资产时,对实现的资本收益征收的税收收入才由政府获得。降低资本收益的税率或许会引导个人去出售那些原本为了避免被征收资本收益税而保留的资产。

b. 投资者如果不出售资产,就可以避免纳税。因为只有资产被出售时,资产收益才会实现,才会缴税。当资本收益税降低时,哪怕是暂时的降低,也会刺激投资者去出售资产。因此,当税率更低时,资产的出售会增多,交易总量的上升也会带来税收收入的上升。

c. 只对实现了的资本收益征税不是有效率的,因为它扭曲了个人持有或出售某种资产的激励。然而,在一种资产被出售之前,很难去估计它的增值部分。

5. 假设你所在的州把销售税税率从5%提高到6%。该州税收委员会预期销售税收入会增加20%。这个说法有道理吗?解释原因。

   【解答】
   如果你所在的州把销售税的税率从5%提高到6%,该州税收委员会预期销售税收入会增加20%是不合理的。税率的增长率是20%,所以税收收入增加20%的唯一方式是当税增加时,总消费没有减少,但这是不成立的。相反,更高的税率会使物品的价格上升,人们会消费得更少。因此,当税率提高时,税收收入或许会增加,但是增加幅度会低于20%;税收收入也有可能会下降。

6. 1986年的税收改革法案取消了对消费者债务(主要是信用卡和汽车贷款)利息支付的免税,但保留了对抵押贷款和房屋净值贷款利息支付的免税。你认为消费者贷款和房屋净值贷款的相对量会发生什么变化?

   【解答】
   1986年的税收改革法案的效果是减少了消费者贷款,增加了房屋净值贷款。人们开始通过增加房屋净值贷款和更不及时地支付按揭贷款来权衡总支出。

7. 把以下各项筹资计划作为受益原则或支付能力原则的例子进行分类。
   a. 许多国家公园的观光者要支付门票。
   b. 地方财产税用于支持小学与初中教育。
   c. 机场信托基金会对出售的每张机票收税,并用这些钱来改善机场和空中交通控制系统。

   【解答】
   a. 许多国家公园的观光者要支付门票是受益原则的例子,因为人们在为他们获得的收益而买单。
   b. 地方财产税用于支持小学与初中教育是支付能力原则的例子,因为如果你拥有更多贵重的财产,那么你必须缴更多的税。
   c. 机场信托基金的设立是受益原则的例子,因为对机场的使用带来了税收收入,而这些税收收入又用于机场的改善。

第13章
生产成本

学习目标

在本章中,学生应理解
- 企业的生产成本中包括哪些项目;
- 企业生产过程与其总成本之间的关系;
- 平均总成本和边际成本的含义,以及它们如何相关;
- 一个典型企业的成本曲线的形状;
- 短期成本和长期成本之间的关系。

框架与目的

第13章是论述企业行为和产业组织的五章中的第一章。熟悉第13章的内容非常重要,因为第14—17章都是基于第13章中提出的概念进行讨论的。更加具体地说,第13章提出了企业行为所基于的成本曲线。这五章中的其余各章(第14—17章)利用成本曲线去研究各种不同市场结构——竞争、垄断、垄断竞争和寡头——中企业的行为。

第13章的目的是论述生产成本,并找出企业的成本曲线。这些成本曲线构成了企业的供给曲线,在前几章中,我们从供给曲线出发,总结了企业的生产决策。尽管这可以解决许多问题,但现在为了论述经济学中称为产业组织——研究企业关于价格和数量的决策如何取决于它们面临的市场状况——的这一部分内容,我们必须论述构成供给曲线基础的成本。

内容提要

- 企业的目标是利润最大化,利润等于总收益减去总成本。
- 在分析企业的行为时,重要的是要包括生产的所有机会成本。一些机会成本是显性的,例如,企业支付给工人的工资。另一些机会成本则是隐性的,例如,企业所有者在其企业工作而不去找其他工作所放弃的工资。经济利润既考虑显性成本也考虑隐性成本,而会计利润只考虑显性成本。
- 企业的成本反映其生产过程。随着投入量的增加,典型企业的生产函数曲线变得更加平坦,这表现了边际产量递减的性质。因此,随着产量的增加,企业的总成本曲线变得更加陡峭。
- 企业的总成本可分为固定成本和可变成本。固定成本是在企业改变产量时不变的成本。可变成本是在企业改变产量时改变的成本。
- 根据企业的总成本可以推导出成本的两种相关的衡量指标。平均总成本是总成本除以产量。边际成本是产量增加一单位时总成本的增加量。
- 在分析企业行为时,画出平均总成本和边际成本的图形往往是有帮助的。对一个典型的企业来说,边际成本随着产量的增加而增加。平均总成本随着产量增加先下降,然后随着产量进一步增加而上升。边际成本曲线总是与平均总成本曲线相交于平均总成本的最低点。
- 一个企业的成本往往取决于所考虑的时间范围。特别是,许多成本在短期中是固定的,但在长期中是可变的。因此,当企业改变其产量水平时,短期中的平均总成本可能比长期中增加得更快。

教材习题解答

即问即答

1. 农民 McDonald 讲授班卓琴课每小时赚取 20 美元。有一天他在自己的农场用 10 个小时种了价值 100 美元的种子。他这样做产生的机会成本是多少?他的会计师衡量的成本是多少?如果这些种子收获了价值 200 美元的农作物,那么 McDonald 赚到了多少会计利润?他赚到经济利润了吗?

    【解答】
    农民 McDonald 的机会成本为 300 美元,由他本来能通过授课赚的 200 美元(10 个小时,每小时 20 美元)加上在种子上花费的 100 美元组成。他的会计师仅会统计他在种子上花费的显性成本(100 美元)。如果 McDonald 售卖这些种子产出的农作物收获了 200 美元,那么他便获得了 100 美元的会计利润(200 美元的收入减去 100 美元的购买种子的成本),但却导致了 100 美元的经济损失(200 美元的收入减去 300 美元的机会成本)。

2. 如果农民 Jones 没有在自己的土地上播种,她就得不到收成。如果她种 1 袋种子,将得到 3 蒲式耳小麦;如果她种 2 袋种子,将得到 5 蒲式耳小麦;如果她种 3 袋种子,将得到 6 蒲式耳小麦。一袋种子的成本是 100 美元,而且种子是她唯一的成本。利用这些数据画出该农民的生产函数和总成本曲线。解释它们的形状。

    【解答】
    农民 Jones 的生产函数如图 1 所示,总成本曲线如图 2 所示。由于种子边际产量的递减,生产函数曲线随着种子袋数的增加变得更加平坦。然而总成本曲线却随着总产量的增加变得更加陡峭。这也是种子边际产量递减造成的,由于每增加一袋种子产生更低的边际产量,生产额外一蒲式耳小麦的成本提高了。

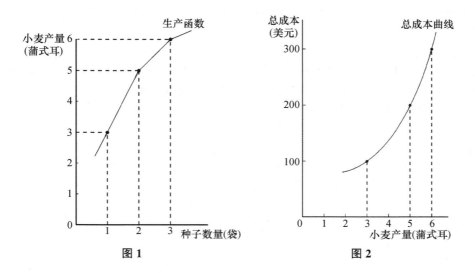

图1   图2

3. ● 假设本田公司生产 4 辆汽车的总成本是 22.5 万美元,而生产 5 辆汽车的总成本是 25 万美元。那么,生产 5 辆汽车的平均总成本是多少?第五辆汽车的边际成本是多少?
   ● 画出一个典型企业的边际成本曲线和平均总成本曲线,并解释这两条曲线为什么会在它们的相交处相交。

【解答】

● 生产 5 辆汽车的平均总成本是 250 000/5 = 50 000 美元。由于当汽车产量从 4 辆增加到 5 辆时的总成本从 225 000 美元提高到 250 000 美元,第五辆汽车的边际成本是 25 000 美元。

● 一个典型企业的边际成本曲线和平均总成本曲线如图 3 所示。两条曲线在有效规模点相交,因为在比这点更低的产量处,边际成本低于平均总成本,所以随着产量的增加,平均总成本下降。但在两条曲线相交以后,边际成本超过平均总成本并且平均总成本开始上升。因此两条曲线必定在平均总成本最低处相交。

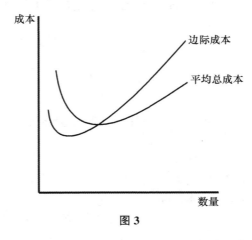

图3

4. 如果波音公司每个月生产 9 架喷气式客机,那么它的长期总成本是每月 900 万美元。如果

第 13 章　生产成本　129

它每个月生产 10 架客机,那么长期总成本是 950 万美元。那么,波音公司表现出的是规模经济还是规模不经济?

【解答】
生产 9 架客机时波音公司的长期平均总成本为 900/9 = 100 万美元。生产 10 架客机的长期平均总成本为 950/10 = 95 万美元。由于长期平均总成本随着客机制造数目的增加而下降,波音公司表现出规模经济。

快速单选

1. Xavier 用两个小时开了一家柠檬水摊位。他花了 10 美元买原料,并卖了价值 60 美元的柠檬水。在这同样的两个小时中,他本可以帮邻居剪草坪而赚到 40 美元。Xavier 的会计利润是_____,经济利润是_____。
    a. 50 美元,10 美元
    b. 90 美元,50 美元
    c. 10 美元,50 美元
    d. 50 美元,90 美元

2. 边际产量递减解释了为什么随着企业产量增加,_____。
    a. 生产函数和总成本曲线变得陡峭
    b. 生产函数和总成本曲线变得平坦
    c. 生产函数变得陡峭,而总成本曲线变得平坦
    d. 生产函数变得平坦,而总成本曲线变得陡峭

3. 一个企业以总成本 5 000 美元生产了 1 000 单位产品。如果将产量增加到 1 001 单位,那么总成本将增加到 5 008 美元。这些信息告诉了你关于这个企业的什么成本数据?
    a. 边际成本是 5 美元,平均可变成本是 8 美元。
    b. 边际成本是 8 美元,平均可变成本是 5 美元。
    c. 边际成本是 5 美元,平均总成本是 8 美元。
    d. 边际成本是 8 美元,平均总成本是 5 美元。

4. 一个企业生产 20 单位产品,平均总成本是 25 美元,边际成本是 15 美元。如果将产量增加到 21 单位,以下哪种情况一定会发生?
    a. 边际成本会减少。
    b. 边际成本会增加。
    c. 平均总成本会减少。
    d. 平均总成本会增加。

5. 政府每年对所有比萨饼店征收 1 000 美元许可证费,这会导致哪一条成本曲线移动?
    a. 平均总成本和边际成本曲线。
    b. 平均总成本和平均固定成本曲线。
    c. 平均可变成本和边际成本曲线。
    d. 平均可变成本和平均固定成本曲线。

6. 如果更高的产量水平使工人在特定工作中更专业化,那么企业就会表现出规模_____和平均总成本_____。
    a. 经济,下降

    b. 经济,上升
    c. 不经济,下降
    d. 不经济,上升

【答案】

1. a   2. d   3. d   4. c   5. b   6. a

复习题

1. 企业总收益、利润和总成本之间的关系是什么?

   【解答】

   企业总收益、利润和总成本之间的关系为利润等于总收益减去总成本。

2. 举出一种会计师不算作成本的机会成本的例子。为什么会计师不考虑这种成本?

   【解答】

   会计师不会将企业主的其他可选择工作的机会成本算作一种会计成本。教材中举了一个例子,Caroline 本可当程序员,却选择了经营一家饼干公司。她在自己制作饼干的工厂里工作,放弃了做一个程序员每小时挣 100 美元的机会。由于钱并不会流入或流出这个公司,会计师忽略了这一机会成本。但这个机会成本却与 Caroline 经营饼干公司的决策有关。

3. 什么是边际产量?边际产量递减意味着什么?

   【解答】

   边际产量是指增加一单位生产要素所增加的产量。边际产量递减意味着,随着一种生产要素投入的增加,边际产量逐渐减少。

4. 画出表示劳动的边际产量递减的生产函数。画出相关的总成本曲线。(在这两种情况下,都要标明坐标轴代表什么。)解释你所画出的两个曲线的形状。

   【解答】

   图 4 显示了劳动的边际产量递减的生产函数曲线。图 5 显示了相关的总成本曲线。由于边际产量递减,随着劳动力数量的增加,产出数量增加得越来越慢,生产函数曲线变得越来越平坦(即向下凹的);同样地,由于边际产量递减,随着产出数量的增加,同等产出数量所需的总成本越来越多,总成本曲线变得越来越陡峭(即向下凸的)。

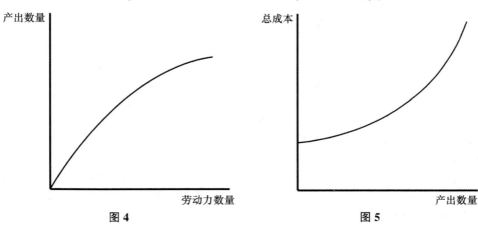

5. 给总成本、平均总成本和边际成本下定义。它们之间的关系是怎样的？

【解答】
总成本由企业为了生产指定数量的产品所花费的所有投入组成。它包括固定成本和可变成本。平均总成本是指企业平均每生产一单位产品所消耗的全部成本。它等于总成本除以产品数量。边际成本指的是每新生产一单位产品带来的总成本的增量，它等于总成本的变化量除以产品数量的变化量。平均总成本和边际成本之间的另外一种关系：当边际成本小于平均总成本时，平均总成本下降；当边际成本大于平均总成本时，平均总成本上升。

6. 画出一个典型企业的边际成本曲线和平均总成本曲线。解释为什么这些曲线的形状是这样，以及为什么在那一点相交。

【解答】
图6显示了一个典型企业的边际成本曲线和平均总成本曲线。这些曲线有三个主要特征：(1) 边际成本曲线呈U形但随着产出的增加快速上升；(2) 平均总成本曲线也呈U形；(3) 当边际成本小于平均总成本时，平均总成本下降；当边际成本大于平均总成本时，平均总成本上升。由于边际收益递减规律，边际成本在产出数量高于某一个点后不断上升。平均总成本曲线一开始向下倾斜是由于企业能够在更多的产出上分摊固定成本；在产出达到一定数量后的上升是因为随着产出数量的增加，重要可变投入的数量也增加，由此造成了可变投入成本的增加。边际成本曲线和平均总成本曲线在平均总成本最低处相交，相交点对应的数量就是有效规模。

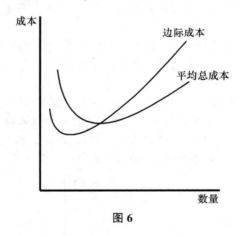

图6

7. 企业的平均总成本曲线在短期与长期中如何不同？为什么会不同？

【解答】
在长期中，企业可以调整在短期中是固定的生产要素，比如企业可以扩大工厂的规模。结果就是，长期平均总成本曲线比短期总成本曲线呈更加平坦的U形。此外，长期平均成本曲线是短期平均成本曲线的包络线。

8. 给规模经济下定义并解释其产生的原因。给规模不经济下定义并解释其产生的原因。

【解答】
规模经济存在时，在工人专业化的分工下，长期平均总成本随着产出数量的增加而减少。规模不经济存在时，由于组织过大，内部员工的合作存在诸多不便，长期平均总成本随着产出数量的增加而上升。

问题与应用

1. 本章讨论了许多成本类型:机会成本、总成本、固定成本、可变成本、平均总成本和边际成本。在以下句子中填入最合适的成本类型:
   a. 采取某个行为所放弃的东西称为_____。
   b. _____是当边际成本低于它时下降,当边际成本高于它时上升。
   c. 不取决于产量的成本是_____。
   d. 在冰激凌行业里,短期中,_____包括奶油和糖的成本,但不包括工厂的成本。
   e. 利润等于总收益减_____。
   f. 生产额外一单位产品的成本是_____。

   【解答】
   a. 机会成本;
   b. 平均总成本;
   c. 固定成本;
   d. 可变成本;
   e. 总成本;
   f. 边际成本。

2. 你的姑妈正考虑开一家五金店。她估计,租店铺和买库存货物每年要花费50万美元。此外,她要辞去薪水为每年5万美元的会计师工作。
   a. 给机会成本下定义。
   b. 你姑妈经营五金店一年的机会成本是多少?如果你姑妈认为她一年可以卖出价值51万美元的物品,她应该开这个店吗?解释原因。

   【解答】
   a. 机会成本是指为了得到某种东西而放弃的另一些东西的价值。
   b. 经营这家五金店的机会成本是55万美元,包括50万美元用于租店铺和购买库存货物以及5万美元的隐性成本,后者是由你的姑妈必须辞去她的会计师工作造成的。因为55万美元的总机会成本超过了计划的营业收益51万美元,所以你姑妈不应该开这家店,要不然她的经济利润就是负的了。

3. 一个商业渔民注意到了钓鱼时间与钓鱼量之间存在以下关系:

小时	钓鱼量(磅)
0	0
1	10
2	18
3	24
4	28
5	30

a. 用于钓鱼的每小时的边际产量是多少?
b. 根据这些数据画出该渔民的生产函数。解释其形状。
c. 该渔民的固定成本为 10 美元(他的钓鱼竿)。他每小时时间的机会成本是 5 美元。画出该渔民的总成本曲线。解释它的形状。

【解答】
a. 下表显示了用于钓鱼的每小时边际产量:

小时	钓鱼量（磅）	固定成本（美元）	可变成本（美元）	总成本（美元）	边际产量（磅）
0	0	10	0	10	—
1	10	10	5	15	10
2	18	10	10	20	8
3	24	10	15	25	6
4	28	10	20	30	4
5	30	10	25	35	2

b. 图 7 画出了渔民的生产函数。生产函数曲线随着钓鱼时间的增加而变得更加平坦,说明了钓鱼的边际产量递减。
c. 上面的表格显示了固定成本、可变成本和总成本。图 8 显示了渔民的总成本曲线。由于捕获额外的鱼需要额外的时间,因此总成本曲线是一条向上倾斜的曲线。因为每多花费一小时的钓鱼时间,只能多捕获更少额外的鱼,这种边际收益递减造成总成本曲线随着钓鱼数量的增加而变得更加陡峭(即向下凸的)。

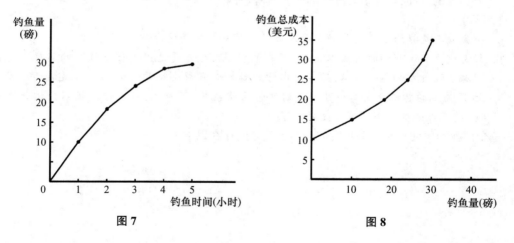

图 7　　　　　　图 8

4. Nimbus 公司是一家生产扫帚并挨家挨户推销扫帚的公司。下面是某一天中工人数量与产量之间的关系:

工人数	产量	边际产量	总成本	平均总成本	边际成本
0	0	—		—	—
1	20	—		—	—
2	50	—		—	—
3	90	—		—	—
4	120	—		—	—
5	140	—		—	—
6	150	—		—	—
7	155	—		—	—

a. 填写边际产量一列。边际产量呈现出何种模式？你如何解释这种模式？
b. 雇用一个工人的成本是一天 100 美元，企业的固定成本是 200 美元。根据这些信息填写总成本一列。
c. 填写平均总成本一列（记住 $ATC = TC/Q$）。平均总成本呈现出何种模式？
d. 现在填写边际成本一列（记住 $MC = \Delta TC/\Delta Q$）。边际成本呈现出何种模式？
e. 比较边际产量和边际成本。解释其关系。
f. 比较平均总成本和边际成本。解释其关系。

【解答】

下表为补充完整的表格：

工人数	产量	边际产量	总成本(美元)	平均总成本(美元)	边际成本(美元)
0	0	—	200	—	—
1	20	20	300	15.00	5.00
2	50	30	400	8.00	3.33
3	90	40	500	5.56	2.50
4	120	30	600	5.00	3.33
5	140	20	700	5.00	5.00
6	150	10	800	5.33	10.00
7	155	5	900	5.81	20.00

a. 请参照上表中边际产量的部分。由于边际产量递减，边际产量先上升再下降。
b. 请参照上表中总成本的部分。
c. 请参照上表中平均总成本的部分。平均总成本呈 U 形。当工人数量很少时，平均总成本随着产量的增加而下降；当工人数量很多时，平均总成本随着产量的增加而上升。
d. 请参照上表中边际成本的部分。边际成本也呈 U 形，由于边际产量递减，它随着产出的增加而快速地上升。
e. 当边际产量增加时，边际成本下降，反之亦然。
f. 当边际成本小于平均总成本时，平均总成本下降；最后一单位产出的成本将拉低平均值。当边际成本大于平均总成本时，平均总成本上升；最后一单位产出的成本将拉高平均值。

5. 你是一家出售数码音乐播放器的企业的财务总监。下面是你的企业的平均总成本表：

数量（台）	平均总成本（美元）
600	300
601	301

你们当前的产量水平是 600 台，而且全部售出。有一个人打来电话，非常希望买一台播放器，并出价 550 美元。你应该接受他的要求吗？为什么？

【解答】

当产量为 600 台时，总成本是 180 000 美元（600×300）。生产 601 台播放器的总成本是 180 901 美元（601×301）。因此你不应该接受 550 美元再购买额外一台播放器的要求。因为第 601 台的边际成本是 901 美元。

6. 考虑以下关于比萨饼店的成本信息：

数量（打）	总成本（美元）	可变成本（美元）
0	300	0
1	350	50
2	390	90
3	420	120
4	450	150
5	490	190
6	540	240

a. 比萨饼店的固定成本是多少？
b. 列一个表，在这个表上根据总成本的信息计算每打比萨饼的边际成本。再根据可变成本的信息计算每打比萨饼的边际成本。这些数字之间有什么关系？请解释。

【解答】

a. 固定成本是 300 美元，因为固定成本等于总成本减去可变成本。当产量为零时，仅有固定成本一种类型的成本。

b. 表格如下：

数量（打）	总成本（美元）	可变成本（美元）	边际成本（美元）（使用总成本计算）	边际成本（美元）（使用可变成本计算）
0	300	0	—	—
1	350	50	50	50
2	390	90	40	40
3	420	120	30	30
4	450	150	30	30
5	490	190	40	40
6	540	240	50	50

边际成本等于为了生产额外一单位产品而产生的总成本的变化量。边际成本也等于为了生产额外一单位产品而产生的可变成本的变化量。这种关系之所以成立是因为总成本等于可变成本和固定成本之和，并且固定成本在短期内是不会随着产量的变化而变化的。

因此,随着产量的增加,总成本的上升等于可变成本的上升。

7. 你的堂兄 Vinnie 拥有一家油漆公司,其固定总成本为 200 美元,可变成本如下表所示:

每月油漆房屋量(间)	1	2	3	4	5	6	7
可变成本(美元)	10	20	40	80	160	320	640

计算每种产量下的平均固定成本、平均可变成本及平均总成本。该油漆公司的有效规模是多少?

【解答】

下表显示了每单位产品的平均固定成本、平均可变成本和平均总成本。有效规模是每个月油漆 4 间房,因为此时对应的平均总成本最低。

数量(间)	可变成本(美元)	固定成本(美元)	总成本(美元)	平均固定成本(美元)	平均可变成本(美元)	平均总成本(美元)
0	0.00	200.00	200.00	—	—	—
1	10.00	200.00	210.00	200.00	10.00	210.00
2	20.00	200.00	220.00	100.00	10.00	110.00
3	40.00	200.00	240.00	66.67	13.33	80.00
4	80.00	200.00	280.00	50.00	20.00	70.00
5	160.00	200.00	360.00	40.00	32.00	72.00
6	320.00	200.00	520.00	33.33	53.33	86.67
7	640.00	200.00	840.00	28.57	91.43	120.00

8. 市政府正在考虑以下两个税收建议:
   - 对每位汉堡包的生产者征收 300 美元的定额税。
   - 对每个汉堡包征收 1 美元的税,由汉堡包的生产者支付。

   a. 下列哪一条曲线——平均固定成本(AFC)、平均可变成本(AVC)、平均总成本(ATC)和边际成本(MC)——会由于定额税而移动?为什么?用图形说明这一点。尽可能准确地在图形上做好标记。

   b. 这同样的四条曲线中,哪一条会由于对每个汉堡包的税收而移动?为什么?用新的图形说明这一点。尽可能准确地在图形上做好标记。

【解答】

a. 定额税造成了固定成本的上升,因此,如图 9 所示,只有平均固定成本曲线和平均总成本曲线受影响。

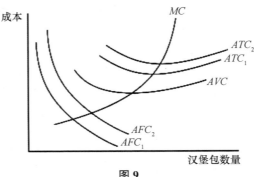

图 9

b. 如图10所示。平均可变成本、平均总成本和边际成本都将增加,三条曲线将上移。平均固定成本曲线不会受影响。

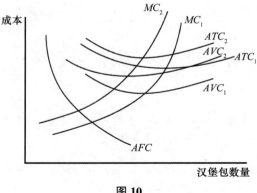

图10

9. Jane 的果汁店有以下成本表:

产量(桶)	可变成本(美元)	总成本(美元)
0	0	30
1	10	40
2	25	55
3	45	75
4	70	100
5	100	130
6	135	165

a. 计算每种产量下的平均可变成本、平均总成本和边际成本。

b. 画出这三条曲线。边际成本曲线与平均总成本曲线之间是什么关系?边际成本曲线与平均可变成本曲线之间是什么关系?解释原因。

【解答】

a. 下表显示了每单位产品的平均可变成本、平均总成本和边际成本:

产量(桶)	可变成本(美元)	总成本(美元)	平均可变成本(美元)	平均总成本(美元)	边际成本(美元)
0	0.00	30.00	—	—	—
1	10.00	40.00	10.00	40.00	10.00
2	25.00	55.00	12.50	27.50	15.00
3	45.00	75.00	15.00	25.00	20.00
4	70.00	100.00	17.50	25.00	25.00
5	100.00	130.00	20.00	26.00	30.00
6	135.00	165.00	22.50	27.50	35.00

b. 图 11 显示了三种曲线。当产出小于 4 时,边际成本曲线位于平均总成本曲线下方并且平均总成本在下降。当产出大于 4 时,边际成本曲线位于平均总成本曲线上方并且平均总成本在上升。边际成本曲线位于平均可变成本曲线上方。

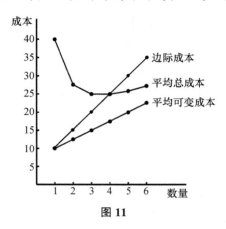

图 11

10. 考虑下表中三个不同企业的长期总成本:

(单位:美元)

产量	1	2	3	4	5	6	7
企业 A	60	70	80	90	100	110	120
企业 B	11	24	39	56	75	96	119
企业 C	21	34	49	66	85	106	129

这三个企业分别处于规模经济还是规模不经济?

【解答】

下表显示了三家企业的产量、总成本(TC)和平均总成本(ATC):

产量	企业 A		企业 B		企业 C	
	TC(美元)	ATC(美元)	TC(美元)	ATC(美元)	TC(美元)	ATC(美元)
1	60.00	60.00	11.00	11.00	21.00	21.00
2	70.00	35.00	24.00	12.00	34.00	17.00
3	80.00	26.67	39.00	13.00	49.00	16.33
4	90.00	22.50	56.00	14.00	66.00	16.50
5	100.00	20.00	75.00	15.00	85.00	17.00
6	110.00	18.33	96.00	16.00	106.00	17.67
7	120.00	17.14	119.00	17.00	129.00	18.43

企业 A 处于规模经济,因为平均总成本随着产出的增加而下降。

企业 B 处于规模不经济,因为平均总成本随着产出的增加而上升。

企业 C 在产量在 1 到 3 时处于规模经济,在产量超过 3 时处于规模不经济。

第14章
竞争市场上的企业

学习目标

在本章中,学生应理解
- 竞争市场的特点是什么;
- 竞争企业如何决定产量;
- 竞争企业如何决定什么时候暂时停产;
- 竞争企业如何决定进入还是退出一个市场;
- 企业行为如何决定市场的短期和长期供给曲线。

框架与目的

第14章是论述企业行为和产业组织的五章中的第二章。第13章提出了企业行为所依据的成本曲线。第14章将运用这些曲线来说明一个竞争企业如何对市场状况变动做出反应。第15—17章将运用这些曲线来说明有市场势力的企业(垄断企业、垄断竞争企业,以及寡头)如何对市场状况变动做出反应。

第14章的目的是考察竞争企业——没有市场势力的企业——的行为。前一章中提出的成本曲线说明了竞争市场上供给曲线背后的决策。

内容提要

- 由于竞争企业是价格接受者,所以它的收益与产量是成比例的。物品的价格等于企业的平均收益和边际收益。
- 为了使利润最大化,企业选择使边际收益等于边际成本的产量。由于竞争企业的边际收益等于市场价格,所以企业选择使价格等于边际成本的产量。因此,企业的边际成本曲线又是它的供给曲线。
- 在短期中,当企业不能收回其固定成本时,如果价格低于平均可变成本,企业将选择暂时停止营业。在长期中,当企业能收回其固定成本和可变成本时,如果价格低于平均总成本,企业将选择退出市场。
- 在可以自由进入与退出的市场上,长期中利润为零。在长期均衡时,所有企业都在有效规模上生产,价格等于最低平均总成本,而且,企业数量会自发调整,以满足在这种价格时的需求量。

- 需求变动在不同时间范围之内有不同影响。在短期中,需求增加引起价格上升,并带来利润,而需求减少引起价格下降,并带来亏损。但如果企业可以自由进入和退出市场,那么,在长期中企业数量将自发调整,使市场回到零利润均衡。

教材习题解答

即问即答

1. 当一个竞争企业的销售量翻一番时,它的产品价格和总收益会发生什么变动?

   【解答】

   当一个竞争企业的销售量翻一番时,它的产品价格不变的,总收益将翻一番。

2. - 竞争企业如何决定其利润最大化的产量水平?解释原因。
   - 什么时候一家利润最大化的竞争企业决定停止营业?什么时候一家利润最大化的竞争企业决定退出市场?

   【解答】
   - 利润最大化的竞争企业设定的价格等于其边际成本。如果价格高于边际成本,企业可以通过增加产量来增加利润;如果价格低于边际成本,企业可以通过减少产量来提高利润。
   - 利润最大化的竞争企业,在短期中,当价格低于平均可变成本时,则决定暂时停止营业;在长期中,当价格低于平均总成本时,企业将退出市场。

3. 在企业可以自由进入与退出的长期中,市场价格等于边际成本还是平均总成本?还是与两者都相等?或者都不等?用图形解释。

   【解答】

   在长期中,在企业自由进入和退出市场的情况下,市场价格等于企业的边际成本和平均总成本,如图1所示。该企业选择其产量,以使边际成本等于价格;这样做保证了企业的利润最大化。在长期中,企业进入和退出市场会驱动物品的价格达到平均总成本曲线上的最低点。

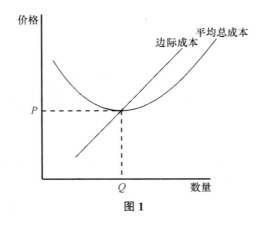

图 1

第 14 章　竞争市场上的企业　▶*141*

快速单选

1. 一个完全竞争企业会_____。
   a. 选择其价格以实现利润最大化
   b. 使其价格低于出售相似产品的其他企业的价格
   c. 把价格作为既定的市场条件
   d. 选择使其获得最大市场份额的价格

2. 一个竞争企业通过选择使_____的数量来实现利润最大化。
   a. 平均总成本最低
   b. 边际成本等于价格
   c. 平均总成本等于价格
   d. 边际成本等于平均总成本

3. 一个竞争企业的短期供给曲线是其_____曲线在其_____曲线之上的部分。
   a. 平均总成本,边际成本
   b. 平均可变成本,边际成本
   c. 边际成本,平均总成本
   d. 边际成本,平均可变成本

4. 如果一个利润最大化的竞争企业所生产的产量使边际成本在平均可变成本和平均总成本之间,它将_____。
   a. 在短期中继续生产,但在长期中会退出市场
   b. 在短期中停业,但在长期中会恢复生产
   c. 在短期中停业,而且在长期中退出市场
   d. 在短期与长期中都会继续生产

5. 在一个有许多同质企业的竞争市场的长期均衡中,价格 P、边际成本 MC 以及平均总成本 ATC 的关系是怎样的?
   a. $P>MC$,且 $P>ATC$。
   b. $P>MC$,且 $P=ATC$。
   c. $P=MC$,且 $P>ATC$。
   d. $P=MC$,且 $P=ATC$。

6. 纽约的椒盐卷饼摊是实现了长期均衡的完全竞争行业。有一天,市政府开始对每个摊位每月征收 100 美元的税。这种政策在短期和长期中会如何影响椒盐卷饼的消费量?
   a. 短期中减少,长期中没有变化。
   b. 短期中增加,长期中没有变化。
   c. 短期中没有变化,长期中减少。
   d. 短期中没有变化,长期中增加。

【答案】 1. c 2. b 3. d 4. a 5. d 6. c

复习题

1. 竞争市场的主要特征是什么？

   【解答】

   竞争市场的主要特征是：(1) 市场上有许多买者和卖者；(2) 各个卖者提供的物品大致相同；(3) 企业通常可以自由进入或退出市场。

2. 解释企业收益与企业利润的差别。企业使其中哪一个最大化？

   【解答】

   企业总收益等于其单位价格乘以其销售数量。利润是总收益和总成本之间的差额。企业要使其利润最大化。

3. 画出一个典型企业的成本曲线。解释竞争企业如何选择利润最大化的产量水平。在该产量水平时，在你的图形中标明企业的总收益及总成本。

   【解答】

   图 2 显示了典型企业的成本曲线。竞争企业选择使边际成本等于价格的产量水平（Q^*）来实现利润最大化，只要价格超过平均可变成本（在短期中），或者价格超过平均总成本（在长期中）。总收益可以通过 P^* 为高、以 Q^* 为底的矩形区域来衡量。总成本可以由以 ATC' 为高、以 Q^* 为底的矩形区域进行衡量。

   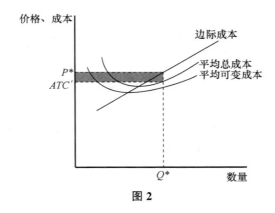

   图 2

4. 在什么条件下企业将暂时停止营业？解释原因。

   【解答】

   如果企业从生产中得到的收益小于生产的可变成本，那么该企业将暂时停止营业。如果价格比平均可变成本低，就会出现这种情况。

5. 在什么条件下企业将退出市场？解释原因。

   【解答】

   如果企业留在市场中获得的收益低于其总成本，那么该企业将会退出市场。如果价格低于平均总成本，就会出现这种情况。

6. 竞争企业的价格是在短期中、长期中，还是在这两个时期中都等于边际成本？解释原因。

   【解答】

   无论在长期中还是在短期中，一个竞争企业的价格都等于其边际成本，也等于边际收益。

如果边际收益超过边际成本，企业将增加产出；如果边际收益低于边际成本，企业将减少产出。边际收益等于边际成本时，利润总是最大化。

7. 竞争企业的价格是在短期中、长期中，还是在这两个时期中都等于最低平均总成本？解释原因。

   【解答】
   竞争企业的价格等于其最低平均总成本只发生在长期中。在短期内，价格可能高于平均总成本（在这种情况下，企业盈利），可能低于平均总成本（在这种情况下，企业亏损），或等于平均总成本（在这种情况下，企业盈亏平衡）。在长期中，如果企业获得利润，其他企业将进入行业，这将会降低产品的价格。在长期中，如果企业蒙受损失，它们将退出该行业，这将提高产品的价格。企业持续进入或退出，直到企业既不盈利也不亏损。在这一点上，价格等于平均总成本。

8. 一般而言，市场供给曲线是在短期中更富有弹性，还是在长期中更富有弹性？解释原因。

   【解答】
   市场供给曲线通常在长期中比在短期中更具弹性。在竞争市场中，因为企业进入或退出持续发生，直到价格等于平均总成本，所以供给量在长期中对价格变动更为敏感。

问题与应用

1. 许多小船是用从石油中提炼出来的玻璃纤维和树脂制造的。假设石油价格上升。
   a. 用图形说明单个造船企业的成本曲线和市场的供给曲线会发生什么变动。
   b. 短期中造船企业的利润会发生什么变动？长期中造船企业的数量会发生什么变动？

   【解答】
   a. 如图 3 所示，典型企业的初始边际成本曲线是 MC_1，平均总成本曲线是 ATC_1。在最初的均衡中，市场供给曲线 S_1 与市场需求曲线在价格为 P_1 处相交，P_1 等于典型企业的最低平均总成本。因此，典型企业没有经济利润。石油价格上升会增加私人企业的生产成本（曲线 MC_1 移到 MC_2，ATC_1 移到 ATC_2），因此市场的供给曲线向左移动到 S_2。

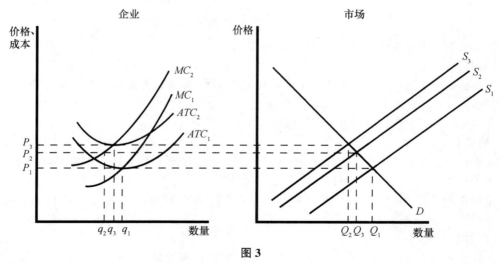

图 3

b. 当市场供给曲线移动到 S_2 时，均衡价格就会从 P_1 上升到 P_2，但是价格上升幅度小于企业边际成本的增加幅度。结果价格比企业的平均总成本低，所以企业的利润是负的。在长期中，负的利润将导致一些企业退出市场。如果它们这样做，市场供给曲线将会向左移动，直到价格上升到企业平均总成本曲线的最低点。长期均衡将会出现，这时供给曲线为 S_3，均衡价格为 P_3，市场总产出为 Q_3，厂商产出为 q_3。因此在长期中，利润会再次为零，市场上的企业数量会减少。

2. Bob 的草坪修剪中心是追求利润最大化的竞争企业。Bob 每修剪一块草坪赚 27 美元。他每天的总成本是 280 美元，其中 30 美元是固定成本。他每天剪 10 块草坪。你对 Bob 的短期停止营业决策和长期退出决策有何见解？

   【解答】
   Bob 的总可变成本是他每天的总成本减去固定成本（280-30=250 美元）。他的平均可变成本是他的总可变成本被每天所修剪的 10 块草坪均分的成本（250/10=25 美元）。因为他的平均可变成本低于价格，在短期内，他不会停止营业。Bob 的平均总成本是总成本被他每天修剪的草坪均分的成本（280/10=28 美元）。因为他的平均总成本比价格高，在长期中，他将退出此行业。

3. 考虑下表中给出的总成本和总收益：

   （单位：美元）

产量	0	1	2	3	4	5	6	7
总成本	8	9	10	11	13	19	27	37
总收益	0	8	16	24	32	40	48	56

   a. 计算每种产量时的利润。企业为了使利润最大化应该生产多少？
   b. 计算每种产量时的边际收益和边际成本。画出它们的图形。（提示：把各点画在整数之间。例如，2 和 3 之间的边际成本应该画在 2.5 处。）这些曲线在哪一种产量时相交？如何把这一点与你对 a 的回答联系起来？
   c. 你认为这个企业是否处于竞争行业中？如果是的话，你认为这个行业是否处于长期均衡？

   【解答】
   下表展示了成本、收益和利润：

产量	总成本（美元）	边际成本（美元）	总收益（美元）	边际收益（美元）	利润（美元）
0	8	—	0	—	-8
1	9	1	8	8	-1
2	10	1	16	8	6
3	11	1	24	8	13
4	13	2	32	8	19
5	19	6	40	8	21
6	27	8	48	8	21
7	37	10	56	8	19

a. 企业应该生产5单位或6单位,来使利润最大化。

b. 边际收益和边际成本如图4所示。曲线在5单位和6单位之间相交,得到的答案与问题a的答案相同。

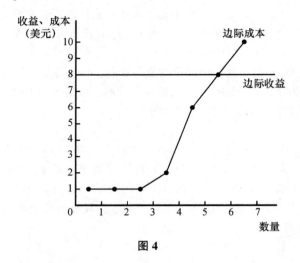

图4

c. 该企业处于竞争行业中,因为对每种产量来说边际收益都是相同的。该行业不是处于长期均衡中的,因为利润不等于零。

4. 某轴承公司面对的生产成本如下:

产量(箱)	总固定成本(美元)	总可变成本(美元)
0	100	0
1	100	50
2	100	70
3	100	90
4	100	140
5	100	200
6	100	360

a. 计算该公司在每一产量水平时的平均固定成本、平均可变成本、平均总成本以及边际成本。

b. 每箱轴承的价格是50美元。鉴于公司无法获得利润,该公司的CEO(首席执行官)决定停止经营。该公司的利润或亏损是多少?这是一个明智的决策吗?解释原因。

c. 该公司的CFO(首席财务官)隐约记起了他的初级经济学课程,他告诉CEO生产1箱轴承更好一些,因为在这一产量时边际收益等于边际成本。在这种产量水平时,该企业的利润或亏损是多少?这是最好的决策吗?解释原因。

【解答】

a. 公司的平均固定成本、平均可变成本、平均总成本和边际成本如下表所示:

产量（箱）	总固定成本（美元）	总可变成本（美元）	平均固定成本（美元）	平均可变成本（美元）	平均总成本（美元）	边际成本（美元）
0	100	0	—	—	—	—
1	100	50	100	50	150	50
2	100	70	50	35	85	20
3	100	90	33.3	30	63.3	20
4	100	140	25	35	60	50
5	100	200	20	40	60	60
6	100	360	16.7	60	76.7	160

  b. 如果价格为50美元，公司将会通过生产4单位产品来使损失最小化，此时价格等于边际成本。如果公司生产4单位，总收入是200美元（50×4），总成本为240美元（100+140）。这将会使得公司损失40美元。如果公司停止经营，它的损失等于固定成本（100美元）。所以公司的CEO的决策是不明智的。

  c. 如果公司生产1单位产品，总收入为50美元，总成本为150美元（100+50），那么其损失会是100美元。这不是一个明智的决策。公司本来可以通过生产更多单位的产品来减少损失，因为第2单位和第3单位产品的边际成本会低于其价格。

5. 假设图书印刷行业是竞争性的，而且开始时处于长期均衡。

  a. 画出描述该行业中一个典型企业的平均总成本、边际成本、边际收益和供给曲线的图形。

  b. 某高科技印刷企业发明了大幅度降低印刷成本的新工艺。当该企业的专利阻止其他企业使用该项新技术时，该企业的利润和短期中图书的价格会发生什么变动？

  c. 长期中，当专利到期，从而其他企业可以自由使用这种新工艺时，会发生什么变动？

【解答】

  a. 图5显示了典型企业的各种曲线：平均总成本曲线 ATC_1，边际成本曲线 MC_1，边际收益曲线等于其价格水平 P_1。长期供给曲线是边际成本曲线 MC_1 超过 ATC_1 最低点以上的那部分曲线。

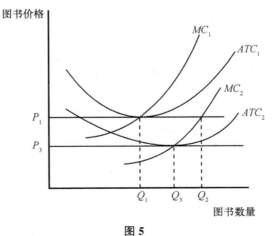

图5

b. 新工艺将会使高科技印刷企业的边际成本曲线降至 MC_2，平均总成本曲线降至 ATC_2，但是价格仍然在 P_1，因为其他企业不会用此工艺流程，因此高科技印刷企业生产 Q_2 单位的产品，企业的利润增加。

c. 当专利到期，从而其他企业能自由使用这种新工艺时，所有企业的平均总成本曲线将会移动到 ATC_2，所以市场价格将会下降到 P_3，企业的利润为零。

6. 一家竞争市场中的企业得到了 500 美元的总收益，而且边际收益是 10 美元。平均收益是多少？多少单位的产品被售出？

【解答】
企业处于完全竞争的市场中，其价格等于其边际收益（10 美元），这意味着平均收益也是 10 美元，50 单位的产品被售出。

7. 竞争市场上的一家利润最大化企业现在生产 100 单位产品，它的平均收益（AR）是 10 美元，平均总成本（ATC）是 8 美元，固定成本（FC）是 200 美元。

a. 利润是多少？
b. 边际成本是多少？
c. 平均可变成本是多少？
d. 该企业的有效规模大于、小于还是等于 100 单位？

【解答】
a. 利润 = $(P-ATC) \times Q$，价格 = AR，因此利润为 $(10-8) \times 100 = 200$ 美元。

b. 对于完全竞争企业，边际收益等于平均收益。利润最大化意味着边际收益等于边际成本，所以边际成本等于 10 美元。

c. 平均固定成本 = $FC/Q = 200/100 = 2$ 美元。由于平均可变成本 = 平均总成本 - 平均固定成本，平均可变成本 $AVC = 8-2 = 6$ 美元。

d. 由于平均总成本小于边际成本，平均总成本一定会上升，所以企业的有效规模一定会发生在产量水平小于 100 单位时。

8. 化肥市场是完全竞争的。市场上的企业在生产产品，但它们现在有经济亏损。

a. 与生产化肥的平均总成本、平均可变成本和边际成本相比，化肥的价格如何？
b. 并排画出两个图形，说明一个典型企业的现况和该市场的现况。
c. 假设需求曲线或企业的成本曲线都没有变动，解释长期中化肥的价格、每个企业的边际成本、平均总成本、供给量以及市场总供给量会如何变动。

【解答】
a. 如果企业现在有经济亏损，那么其价格一定低于其平均总成本。然而，因为行业中的企业一直在生产产品，其价格一定高于平均可变成本。如果企业追求利润最大化，则其价格一定等于边际成本。

b. 典型企业和市场的现状如图 6 所示。企业目前生产 q_1 单位的产品，其价格水平为 P_1。

c. 图 6 也显示了在长期中市场如何去调整。因为企业发生损失，将会退出此行业。这意味着市场供给曲线将会向左移动，产品的价格将会提高。随着价格的提高，留下来的企业将会增加供给量；边际成本将会上升。企业退出市场将会继续，直到市场价格等于最低平均总成本。长期中，平均总成本会下降，市场总供给量会下降。

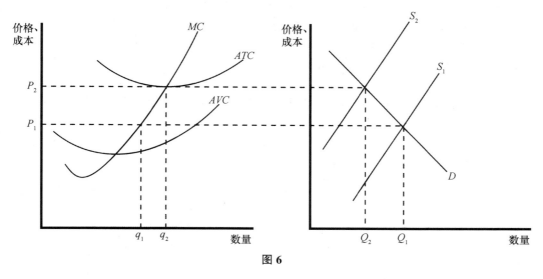

图 6

9. Ectenia 市的苹果派市场是竞争性的,而且有以下的需求表:

价格(美元)	需求量(个)
1	1 200
2	1 100
3	1 000
4	900
5	800
6	700
7	600
8	500
9	400
10	300
11	200
12	100
13	0

市场上每个生产者的固定成本为 9 美元,并且边际成本如下:

数量(个)	边际成本(美元)
1	2
2	4
3	6
4	8
5	10
6	12

a. 计算每个生产者生产 1—6 个苹果派时的总成本和平均总成本。

b. 现在苹果派的价格是 11 美元。多少个苹果派会被售出？每个生产者生产多少苹果派？有多少个生产者？每个生产者能赚到多少利润？

c. b 部分中所描述的情况是长期均衡吗？为什么？

d. 假设在长期中企业可以自由进出。长期均衡时每个生产者能赚到多少利润？市场均衡价格是多少？每个生产者生产苹果派的数量是多少？多少苹果派会被售出？有多少生产者在经营？

【解答】

a. 下表显示了典型企业的总成本和平均总成本：

数量（个）	总成本（美元）	平均总成本（美元）
1	11	11
2	15	7.50
3	21	7
4	29	7.25
5	39	7.80
6	51	8.50

b. 在价格水平为 11 美元时，需求量为 200。企业的边际收益为 11 美元，每个企业将会选择生产 5 个苹果派，使其边际成本最接近且不超过边际收益。因此，这将会有 40 个 (200/5) 生产者。每个生产者将会赚到 55 美元 (11×5) 的总收益，总成本为 39 美元，所以利润为 16 美元。

c. 市场没有处于长期均衡状态，因为企业会赚到正的经济利润，其他企业会想要进入这个市场。

d. 长期中企业可以自由进出市场，长期均衡时每个生产者能赚到的利润为零。当价格等于最低平均总成本 (7 美元) 时长期均衡将会实现。在这个价格水平下，苹果派的需求量为 600 个。每个企业将会生产 3 个苹果派 (此数量下，边际成本最接近且不超过边际收益)，这意味着市场上有 200 个苹果派的生产者在经营。

10. 某个行业现在有 100 家企业，所有企业的固定成本都为 16 美元，平均可变成本如下：

产量	平均可变成本（美元）
1	1
2	2
3	3
4	4
5	5
6	6

a. 计算对于从 1 到 6 之间的每一种产量，每家企业的边际成本和平均总成本。

b. 现在的均衡价格是 10 美元。每家企业的产量为多少？市场总供给量是多少？

c. 在长期中，企业可以进入和退出市场，而且所有进入者都有相同的成本（如上表所示）。

当这个市场转向其长期均衡时,价格将上升还是下降?需求量将增加还是减少?每家企业的供给量将增加还是减少?解释原因。

d. 画出该市场的长期供给曲线,在相关的坐标轴上标出具体的数字。

【解答】

a. 企业的可变成本、总成本、边际成本、平均总成本如下表所示:

产量	可变成本(美元)	总成本(美元)	边际成本(美元)	平均总成本(美元)
1	1	17	1	17
2	4	20	3	10
3	9	25	5	8.33
4	16	32	7	8
5	25	41	9	8.20
6	36	52	11	8.67

b. 如果价格为10美元,每家企业将会生产5单位的产品。该行业中有100家企业,所以市场的总供给量为500单位(5×100)。

c. 在价格为10美元,产量为5单位产品时,每家企业将会赚取正的利润,因为价格高于平均总成本。因此,会有企业进入,价格将会下降。随着价格的下降,根据需求定理,需求量也会增加。企业会持续进入市场,直到价格等于最低平均总成本8美元,每家企业生产的数量(如果假设单位产量是不可分的,则为4单位)正好使得边际收益(8美元)等于边际成本。因此,每家企业的供给量将会减少。

d. 图7展示了长期市场供给曲线,在平均总成本最低点(8美元)呈水平状态。每家企业生产4单位的产品。

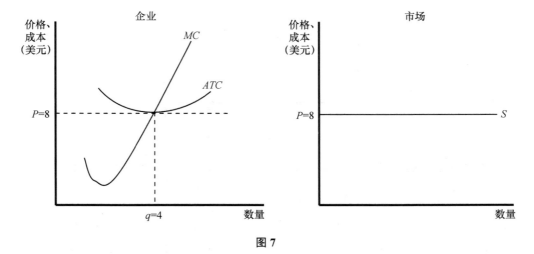

图7

11. 假设在一个竞争行业中每家企业的成本如下:

总成本　　　　$TC = 50 + 0.5q^2$

边际成本　　　$MC = q$

其中 q 是一个企业的产量。这种产品的市场需求曲线是：

需求 $\qquad Q^D = 120 - P$

其中 P 是价格，Q 是这种物品的总供给量。现在市场上有 9 家企业。

a. 每家企业的固定成本是多少？可变成本是多少？给出平均总成本的方程式。
b. 画出 q 从 5 到 15 时的平均总成本曲线和边际成本曲线。在哪一种产量时平均总成本曲线达到它的最低点？在这种产量时边际成本和平均总成本是多少？
c. 给出每个企业的供给曲线方程式。
d. 给出在企业数量不变时短期市场供给曲线的方程式。
e. 在短期中市场均衡价格和均衡产量是多少？
f. 在这种均衡时，每家企业的产量为多少？计算每家企业的利润或亏损。此时存在对企业进入还是退出的激励？
g. 在企业可以自由进出的长期中，这个市场的均衡价格和均衡产量是多少？
h. 在这种长期均衡时，每家企业的产量为多少？在这个市场上有多少家企业？

【解答】

a. 每家企业的固定成本，即总成本中不随 q 变化的部分，为 50 美元。每家企业的可变成本，即总成本中随 q 的变化而变化的部分，为 $0.5q^2$。平均总成本的方程式为：$ATC = \dfrac{TC}{q} = \dfrac{50}{q} + 0.5q$。

b. 关于 q 从 5 到 15 的平均总成本曲线和边际成本曲线图，请参见图 8。平均总成本曲线最低点对应的产量为 10。在这种产量时，平均总成本和边际成本都是 10 美元。

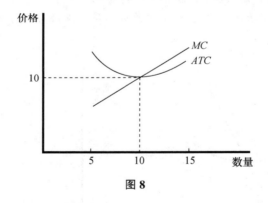

图 8

c. 每家企业的供给曲线是边际成本曲线的一段，位于平均总成本曲线和边际成本曲线的交点之上，因此每家企业的供给曲线为 $q = \begin{cases} 0 & \text{当 } P < 10 \\ P & \text{当 } P \geq 10 \end{cases}$。

d. 在短期内，每家企业的供给曲线是边际成本曲线的一段，它位于平均可变成本曲线（$AVC = 0.5q$）和边际成本曲线的交点之上。平均可变成本曲线和边际成本曲线在 $q = 0$ 处相交，因此每家企业的短期供给曲线为 $q^s = P$。由于企业数量在短期内固定为 9 家，因此短期市场供给曲线为 $Q^S = 9q^s = 9P$。

e. 将市场需求和市场供给曲线设置为相等，即 $120 - P = 9P$，解得均衡价格为 12 美元。将该价格代入需求函数或供给函数，得到均衡产量为 108 个单位。

f. 在这种均衡时,9家企业中的每一家都生产12个单位(108/9)。利润是总收益减去总成本。总收益为 $TR = P \times Q = 12 \times 12 = 144$ 美元,总成本为 $TC = 50 + 0.5q^2 = 50 + 0.5 \times (12)^2 = 122$ 美元,所以每家企业的利润为 $144 - 122 = 22$ 美元。由于利润大于零,企业有进入市场的激励。

g. 在长期中,在自由进出的情况下,所有企业都将获得零经济利润,因此价格将等于平均总成本曲线最低点的值。均衡价格为10美元。当价格为10美元时,均衡产量为110个单位。

h. 在这种长期均衡时,$q = P = 10$,每家企业生产10个单位,有 $110/10 = 11$ 家企业。

第15章
垄　　断

学习目标

在本章中，学生应理解

- 为什么某些市场只有一个卖者；
- 垄断者如何决定产量和收取的价格；
- 垄断者的决策如何影响经济福利；
- 垄断者为什么要对不同的顾客收取不同的价格；
- 各种旨在解决垄断问题的公共政策。

框架与目的

　　第15章是论述企业行为和产业组织的五章中的第三章。第13章提出了企业行为所依据的成本曲线。第14章运用这些成本曲线说明了竞争企业如何对市场状况变动做出反应。第15章又运用这些成本曲线说明了垄断企业如何选择生产的数量和收取的价格。第16章和第17章将分别论述垄断竞争企业与寡头做出的决策。垄断者是一种没有替代品的物品的唯一卖者。这样，它就有市场势力，因为它可以影响自己物品的价格。这就是说，垄断者是与价格接受者相反的价格制定者。第15章的目的是考察垄断者的生产和定价决策、市场势力的社会含义，以及政府可能用什么方法应对垄断者引发的问题。

内容提要

- 垄断企业是在其市场上作为唯一卖者的企业。当一个企业拥有一种关键资源，当政府给一个企业排他性地生产一种物品的权利，或者当一个企业可以比许多同行企业以较低成本供给整个市场时，垄断就产生了。
- 由于垄断企业是其市场上唯一的生产者，所以它面临向右下方倾斜的产品需求曲线。当垄断企业增加一单位产量时，会引起它的产品价格下降，这就减少了所有单位产量赚到的收益量。因此，垄断企业的边际收益总是低于其物品的价格。
- 和竞争企业一样，垄断企业也通过生产边际收益等于边际成本的产量来实现利润最大化。这时垄断企业根据需求量确定价格。与竞争企业不同，垄断企业的价格高于它的边际收益，因此它的价格高于边际成本。
- 垄断企业利润最大化的产量水平低于使消费者剩余与生产者剩余之和最大化的产量水

平。这就是说,当垄断企业收取高于边际成本的价格时,一些对物品评价大于其生产成本的消费者不再购买这种物品。因此,垄断会引起无谓损失(与税收的无谓损失类似)。
- 垄断企业通常可以根据买者的支付意愿对同一种物品收取不同的价格来增加利润。这种价格歧视的做法可以通过使一些本来没有购买意愿的消费者购买物品,从而增加经济福利。在完全价格歧视的极端情况下,垄断的无谓损失完全消除了,而且市场上所有剩余都归垄断生产者。在更一般的情况下,当价格歧视不完全时,与单一垄断价格相比,它会增加或减少福利。
- 决策者可以用四种方式对垄断行为的无效率做出反应:用反托拉斯法使行业更具竞争性;管制垄断企业收取的价格;把垄断企业变为政府经营的企业;如果与政策不可避免的不完善性相比,市场失灵的程度相对要小,政府可以选择不作为。

教材习题解答

即问即答

1.
   - 市场存在垄断的三个原因是什么?
   - 举出两个垄断的例子,并解释各自的原因。

   【解答】
   - 市场存在垄断的原因是:(1) 关键资源由一家企业拥有;(2) 政府给予一家企业排他性地生产某种物品或劳务的权利;(3) 生产成本使得一个生产者比大量生产者更有效。
   - 垄断的例子包括:(1) 小镇上的供水企业拥有关键资源,即镇上唯一的水井;(2) 政府给予一个制药企业生产新药的专利;(3) 一座桥就是一个自然垄断,因为如果桥不是拥堵的,那么只有一座桥是有效率的。这样的例子还有很多。

2. 解释垄断企业如何决定产品的产量和价格。

   【解答】
   垄断企业在决定产量时,往往选择其边际成本等于边际收益的点。它会根据需求曲线上该产量对应的价格进行收费。垄断企业一方面要实现利润最大化,另一方面又要使价格尽可能高。

3. 垄断企业的产量与使总剩余最大化的产量相比有何差别?这种差别与无谓损失有什么关系?

   【解答】
   垄断企业的产量往往小于使总剩余最大化的产量,因为垄断者在选择最优生产点时是根据边际成本等于边际收益而并非考虑边际成本等于价格。这种较低的生产水平就会导致无谓损失。

4.
   - 举出两个价格歧视的例子。
   - 完全价格歧视如何影响消费者剩余、生产者剩余和总剩余?

   【解答】
   - 价格歧视的例子包括:(1) 电影票价,儿童和老年人可以以更低的价格购买电影票;(2) 飞机票价,针对公务乘客和休闲乘客的票价是不同的;(3) 折扣券,针对不同人对获取折扣券所需要使用的时间机会成本的衡量来实现价格歧视;(4)财务援助,对于生活困难的学生收取较低的学费而对于生活富裕的学生收取较高的学费;(5)数量折扣,购买的数量越多,折扣越大,从而激发消费者的购买欲。这样的例子还有很多。

- 和实行单一价格的垄断行为相比,完全价格歧视可以把消费者剩余降为零,增加生产者剩余,并最终带来总剩余的增加,因为此时不存在无谓损失。

5. 描述决策者应对垄断引起的无效率问题的方式。列出每一种应对政策存在的一个潜在问题。

【解答】

政策制定者可以根据以下四种方法来应对垄断的无效率:(1)使垄断行业更具竞争性;(2)管制垄断企业的行为;(3)将一些私人垄断企业转化为公有制企业;(4)不作为。反托拉斯法限制大企业的合并并对一些大企业之间进行的可能会导致市场缺乏竞争性的活动进行管制,但是这样的法律可能使企业不能实现合并,从而阻碍了可以提高市场效率的协同效应。政府通常对一些垄断企业,特别是自然垄断企业进行管制,但这样做会使垄断企业难以持续经营,难以实现边际成本定价,并且没有激励降低成本。政府可以接管私人垄断企业,但是这样的企业可能不会运行得很好。有时,政府不作为可能是最好的解决办法,但是整个社会不得不承受垄断所造成的无谓损失。

快速单选

1. 如果一个企业随着产量增加表现出以下哪些特点,这家企业就是自然垄断企业?
    a. 边际收益递减。
    b. 边际成本递增。
    c. 平均收益递减。
    d. 平均总成本递减。

2. 对于向所有消费者收取相同价格的以利润最大化为目标的垄断企业,价格 P、边际收益 MR 和边际成本 MC 之间的关系是什么?
    a. $P=MR$,以及 $MR=MC$。
    b. $P>MR$,以及 $MR=MC$。
    c. $P=MR$,以及 $MR>MC$。
    d. $P>MR$,以及 $MR>MC$。

3. 如果一个垄断企业的固定成本增加,它的价格将_____,而它的利润将_____。
    a. 增加,减少
    b. 减少,增加
    c. 增加,保持不变
    d. 保持不变,减少

4. 与社会最优水平相比,垄断企业会选择_____。
    a. 过低的产量和过高的价格
    b. 过高的产量和过低的价格
    c. 过高的产量和过高的价格
    d. 过低的产量和过低的价格

5. 垄断引起无谓损失是因为_____。

a. 垄断企业比竞争企业赚取更高的利润
   b. 一些潜在消费者不去购买价值高于其边际成本的物品
   c. 购买该物品的消费者不得不支付高于边际成本的价格,这就减少了他们的消费者剩余
   d. 垄断企业选择的产量不能使价格等于平均收益
6. 当垄断企业从收取单一价格转为完全价格歧视价格时,它减少了_____。
   a. 产量
   b. 企业的利润
   c. 消费者剩余
   d. 总剩余

【答案】 1. d 2. b 3. d 4. a 5. b 6. c

复习题

1. 举出一个政府创造的垄断的例子。创造这种垄断必定是一种糟糕的公共政策吗?解释原因。

   【解答】
   政府创造的垄断是由于专利法和版权法的存在。这两者都允许企业或者个人在很长一段时间内具有垄断的权利——专利有20年的垄断权利,而版权的保护期则是作者有生之年加上去世后70年。然而这样形成的垄断是有利的,如果没有专利法和版权法的存在,那么就没有人会去写书写歌,也没有人会去研究和开发新产品或药品。

2. 给出自然垄断的定义。市场规模的大小与一个行业是不是自然垄断行业有什么关系?

   【解答】
   如果一个行业是自然垄断行业,那么单个企业可以以比两个或两个以上的企业更低的成本向整个市场提供物品和劳务。但是随着市场的发展,自然垄断市场可能会演化为竞争市场。

3. 为什么垄断企业的边际收益小于其物品的价格?边际收益能成为负的吗?解释原因。

   【解答】
   垄断企业的边际收益低于市场价格,因为它所面临的需求曲线就是市场需求曲线。因此,垄断企业为了扩大其销售量,就会降低其每单位的销售价格。这样就会导致其在售物品的单位价格下降。

   垄断企业的边际收益可以是负的,因为每多销售一单位,那么相对应的价格下降就会导致平均每单位物品的价格下降。垄断企业增加产量可以增加销售量,从而提高收入;然而同时,产量增加会导致价格下降,从而降低收入。这两种不同的影响最终如何导致收入的变化取决于需求价格弹性。如果需求缺乏弹性,那么边际收益将会是负的。

4. 画出垄断企业的需求、边际收益、平均总成本和边际成本曲线。标出利润最大化的产量水平、利润最大化的价格和利润。

   【解答】
   图1显示了垄断企业的需求曲线、边际收益曲线、平均总成本曲线和边际成本曲线。边际成本曲线和边际收益曲线的交点决定了利润最大化的产量 Q_m。当实现利润最大化时,价格 P_m 可以根据需求曲线得到。利润就是高和底分别为 $(P_m - ATC_m)$ 与 Q_m 的矩形的面积。

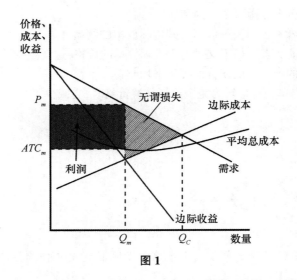

图1

5. 在你前一个问题的图上标明使总剩余最大化的产量水平,标明垄断的无谓损失。解释你的答案。

【解答】
如图1所示,能够使总剩余达到最大的产量水平是需求曲线与边际成本曲线的交点所代表的产量,即 Q_C。垄断所造成的无谓损失是位于 Q_C 和 Q_m 之间、边际成本曲线以上、需求曲线以下的三角形区域。产生无谓损失是因为垄断减少了社会总剩余。无谓损失等于在产量 Q_m 和产量 Q_C 之间,物品的价值(由需求曲线的高度决定)减去物品的生产成本(由边际成本曲线的高度决定)。

6. 举出两个价格歧视的例子。在每个例子中,解释为什么垄断企业选择实施这种经营战略。

【解答】
书籍的出版就是一个价格歧视的例子。出版商对精装书的定价远远高于对平装书的定价——两者定价的差别远远高于两者成本的差别。出版商这样做的理由是那些书的忠实偏好者在书籍一出版时就会花更多钱购买精装本。而那些对于书的评价没有那么高的消费者就会等到平装书出版了再购买。出版商这样的区别定价行为比定一个唯一的价格能获得更多的收益。

另一个关于价格歧视的例子是电影票的定价。对于儿童和老年人,电影院通常会制定一个折扣价,因为他们没有很强的意愿来购买电影票。针对不同的人群收取不同的票价有利于电影院获取更高的收益。

类似的关于价格歧视的例子还有很多。

7. 是什么给予政府管制企业之间合并的权力?从社会福利的角度,分别列举出两个企业想合并的一个好理由与一个坏理由。

【解答】
因为反垄断法的存在,政府有权力对一些企业的合并进行管制。有些企业合并是为了提高生产效率或降低生产成本,这样的合并对于整个社会是有利的;而有些企业合并只是为了获取市场势力,这样的合并对于整个社会就是不利的。

8. 当管制者命令一个自然垄断企业必须设定等于边际成本的价格时,会产生哪两个问题?

【解答】

当管制者要求自然垄断企业在定价时必须使得价格等于边际成本时,就会产生以下两个问题:第一,由于自然垄断企业的边际成本总是低于其平均总成本,当价格等于边际成本时,垄断企业就会承担一定的损失。这样一来,如果没有政府的补贴,垄断企业就会退出市场。然而,如果依靠政府的补贴来维持生产,那么政府就会向社会征收更多的税,这样就会造成无谓损失。第二,当价格等于边际成本时,垄断企业就会没有任何激励去降低成本。

问题与应用

1. 一家出版公司面临的一位著名作家的下一部小说的需求表如下:

价格(美元)	需求量(本)
100	0
90	100 000
80	200 000
70	300 000
60	400 000
50	500 000
40	600 000
30	700 000
20	800 000
10	900 000
0	1 000 000

出版公司向作者支付的稿酬是200万美元,印刷一本书的边际成本是固定的10美元。

a. 计算每种数量时的总收益、总成本和利润。出版社选择的利润最大化产量是多少?它收取的价格是多少?

b. 计算边际收益(回想一下,$MR = \Delta TR/\Delta Q$)。边际收益与价格相比如何?解释原因。

c. 画出边际收益曲线、边际成本曲线和需求曲线。在哪个数量时边际收益曲线与边际成本曲线相交?这一交点表示什么?

d. 在你的图中,用阴影表示无谓损失。用文字解释该阴影代表什么。

e. 如果向作者支付的稿酬是300万美元而不是200万美元,这将如何影响出版社关于收取的价格的决策?解释原因。

f. 假设出版公司的目标不是利润最大化,而是经济效率最大化。那么它对这本书收取的价格是多少?在这种价格时能获得多少利润?

【解答】

总收益、总成本和利润如下表所示:

价格 （美元）	数量 （本）	总收益 （美元）	边际收益 （美元）	总成本 （美元）	利润 （美元）
100	0	0	—	2 000 000	-2 000 000
90	100 000	9 000 000	90	3 000 000	6 000 000
80	200 000	16 000 000	70	4 000 000	12 000 000
70	300 000	21 000 000	50	5 000 000	16 000 000
60	400 000	24 000 000	30	6 000 000	18 000 000
50	500 000	25 000 000	10	7 000 000	18 000 000
40	600 000	24 000 000	-10	8 000 000	16 000 000
30	700 000	21 000 000	-30	9 000 000	12 000 000
20	800 000	16 000 000	-50	10 000 000	6 000 000
10	900 000	9 000 000	-70	11 000 000	-2 000 000
0	1 000 000	0	-90	12 000 000	-12 000 000

a. 追求利润最大化的生产者会选择生产 400 000 本，价格为 60 美元，或者生产 500 000 本，价格为 50 美元，这两种生产方案最后都可以获得 18 000 000 美元的利润。

b. 边际收益如上表所示。边际收益低于价格。由于需求曲线向右下方倾斜，生产数量上升时价格下降，但是边际收益比价格下降得更快，这是因为价格的下降会导致每单位产品的收益下降，从而导致收益的下降。

c. 图 2 显示了边际收益曲线、边际成本曲线以及需求曲线。边际收益曲线与边际成本曲线的交点在 400 000 与 500 000 之间。这也说明该企业利润最大化的点位于这一区间。

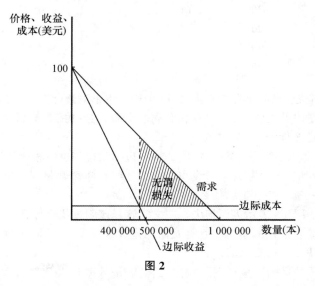

图 2

d. 无谓损失的区域如上图所示。无谓损失意味着经济中的总剩余量小于完全竞争条件下的总剩余量，这是因为垄断企业的产量低于社会有效产出水平。

e. 如果向作者支付 300 万美元而不是 200 万美元的稿酬，那么出版公司不会改变产品的价格，因为边际成本和边际收益都没有改变。唯一会改变的就是企业的利润，而且利润会下降。

f. 为了达到经济效率最大化，出版公司会将书的价格定在每本 10 美元，因为该价格等于书的边际成本。在这个价格下，出版公司获得的利润是负的，等于支付给作者的稿酬金额。

2. 一个小镇有许多相互竞争的超市，它们有相同而不变的边际成本。
   a. 用日用品市场图形说明消费者剩余、生产者剩余和总剩余。
   b. 现在假设各个独立的超市联合为一个连锁店。用新图形说明新的消费者剩余、生产者剩余和总剩余。相对于竞争市场而言，从消费者转移给生产者的是什么？无谓损失是什么？

【解答】
   a. 图3显示了在有许多相互竞争的超市而且它们具有相同的边际成本时的日用品市场。产量是 Q_C，价格是 P_C，消费者剩余是 A，生产者剩余是0，社会总剩余是 A。

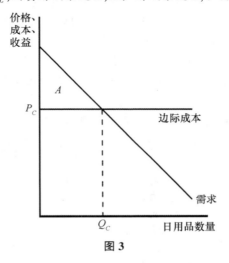

图3

   b. 图4显示了在超市进行合并之后新的市场均衡。产量从 Q_C 下降到 Q_M，价格从 P_C 上升到 P_M，消费者剩余变成 $B+C$，下降了 $D+E+F$，生产者剩余变为 $D+E$，社会总剩余变为 $B+C+D+E$。原来属于消费者剩余的 $D+E$ 转变成了生产者剩余，无谓损失为 F。

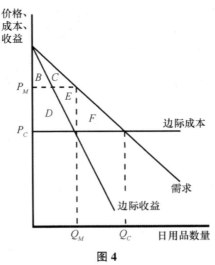

图4

3. Johnny Rockabilly 刚刚录制完他的最新 CD。他的录音公司的市场营销部认为对这张 CD 的需求如下表所示：

价格(美元)	CD 需求量(张)
24	10 000
22	20 000
20	30 000
18	40 000
16	50 000
14	60 000

该公司生产 CD 没有固定成本，可变成本是每张 CD 5 美元。

a. 求产量分别等于 10 000 张、20 000 张……时的总收益。销售量每增加 10 000 张的边际收益是多少？

b. 求利润最大化时的 CD 产量、价格和利润。

c. 如果你是 Johnny 的经纪人，你会建议 Johnny 向录音公司要多少报酬？为什么？

【解答】

a. 下表显示了每一价格及产量所对应的总收益和边际收益：

价格(美元)	产量(张)	总收益(美元)	边际收益(美元)	总成本(美元)	利润(美元)
24	10 000	240 000		50 000	190 000
22	20 000	440 000	20	100 000	340 000
20	30 000	600 000	16	150 000	450 000
18	40 000	720 000	12	200 000	520 000
16	50 000	800 000	8	250 000	550 000
14	60 000	840 000	4	300 000	540 000

b. 当边际收益等于边际成本时，利润达到最大。当产量是 50 000 张、价格是 16 美元时，边际成本最接近且不超过边际收益。在这个点上，利润为 550 000 美元。

c. 作为 Johnny 的经纪人，你应该建议他向录音公司要 550 000 美元，这样他(而不是录音公司)将拿到所有的利润。但是公司仍旧会选择生产 50 000 张 CD，因为边际成本没有改变。

4. 一个公司正在考虑在一条河上建一座桥。修桥的成本是 200 万美元，没有维修费用。下表是该公司对桥在使用寿命内需求的预期：

每过一次的价格(美元)	过桥次数(千次)
8	0
7	100
6	200
5	300
4	400
3	500
2	600
1	700
0	800

a. 如果公司建这座桥,其利润最大化的价格是多少?该价格对应的是不是有效率的产量水平?为什么?
b. 如果公司关注利润最大化,它应该建桥吗?它的利润或亏损是多少?
c. 如果政府要建桥,它收取的价格应该是多少?
d. 政府应该建桥吗?解释原因。

【解答】

a. 下表显示了建桥的总收益和边际收益。当边际成本等于边际收益时,此时所对应的产出能够实现利润最大化。在这个例子中,边际成本为零,因此实现利润最大化的产量就是边际收益为零的产量,这就很接近价格为 4 美元,产量为 400 000 次。而有效率的产量水平是 800 000 次,因为此时价格等于边际成本。这样看来,实现利润最大化的产量小于有效率的产量,因为该企业是垄断企业。

价格(美元)	产量(千次)	总收益(千美元)	边际收益(美元)
8	0	0	—
7	100	700	7
6	200	1 200	5
5	300	1 500	3
4	400	1 600	1
3	500	1 500	−1
2	600	1 200	−3
1	700	700	−5
0	800	0	−7

b. 公司不应该建桥,因为建桥的利润是负的。公司能赚取的最大收益为 160 万美元,然而成本为 200 万美元,将亏损 40 万美元。
c. 如果政府来建桥的话,那么就应该使得边际成本和价格相等,这样市场才是有效率的。既然建桥的边际成本为零,那么政府也就不应该向人们收取使用费。
d. 是的,政府应该建桥,因为这会增加社会总剩余。如图 5 所示,总剩余是 1/2×8×800 000 = 3 200 000 美元,这比建桥的成本要高。

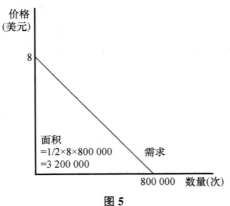

图 5

5. 考虑垄断定价和需求价格弹性之间的关系。

   a. 解释为什么一个垄断企业决不生产需求曲线缺乏弹性时的数量。(提示：如果需求缺乏弹性而企业提高其价格，总收益和总成本会发生什么变动？)

   b. 画出垄断企业的图形，准确地标出缺乏弹性的需求曲线部分。(提示：答案与边际收益曲线相关。)

   c. 在你的图形上标明使总收益最大化的数量和价格。

【解答】

a. 垄断企业总是选择在需求有弹性的数量上进行生产。如果企业所面对的需求曲线是缺乏弹性的，那么当企业提高价格时，需求减少的比例会少于价格上升的比例，这样一来，最终企业所获取的收益会增加。因为产量下降时，成本就会下降，那么企业就拥有更大的收益和更小的成本，所以企业所获利润变大。因此，企业应该一直提高价格直到实现利润最大化，而利润最大化的点必然出现在需求曲线上富有弹性的部分。

b. 如图6所示，在需求曲线缺乏弹性的部分，边际收益是负的。产量的增加会导致价格更大比例的下降，以至于收益减少。因为企业实现利润最大化的点是使边际收益等于边际成本的点，而且边际成本一定不会是负的，所以企业获得利润最大化的点不可能在边际收益为负的地方。因此，利润最大化的点不可能在需求曲线缺乏弹性的部分。当边际收益为零时，企业的总收益最大（如图6中Q_{TR}点所示）。

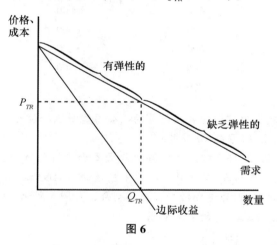

图 6

6. 你住在一个有300个成人和200个儿童的小镇上，而且你正考虑举办一场演出来娱乐你的邻居并赚点钱。该演出的固定成本为2 000美元，但多售出一张票的边际成本为0。下面是你的两类顾客的需求表：

价格(美元)	成人(个)	儿童(个)
10	0	0
9	100	0
8	200	0
7	300	0

(续表)

价格(美元)	成人(个)	儿童(个)
6	300	0
5	300	100
4	300	200
3	300	200
2	300	200
1	300	200
0	300	200

a. 为了使利润最大化,你对成人票收取多高的价格?对儿童票呢?你获得多少利润?

b. 市委会通过了一项法律,禁止你向不同顾客收取不同价格。现在你把票价确定为多少?你获得多少利润?

c. 由于法律禁止价格歧视,谁的状况变坏了?谁的状况变好了?(如果可以的话,计算福利变动的数量。)

d. 如果这场演出的固定成本是2 500美元,而不是2 000美元,你对a、b、c的回答有什么变动?

【解答】

a. 当没有可变成本时,利润最大化的产量和收益最大化的产量是一样的。下表显示了从不同类别的消费者中所获取的总收益:

价格(美元)	成人电影票数量(张)	成人电影票总收益(美元)
10	0	0
9	100	900
8	200	1 600
7	300	2 100
6	300	1 800
5	300	1 500
4	300	1 200
3	300	900
2	300	600
1	300	300
0	300	0

价格(美元)	儿童电影票数量(张)	儿童电影票总收益(美元)
10	0	0
9	0	0
8	0	0
7	0	0
6	0	0
5	100	500
4	200	800
3	200	600
2	200	400
1	200	200
0	200	0

为了使利润最大化,电影院应该把成人票价定为7美元,可以卖出300张;儿童票价定为4美元,可以卖出200张。所以总收益为2 100+800=2 900美元,又因为总成本为2 000美元,所以利润为900美元。

b. 如果价格歧视不被允许,那么电影院的票价为7美元,可以售出300张票,利润为100美元。

c. 那些想要用4美元看电影而7美元就不会去看的儿童的状况会变差。生产者的利润变少,所以状况也变差。社会总剩余也变少了。没有人的状况变好。

d. 在a情形下,利润为400美元;在b情形下,会亏损400美元;在c情形下,利润不变。

7. Ectenia市的居民都喜爱经济学,市长提议建一座经济学博物馆。博物馆的固定成本是240万美元,而且没有可变成本。该市有10万名居民,而且每个人对参观博物馆都有相同的需求:$Q^D=10-P$,其中P是门票的价格。

a. 用图形表示该博物馆的平均总成本曲线和边际成本曲线。该博物馆属于哪一种类型的企业?

b. 市长建议用24美元的定额税来为博物馆提供资金,然后免费向公众开放。每个人会参观多少次?计算每个人从博物馆得到的收益,用消费者剩余减去这一新税收来计算。

c. 市长的税收的反对者说,博物馆应该自己通过收取门票费来筹资。在不引起亏损的情况下,该博物馆能收取的最低价格是多少?(提示:找出价格为2美元、3美元、4美元和5美元时的参观者人数和博物馆利润。)

d. 根据你在c中找出的保本价格,计算每个居民的消费者剩余。与市长的计划相比,收取门票费会使谁的状况变好?谁的状况变坏?解释原因。

e. 在上述问题中被略去的哪些现实问题可能会有利于支持收取门票费?

【解答】

a. 图7显示了企业的平均总成本曲线和边际成本曲线。因为所有的成本都是固定的,所以平均总成本曲线是向下倾斜的,像平均固定成本曲线一样,而边际成本为零。该博物馆是一个自然垄断企业。

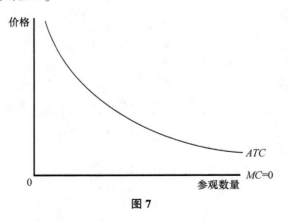

图7

b. 如果收取24美元的定额税,票价等于零,每个参观者都会参观10次博物馆(10-0=10)。每个居民的收益是消费者剩余50美元(1/2×10×10)减去税收(24美元),即26美元。

c. 如果博物馆自己通过收取门票来筹资，那么博物馆在不亏损的情况下收取的最低价格为 4 美元，如下表所示。

价格(美元)	访问人次(次)	博物馆利润(美元) $\pi = (P \times Q) - TC$
2	8	(2×800 000) − 2 400 000 = −800 000
3	7	(3×700 000) − 2 400 000 = −300 000
4	6	(4×600 000) − 2 400 000 = 0
5	5	(5×500 000) − 2 400 000 = 100 000

d. 当价格为 4 美元时，每个人参观博物馆的次数为 6 次时，每个人的消费者剩余是 18 美元[$1/2 \times (10-4) \times 6$]，比收税时少 8 美元。因为每个人都有相同的需求曲线，所以在市长的计划下，消费者的状况更好。

e. 在现实情况下，可能倾向于选择门票的考虑包括：相比于相对简单的门票费用的收取，从所有 10 万名居民身上征收一次性税的行政成本，以及税收不受欢迎的性质。

8. Henry Potter 拥有小镇上唯一一个生产清洁饮用水的水井。他面对以下需求曲线、边际收益和边际成本曲线：

$$需求：P = 70 - Q$$
$$边际收益：MR = 70 - 2Q$$
$$边际成本：MC = 10 + Q$$

a. 画出这三条曲线的图形。假设 Potter 先生以利润最大化为目标，生产量是多少？他收取的价格是多少？用你的图形表示这些结论。

b. George Bailey 市长关注水的消费者，正在考虑将价格上限定为比 a 中的垄断价格低 10%。在这种新价格时需求量是多少？以利润最大化为目标的 Potter 先生会生产多少？解释原因。（提示：考虑边际成本。）

c. George 的叔叔 Billy 说，价格上限是一个坏主意，因为价格上限引起短缺。在这种情况下，他的说法正确吗？价格上限会引起多大的短缺？解释原因。

d. George 的朋友 Clarence 更关注消费者，提出价格上限应低于垄断价格 50%。在这种价格时，需求量是多少？Potter 先生会生产多少？在这种情况下，Billy 叔叔的说法正确吗？价格上限引起多大短缺？

【解答】

a. 图 8 显示了需求曲线、边际收益曲线和边际成本曲线。假设 Potter 先生利润最大化，设 $MR = MC$ 并求解利润最大化数量，再将利润最大化的数量代入需求曲线的公式：

$70 - 2Q = 10 + Q$

$60 = 3Q$

$Q = 20$

$P = 70 - Q = 50$

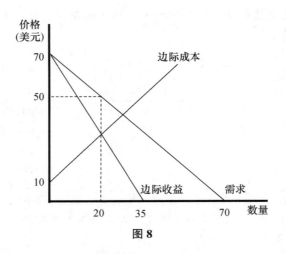

图8

b. 如果市长将价格上限设定为比利润最大化价格低10%,则价格为45美元,需求量为25单位的水。生产25单位水的边际成本为35美元(10+25)。虽然Potter先生更愿意以每单位50美元的价格出售20单位的水,但他也愿意以45美元的价格上限出售25单位的水,因为价格仍然超过他的边际成本。

c. Billy叔叔的说法不正确。当价格上限低于竞争价格时,价格上限会导致短缺,而竞争价格等于边际成本。因为在这个案例中价格上限仍然高于竞争价格和边际成本,所以不存在短缺。

d. 如果价格上限设定为比利润最大化价格低50%,即25美元,则需求量将是45单位的水,而Potter先生将生产15单位的水,价格等于他的边际成本。在这种情况下,Billy叔叔的说法是正确的。价格上限造成30单位的水的短缺。

9. 在Wiknam国,只有一家企业生产并销售足球,而且在开始时,足球的国际贸易是被禁止的。以下方程式说明了垄断企业的需求、边际收益、总成本和边际成本:

$$需求:P=10-Q$$
$$边际收益:MR=10-2Q$$
$$总成本:TC=3+Q+0.5Q^2$$
$$边际成本:MC=1+Q$$

其中Q是数量,而P是用Wiknam国货币衡量的价格。

a. 垄断企业生产多少足球?制定什么价格?垄断企业的利润是多少?

b. 一天,Wiknam国的国王命令,今后允许足球自由贸易——既可以进口也可以出口,而足球的世界价格是6美元。企业现在是竞争市场上的价格接受者。足球的国内产量会发生什么变化?国内消费呢?Wiknam国是出口还是进口足球?

c. 在我们分析国际贸易的第9章中,当一个国家没有贸易时的价格低于世界价格时,它会成为出口国,高于世界价格时成为进口国。这个结论在你对a和b的回答中成立吗?解释原因。

d. 假设足球的世界价格现在不是6美元,而是与a中决定的没有贸易时的国内价格正好完全相同。允许贸易改变了Wiknam国经济的某些方面吗?解释原因。这里得出的结论与第9章的分析相比较如何?

【解答】

a. 垄断企业会选择边际成本等于边际收益的产量,然后把该产量代入需求曲线的公式中:

$10-2Q=1+Q$

$9=3Q$

$Q=3$

$P=10-Q=7$ 美元

总收益 $=P\times Q=7\times 3=21$ 美元

总成本 $=3+3+0.5\times 9=10.5$ 美元

利润 $=21-10.5=10.5$ 美元

b. 企业成为价格接受者,没有任何市场势力,此时市场价格为 6 美元。完全竞争市场的均衡条件为价格等于边际成本:

$10-Q=1+Q$

$10=1+2Q$

$9=2Q$

$Q=4.5$

$P=5.5$ 美元

企业会出口足球,因为足球的世界价格比国内价格高(在没有垄断的情况下)。如图 9 所示,国内产量会增加到 5 单位足球,国内消费会增加到 4 单位足球,出口 1 单位足球。

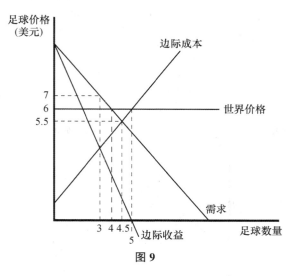

图 9

c. 即使 Wiknam 国现在出口足球,价格还是会下降。一旦开始贸易,那么企业就不再具有垄断势力,只能是价格接受者。然而,足球的世界价格(6 美元)高于竞争性均衡价格(5.5 美元),所以企业会选择出口。

d. 是的。当足球的世界价格为 7 美元时,Wiknam 国仍会出口足球。企业只是价格接受者,它们所面临的已经不是向下倾斜的需求曲线了。因此,与第 9 章的分析不同,现在产量增加而价格不变是有可能的。

10. 根据市场研究,Ectenia 国的一家电影公司获得了以下有关其新 DVD(高密度数字视频光

盘)的需求和生产成本信息:

$$需求:P = 1\,000 - 10Q$$
$$总收益:TR = 1\,000Q - 10Q^2$$
$$边际收益:MR = 1\,000 - 20Q$$
$$边际成本:MC = 100 + 10Q$$

其中,Q 表示可以售出的 DVD 数量,而 P 是用 Ectenian 元表示的价格。

a. 找出使公司利润最大化的价格和数量。
b. 找出能实现社会福利最大化的价格和数量。
c. 计算垄断带来的无谓损失。
d. 假设除了以上成本,公司还要向电影的导演支付报酬。这家公司正在考虑以下四种方案:
  i. 一次性付费 2 000 Ectenian 元;
  ii. 利润的 50%;
  iii. 每售出一张 DVD 支付 150 Ectenian 元;
  iv. 总收益的 50%。

对于以上四种方案,分别计算使利润最大化的价格和数量。在这些付酬计划中,如果有的话,哪一种能改变垄断引起的无谓损失?解释原因。

【解答】
a. 图 10 描述了企业的需求曲线、边际收益曲线和边际成本曲线。利润最大化的产量为使边际成本等于边际收益的产量。因此,联立两个等式,得到:
$$1\,000 - 20Q = 100 + 10Q$$
$$900 = 30Q$$
$$Q = 30$$
则垄断价格 $P = 1\,000 - 10Q = 700$ Ectenian 元。

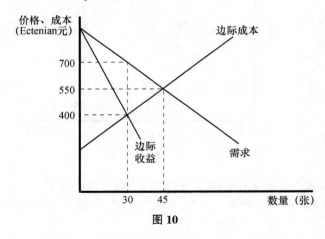

图 10

b. 社会福利最大化在价格等于边际成本的时候实现:
$$1\,000 - 10Q = 100 + 10Q$$
$$900 = 20Q$$

$Q = 45$

在产量等于45张的情况下,价格等于550 Ectenian元。

c. 无谓损失等于 $0.5 \times 15 \times 300 = 2\,250$ Ectenian元。

d. i. 2 000美元的固定费用不会改变利润最大化的价格或者数量,也不会影响无谓损失。

ii. 占利润50%的费用不会改变利润最大化的价格或者数量,也不会影响无谓损失。

iii. 如果公司每售出一张DVD向导演支付150 Ectenian元,那么边际成本将会上升150 Ectenian元。新的边际成本将会变成 $100+10Q+150$。新的利润最大化的产量为25张,边际成本为500 Ectenian元,价格会上升到750 Ectenian元。无谓损失会变小。随着边际成本函数的改变,社会福利最大化的产量也随之改变。现在,当 $Q=37.5$ 时,价格等于边际成本:

$1\,000-10Q = 250+10Q$

$750 = 20Q$

$Q = 37.5$

这样一来,无谓损失就等于 $0.5 \times (37.5-25) \times (750-500) = 1\,562.5$ Ectenian元,而不是以前的 2 250 Ectenian元。

iv. 如果公司支付总收益的50%给导演,那么总收益等于 $500Q-5Q^2$,边际收益则为 $500-10Q$。实现利润最大化的产量将为20张,价格将为800 Ectenian元。无谓损失变大了。

11. Larry、Curly和Moe经营着镇里唯一的一家酒吧。Larry想在不赔钱的情况下尽量多卖饮料,Curly想让酒吧带来尽可能多的收益,Moe想使利润尽量多。只用一个该酒吧的需求曲线和成本曲线图形分别标出各个合伙人赞成的价格和数量组合。解释原因。(提示:只有一个合伙人希望边际收益等于边际成本。)

【解答】

Larry希望在不赔钱的情况下销售尽可能多的饮料,所以他希望在价格(需求)等于平均总成本的数量下生产,即图11中的数量 Q_L 和价格 P_L。Curly希望酒吧带来尽可能多的收益,这发生在边际收益等于零的情况下,即数量 Q_C 和价格 P_C 下。Moe希望利润最大化,发生在边际成本等于边际收益的情况下,即数量 Q_M 和价格 P_M 下。

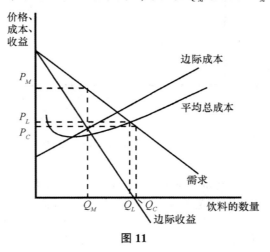

图11

12. 许多价格歧视计划都会带来一些成本。例如,折扣券要占用买者和卖者的时间与资源。本题考虑有成本的价格歧视的含义。为了使问题简化,我们假设垄断企业的生产成本与产量是成比例的,因此平均总成本和边际成本是不变的,而且两者相等。

 a. 画出垄断企业的成本曲线、需求曲线和边际收益曲线。说明没有价格歧视时垄断企业收取的价格。

 b. 在你的图上标出等于垄断企业利润的面积,并称之为 X;标出消费者剩余的面积,并称之为 Y;标出无谓损失的面积,并称之为 Z。

 c. 现在假设垄断企业可以实行完全价格歧视。垄断企业的利润是多少?(用 X、Y 和 Z 表示你的答案。)

 d. 价格歧视引起的垄断利润变动是多少?价格歧视引起的总剩余变动是多少?哪一个变动更大?解释原因。(用 X、Y 和 Z 表示你的答案。)

 e. 现在假设价格歧视有一些成本。为了使这种成本模型化,我们假设,垄断企业为了实行价格歧视必须支付固定成本 C。垄断企业如何做出是否支付这种固定成本的决策?(用 X、Y、Z 和 C 表示你的答案。)

 f. 关心总剩余的仁慈的社会计划者如何决定垄断企业是否应该实行价格歧视?(用 X、Y、Z 和 C 表示你的答案。)

 g. 比较你对 e 和 f 的答案。垄断企业实行价格歧视的激励与社会计划者的激励有什么不同?即使价格歧视从社会来看是不合意的,垄断企业也可能实行价格歧视吗?

【解答】

 a. 图 12 描述了垄断企业的需求曲线、成本曲线和边际收益曲线。在没有价格歧视的情况下,垄断企业会将价格定在 P_M,产量为 Q_M。

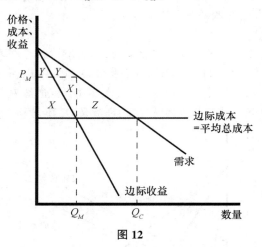

图 12

 b. 垄断企业的利润为图中标注 X 的两部分的面积,消费者剩余由标注 Y 的两部分的面积组成,无谓损失为 Z 部分的面积。

 c. 如果垄断企业可以实行完全价格歧视,那么其产量就会变为 Q_C,利润等于 $X+Y+Z$。

 d. 垄断企业的利润由原来的 X 变为 $X+Y+Z$,增加了 $Y+Z$。总剩余的变动是 Z,垄断企业利润的增加要高于社会总剩余的增加,这是因为垄断企业增加的利润一方面来自无谓损失(Z),另一方面是由消费者剩余(Y)转化过来的。

e. 只要 $Y+Z$(利润的增加)超过 C(固定成本),垄断企业就会支付固定成本来实行价格歧视。
f. 对于追求社会总剩余最大化的仁慈的社会计划者而言,只有当 Z(垄断的无谓损失)超过 C(固定成本)时,才会允许实行价格歧视策略,因为社会总剩余的增加等于 $Z-C$。
g. 垄断企业(只要 $Y+Z>C$ 就实行价格歧视)比政策制定者(只有 $Z>C$ 才允许价格歧视)有更强的激励去实行价格歧视。因此,如果 $Z<C$,而 $Y+Z>C$,则即使价格歧视从整个社会来看是不合意的,垄断企业仍会实行价格歧视。

第 16 章
垄断竞争

学习目标

在本章中,学生应理解
- 介于垄断和竞争之间的市场结构;
- 出售有差异物品的企业之间的竞争;
- 垄断竞争下和完全竞争下的结果的比较;
- 垄断竞争市场结果的合意性;
- 关于广告效应的争论;
- 关于品牌作用的争论。

框架与目的

第 16 章是论述企业行为和产业组织的五章中的第四章。前两章讨论了两种极端的市场结构形式——竞争与垄断。介于竞争与垄断之间的市场结构称为不完全竞争。不完全竞争有两类——垄断竞争和寡头。这一章我们将要讨论垄断竞争,而在这部分的最后一章我们将要讨论寡头。本章的分析也是基于第 13 章中提出的成本曲线。

第 16 章的目的是论述垄断竞争——存在许多出售相似但不相同物品的企业的市场结构。垄断竞争不同于完全竞争是因为许多企业中的每个企业都出售略有差别的物品。结果,垄断竞争企业面临一条向右下方倾斜的需求曲线,而完全竞争企业面临一条在市场价格上的水平需求曲线。垄断竞争是十分常见的。

内容提要

- 垄断竞争市场有三个特点:许多企业、有差异的产品和自由进入。
- 垄断竞争市场的长期均衡在两个相关的方面不同于完全竞争市场。第一,垄断竞争市场上的每个企业有过剩生产能力。也就是,它在平均总成本曲线向右下方倾斜的部分运营。第二,每个企业都收取高于边际成本的价格。
- 垄断竞争市场不具备完全竞争的所有合意的特点。由于存在高于边际成本的价格加成,垄断引起了标准的无谓损失。此外,企业的数量(从而产品的种类)可能过多或过少。实际中,政策制定者纠正这些无效率的能力是有限的。

- 垄断竞争中固有的产品差异使企业使用广告与品牌。广告与品牌的批评者认为,企业用广告和品牌操纵了消费者的爱好,并减少了竞争;广告与品牌的支持者则认为,企业用广告和品牌向消费者提供信息,并使价格和产品质量上的竞争更为激烈。

教材习题解答

即问即答

1. 给出寡头和垄断竞争的定义,并各举一个例子。

   【解答】
   寡头是只有少数几个厂商出售类似的或者相同的产品的市场结构,比如谷类早餐市场和世界原油市场。垄断竞争是许多厂商生产相似但不相同的产品的市场结构,比如小说、电影、饭店美食和电脑游戏市场。

2. - 列出垄断竞争的三个关键特征。
   - 画出并解释表示垄断竞争市场上长期均衡的图形。这种均衡与完全竞争市场上的长期均衡有何不同?

   【解答】
   - 垄断竞争的三个关键特征为:(1) 市场上有许多企业;(2) 每个企业生产的产品之间略有差异;(3) 企业可以自由进入或退出市场。
   - 图1显示的是垄断竞争市场的一个长期均衡。它和完全竞争市场上的长期均衡不一样,因为它的定价超过了边际成本,并且企业没有在平均总成本最低点上生产,而是在一个相对无效的规模上生产。

   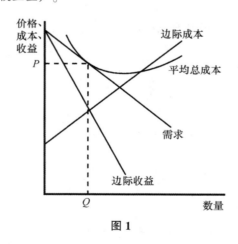

   图1

3. - 广告如何使市场竞争性降低?它又如何使市场更有竞争性?
   - 举出支持与反对品牌的观点。

   【解答】
   - 如果企业的广告操纵了消费者的爱好而不是提供了有用的信息,那么这个广告可能使得市场的竞争变得不那么激烈。广告也许会给消费者带来两种产品之间看上去的差异比它们实际上存在的差异要大很多的感知。这样会使得一种产品的需求曲线变得更加缺乏弹性,使得厂商能够以超过边际成本的价格定价。然而,一些广告也可能使得市场竞争变得更加激烈,因为它们有时向消费者提供了有用的信息,使消费者更容易地利用不同产品之间的价格差异。广告同时也有助于企业更好地进入市场,因为它能够被用来向消费者告知一种新的产品。除此之外,昂贵的广告也是产品高质量的一种信号。

- 品牌对于消费者而言可能是有益的,因为它们向消费者提供了关于产品质量的信息。它们同样给企业维持产品高质量的激励,因为名誉对于企业而言很重要。但是,品牌也会受到指责,因为它们简单地使得那些事实上没有多大差别的产品区分开来,比如说,品牌知名度高的药品在出售时会比那些和它成分相同的普通药品的价格更高。

快速单选

1. 下面哪一种条件不能描述垄断竞争市场中的企业?
   a. 生产与其竞争者不同的产品。
   b. 接受市场条件给定的价格。
   c. 可以在短期与长期中实现利润最大化。
   d. 长期中有进入或退出的自由。
2. 下面哪一种产品最适于垄断竞争的定义?
   a. 小麦
   b. 自来水
   c. 原油
   d. 理发
3. 在哪种条件下垄断竞争企业将增加其生产?
   a. 边际收益大于边际成本。
   b. 边际收益大于平均总成本。
   c. 价格高于边际成本。
   d. 价格高于平均总成本。
4. 在哪种条件下新企业会进入垄断竞争市场?
   a. 边际收益大于边际成本。
   b. 边际收益大于平均总成本。
   c. 价格高于边际成本。
   d. 价格高于平均总成本。
5. 关于垄断竞争市场的长期均衡,以下哪种说法是正确的?
   a. 价格高于边际成本。
   b. 价格等于边际收益。
   c. 企业有正的经济利润。
   d. 企业的生产处于平均总成本最低时。
6. 如果广告使消费者更忠于某种品牌,这种品牌就会_____需求弹性,并_____高于边际成本的价格加成。

a. 增加,增加
b. 增加,减少
c. 减少,增加
d. 减少,减少

【答案】 1. b　2. d　3. a　4. d　5. a　6. c

复习题

1. 描述垄断竞争的三个特点。垄断竞争在哪些方面像垄断？在哪些方面像完全竞争？

   【解答】
   垄断竞争的三个关键特征是:(1) 市场上有许多企业;(2) 每个企业生产的产品之间略有差异;(3) 企业可以自由进入或退出市场。垄断竞争与垄断的相似之处在于,它们面临的是向下倾斜的需求曲线,所以价格能够高于边际成本。垄断竞争与完全竞争的相似之处在于,从长期来看,价格等于平均总成本,因为自由进出市场会驱使每个企业最终的经济利润为零。

2. 画出一个描述在垄断竞争市场上赚取利润的企业的图形。说明当新企业进入该行业时,这个企业会发生什么变动。

   【解答】
   在图 2 中,企业面临的需求曲线为 D_1,边际收益曲线为 MR_1。当数量为 Q_1 时,企业是盈利的,因为该数量下的价格高于平均总成本。这个利润会使得其他企业进入该行业,使得需求曲线移动至 D_2,边际收益曲线移动至 MR_2。这样的结果是使数量减少至 Q_2,在这一数量下,价格刚好等于平均总成本,以至于利润为零。

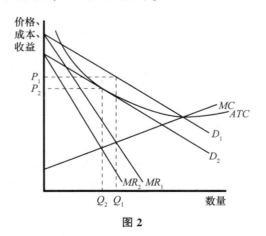

图 2

3. 画出一个垄断竞争市场长期均衡的图形。价格与平均总成本之间有什么关系？价格与边际成本之间有什么关系？

   【解答】
   图 3 显示的是垄断竞争市场的长期均衡。价格等于平均总成本,并且高于边际成本。

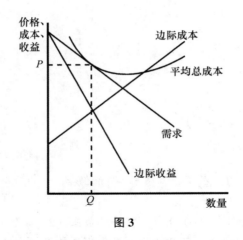

图 3

4. 与最有效率的生产水平相比,垄断竞争企业的产量太多还是太少?使政策制定者难以解决这个问题的实际因素是什么?

   【解答】

   因为在均衡中,价格高于边际成本,所以一个垄断竞争企业的产量太少了。但这是一个很难解决的问题,因为:(1) 管制大量的垄断竞争企业的管理负担太高了;(2) 在均衡时,企业的经济利润已经为零,如果强迫企业的定价等于边际成本,会使得企业亏本,除非政府给予企业补贴。

5. 广告会怎样减少经济福利?广告又会怎样增进经济福利?

   【解答】

   广告可能会减少经济福利,因为它操纵了消费者的爱好,并且通过使产品之间的差异看起来比它们实际上更大来阻碍竞争。广告也可能会通过向消费者提供有用的信息和促进竞争来增进社会经济福利。

6. 没有明显信息内容的广告实际上如何向消费者传递信息?

   【解答】

   没有明显信息内容的广告可能会向消费者传递它是高质量产品的信号。一个企业不会愿意花大量的钱去为一个低质量的产品打广告,但是会愿意花更多的钱去为一个高质量的产品打广告。

7. 解释品牌的存在可能带来的两种好处。

   【解答】

   品牌的存在可能带来两种好处:(1) 当产品质量不能提前被轻易判断时,品牌能够向消费者提供关于产品质量的信息;(2) 品牌能够激励企业维持产品的高质量,以此来维持自己品牌的声誉。

问题与应用

1. 在垄断、寡头、垄断竞争和完全竞争中,你如何给下列每一种饮料的市场分类?

   a. 自来水
   b. 瓶装水
   c. 可乐

d. 啤酒

【解答】
   a. 自来水市场是垄断市场,因为对于家庭而言,自来水的供给者只有一个。
   b. 瓶装水市场是垄断竞争市场。因为有很多生产瓶装水的企业,但是每个企业都试图去生产和其他品牌不同的瓶装水。
   c. 可乐市场是寡头市场。只有少数几个企业控制着市场的大部分产量。
   d. 啤酒市场是寡头市场。只有少数几个企业控制着市场的大部分产量。

2. 按照完全竞争、垄断和垄断竞争给下列市场分类,并解释你的答案。
   a. 2号木杆铅笔
   b. 铜
   c. 本地电力服务
   d. 花生酱
   e. 唇膏

【解答】
   a. 2号木杆铅笔市场是一个完全竞争市场。因为任何制造商生产的铅笔都是同质的,并且市场上有很多这样的制造商。
   b. 铜市场是一个完全竞争市场,因为所有的铜都是相同的,并且有大量的企业生产。
   c. 本地电力服务市场是垄断市场。因为这是一种自然垄断——由一个企业提供所有的电力更加便宜。
   d. 花生酱市场是一个垄断竞争市场,因为不同的品牌对应不同的质量特征。
   e. 唇膏市场是一个垄断竞争市场,因为不同企业生产的唇膏是有些许差异的,但是,存在大量可以自由进出市场的企业。

3. 说出下面每一个特征描述的是完全竞争企业、垄断竞争企业、两者都是,还是两者都不是。
   a. 出售的产品与其竞争对手的产品有差异
   b. 边际收益低于价格
   c. 在长期中获得经济利润
   d. 在长期中生产最低平均总成本处的产量
   e. 边际收益与边际成本相等
   f. 收取高于边际成本的价格

【解答】
   a. 垄断竞争企业生产和其他企业有差异的产品。
   b. 垄断竞争企业得到的边际收益比价格更低。
   c. 在长期中,垄断竞争企业和完全竞争企业都不能获得经济利润。
   d. 在长期中,完全竞争企业在最低平均总成本处生产。
   e. 垄断竞争企业和完全竞争企业都使得边际收益和边际成本相等。
   f. 垄断竞争企业收取高于边际成本的价格。

4. 说出下面每一个特征描述的是垄断企业、垄断竞争企业、两者都是,还是两者都不是。
   a. 面临一条向右下方倾斜的需求曲线
   b. 边际收益小于价格
   c. 面临出售相似产品的新企业的进入

d. 在长期中赚到经济利润
e. 边际收益与边际成本相等
f. 生产从社会来看有效率的产量

【解答】
a. 垄断竞争企业和垄断企业都面临向下倾斜的需求曲线。
b. 垄断竞争企业和垄断企业最终的价格都高于边际收益。
c. 垄断竞争企业面临其他出售类似产品的新企业的进入。
d. 垄断企业在长期中仍然能够获得经济利润。
e. 垄断竞争企业和垄断企业都使得其边际收益和边际成本相等。
f. 垄断竞争企业和垄断企业都不是在社会有效率的产量下生产的。

5. 你被雇用为一家垄断竞争企业的顾问。该企业报告了以下有关其价格、边际成本和平均总成本的信息。该企业使利润最大化了吗？如果没有，它如何增加利润？如果该企业是利润最大化的，它处于长期均衡吗？如果不是，恢复长期均衡时会出现什么情况？
   a. $P<MC, P>ATC$
   b. $P>MC, P<ATC$
   c. $P=MC, P>ATC$
   d. $P>MC, P=ATC$

【解答】
a. 企业并没有最大化利润。对于一个垄断竞争企业来说，价格高于边际收益。如果价格比边际成本低，其边际收益一定低于边际成本。因此企业应该减少产量来增加其利润。
b. 如果其边际收益和边际成本相等，企业的利润可能是最大化的。然而，企业并没有处于长期均衡状态，因为其价格低于最低平均总成本。在这种情况下，企业会退出行业，那么剩余的企业会面临需求的增加，直到经济利润为零。
c. 企业并没有最大化利润。对于一个垄断竞争企业而言，价格高于边际收益。如果价格和边际成本相等，其边际收益一定低于边际成本，因此企业应该减少产量来增加其利润。
d. 如果其边际收益和边际成本相等，企业的利润可能是最大化的。企业处于长期均衡，因为其价格和平均总成本相等。因此，企业的经济利润为零。

6. Sparkle 为牙膏市场中的众多企业之一，它处于长期均衡。
   a. 画出表示 Sparkle 的需求、边际收益、平均总成本及边际成本曲线的图形。标出 Sparkle 的利润最大化产量和价格。
   b. Sparkle 的利润是多少？解释原因。
   c. 用你的图形说明从购买 Sparkle 牙膏中所得到的消费者剩余。再说明与有效率产量水平相关的无谓损失。
   d. 如果政府强迫 Sparkle 在有效率产量水平上进行生产，那么企业会发生什么变化？Sparkle 的顾客会发生什么变化？

【解答】
a. 图 4 显示了 Sparkle 牙膏市场的长期均衡状态。利润最大化的产出水平为 Q_M，价格为 P_M。
b. Sparkle 的利润为零，因为产量 Q_M 下的价格和平均总成本相等。

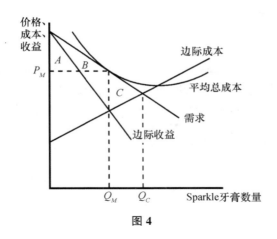

图 4

c. 从购买牙膏中得到的消费者剩余为区域 A 和 B 的总和。需求曲线和边际成本曲线相交的那个点 Q_C 是有效率的产量水平。无谓损失为区域 C,即产量从 Q_M 到 Q_C,位于边际成本曲线之上、需求曲线之下的区域。

d. 如果政府强迫 Sparkle 在有效率的产量水平上生产,该企业则会亏损,因为平均总成本会超过价格,所以企业会倒闭。如果发生了那样的情况,Sparkle 牙膏的顾客的消费者剩余就会消失。

7. 考虑一个有 N 家企业的垄断竞争市场。每家企业的经营机会可以用以下方程式描述:

$$需求:Q = 100/N - P$$
$$边际收益:MR = 100/N - 2Q$$
$$总成本:TC = 50 + Q^2$$
$$边际成本:MC = 2Q$$

a. 市场中的企业数量 N 如何影响每一家企业的需求曲线?为什么?
b. 每家企业生产多少单位产品?(对这个问题和以下两个问题的回答取决于 N。)
c. 每家企业收取的价格是多少?
d. 每家企业有多少利润?
e. 在长期中,多少家企业将会留在这个市场上?

【解答】

a. 随着 N 的上升,对于每家企业产品的需求会下降。因此,每家企业面临的需求曲线会向左移动。

b. 企业会在 MR = MC 时生产:
   $100/N - 2Q = 2Q$
   $Q = 25/N$

c. $25/N = 100/N - P$
   $P = 75/N$

d. 总收益 $= P \times Q = (75/N) \times (25/N) = 1\,875/N^2$
   总成本 $= 50 + Q^2 = 50 + (25/N)^2 = 50 + 625/N^2$
   利润 $= 1\,875/N^2 - 625/N^2 - 50 = 1\,250/N^2 - 50$

e. 长期来看,利润将会为零。所以:

$1\,250/N^2 - 50 = 0$

$1\,250/N^2 = 50$

$N = 5$

8. Nutville 的花生酱市场是垄断竞争的,而且处于长期均衡。有一天,消费者权益倡导者 Skippy Jif 发现, Nutville 所有品牌的花生酱都是相同的。此后,市场就成为完全竞争的,而且再次达到了长期均衡。用适当的图形解释对于该市场上的一个普通企业而言,以下每一种变量是增加了、减少了,还是保持不变。

a. 价格

b. 数量

c. 平均总成本

d. 边际成本

e. 利润

【解答】

图 5 显示的是在两种市场状态下,一家企业的成本、边际收益和需求曲线。

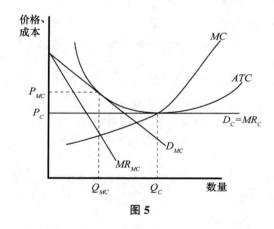

图 5

a. 当市场变成完全竞争时,价格会从 P_{MC} 降至最低平均总成本 P_C。

b. 一家典型企业生产的数量会上升到 Q_C,在这个点下产量是有效规模产出。

c. 当产量变成有效规模产出水平时,平均总成本会下降。

d. 边际成本会随着产量增加而上升。现在的边际成本和价格相等。

e. 利润不会改变。在任何一种情况下,市场都会移动到长期均衡状态,此时所有企业获得的经济利润都为零。

9. 解释下列每对企业中的哪一个更可能做广告。

a. 家庭拥有的农场或家庭拥有的餐馆。

b. 叉车制造商或轿车制造商。

c. 一家发明了极为舒适的剃须刀的公司,或一家发明了不太舒适的剃须刀的公司。

【解答】

a. 家庭拥有的餐馆会比家庭拥有的农场更可能做广告,因为农场是在一个完全竞争市场上,在这个市场上是没有理由做广告的,然而,餐馆却是在一个垄断竞争市场上。

b. 轿车制造商比叉车制造商更可能做广告,因为像叉车这样的物品,不同品牌之间的差异比较小,然而,像轿车这样的物品,人们觉得不同品牌之间会有更大的差异。轿车做广告和叉车做广告相比,前者的潜在回报更大。

c. 在相同的广告成本下,一家生产更舒适的剃须刀的公司比起一家生产不太舒适的剃须刀的公司更倾向于做广告。因为前者能够通过做广告带来更多的回购以弥补做广告所带来的成本,但是后者不会。

10. Sleek Sneakers 公司(以下简称 Sleek)是鞋子市场上众多的企业之一。

   a. 假设 Sleek 现在获得短期经济利润。在一个正确标注的图上,标明 Sleek 利润最大化的产量和价格,以及表示利润的区间。
   b. 长期中 Sleek 的价格、产量和利润会发生什么变化?用文字解释这种变化,并用新的图形说明这种变化。
   c. 假设消费者越来越关注鞋子品牌之间的风格差异。这种态度的变化如何影响每个企业的需求价格弹性? 在长期中,这种需求的变化如何影响 Sleek 的价格、产量和利润?
   d. 在你在 c 中确定的利润最大化的价格下,Sleek 的需求曲线是富有弹性的,还是缺乏弹性的? 解释原因。

【解答】
a. 图 6 表示的是 Sleek 的需求、边际收益、边际成本和平均总成本曲线。公司在 Q^* 的产出水平和 P^* 的价格下,将实现利润最大化。阴影部分表示该公司的利润。
b. 长期中,有企业会进入市场,使得对 Sleek 产品的需求曲线向左移动,使得产量和价格都会下降。会有企业不断进入直至利润为零(如图 7 所示)。

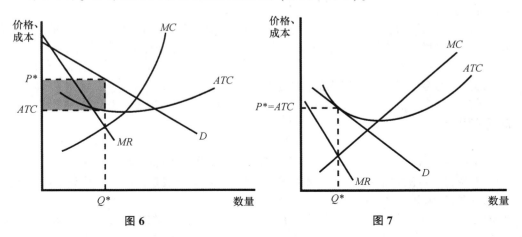

图 6   图 7

c. 随着消费者更加关注不同品牌之间的风格差异,他们会更少关注于价格。这会使得对每个企业的产品的需求价格弹性更小。需求曲线会变得更加陡峭,从而允许 Sleek 制定一个更高的价格。如果这种风格特征无法被复制,那么它就变成一个进入壁垒,使得 Sleek 在长期中仍然能够获得利润。
d. 一个垄断竞争企业会在边际收益明显大于零时生产。这意味着 Sleek 一定是在需求曲线富有弹性的部分生产。

第 17 章
寡　　头

学习目标

在本章中,学生应理解
- 当一个市场是寡头市场时,可能的结果是什么;
- 囚徒困境以及它如何运用于寡头和其他问题;
- 反托拉斯法如何促进寡头市场的竞争。

框架与目的

　　第 17 章是论述企业行为和产业组织的五章中的最后一章。第 14 章和第 15 章分别讨论了市场结构的两种极端形式——竞争与垄断。介于竞争与垄断之间的市场结构称为不完全竞争。不完全竞争有两种形式——垄断竞争和寡头。在前一章我们论述了垄断竞争,这一章的主题是寡头。

　　第 17 章的目的是讨论寡头—— 一种只有几个提供相似或相同物品的卖者的市场结构。由于在寡头市场上只有几个卖者,因此寡头相互依赖,而竞争企业并不是这样。这就是说,在竞争市场上,一个企业的决策对市场上的另一个企业并没有影响;而在寡头市场上,任何一个企业的决策都会影响市场上其他企业的定价和生产决策。

内容提要

- 寡头通过形成一个卡特尔并像垄断者一样行事以使自己的总利润最大化。但如果寡头独立地做出产量决策,结果是产量大于垄断产量,价格低于垄断价格。在寡头市场上企业数量越多,产量和价格越接近于完全竞争状态下的水平。
- 囚徒困境表明,利己使人们即使在合作符合他们的共同利益时也无法维持合作。囚徒困境的逻辑适用于许多情况,包括军备竞赛、公共资源问题和寡头。
- 政策制定者用反托拉斯法来防止寡头从事减少竞争的行为。这些法律的适用性是有争议的,因为有些看起来可能减少竞争的行为实际上可能有合理的经营目的。

教材习题解答

即问即答

1. ● 如果寡头成员能就总产量达成一致,他们会选择什么产量?

- 如果寡头并不同时行动,而是单独地做出生产决策,他们的总产量会比你在上一题中回答的产量大还是小?为什么?

【解答】
- 如果寡头成员能就总产量达成一致,他们会选择生产垄断产量,相互勾结起来形成一个垄断组织。
- 如果寡头成员单独做出生产决策,利己会引导他们生产比垄断产量更大的产量。

2.
- 讲述囚徒困境的故事。写出表示囚徒选择的表格,并解释可能的结果是什么。
- 囚徒困境告诉我们关于寡头的什么道理?

【解答】
- 囚徒困境的故事讲了两个涉嫌犯罪的囚徒,他们最终得到的刑期取决于他们自己是坦白还是保持沉默,以及对方是坦白还是保持沉默。下表是囚徒的各种选择:

		Bonnie 的决策	
		坦白	保持沉默
Clyde 的决策	坦白	Bonnie 被判 8 年,Clyde 被判 8 年	Bonnie 被判 20 年,Clyde 获释
	保持沉默	Bonnie 获释,Clyde 被判 20 年	Bonnie 被判 1 年,Clyde 被判 1 年

最可能的结果是两个人都坦白,因为这对两个人来说都是占优决策。
- 囚徒困境的故事告诉我们,由于每个寡头有欺骗的动机,因而很难维持低产量、高价格以及垄断利润的合作结果。

3.
- 企业所达成的哪些协议是非法的?
- 为什么反托拉斯法存在争议?

【解答】
- 企业达成的减少产量或者提高价格的协议是非法的。
- 反托拉斯法存在争议是因为一些企业的做法看起来存在反竞争性,但事实上有合理的目的。转售价格维持就是这样一个例子。

快速单选

1. 寡头市场的关键特征是_____。
   a. 每个企业都生产与其他企业不同的产品
   b. 一个企业选择市场需求曲线上的某一点
   c. 每个企业都把市场价格作为既定的
   d. 少数企业按策略行事

2. 如果一个寡头行业把自己组成一个合作性卡特尔,那么它的产量将_____竞争水平,并_____垄断水平。
   a. 低于,高于
   b. 高于,低于
   c. 低于,等于
   d. 等于,高于

3. 如果一个寡头不进行合作,而且每个企业都选择自己的产量,那么这个行业的产量将

_____竞争水平,并_____垄断水平。
   a. 低于,高于
   b. 高于,低于
   c. 低于,等于
   d. 等于,高于
4. 当一个寡头行业的企业数量越来越多时,所达到的产量水平将_____竞争水平,并_____垄断水平。
   a. 低于,高于
   b. 高于,低于
   c. 低于,等于
   d. 等于,高于
5. 囚徒困境是两个人的博弈,它说明了_____。
   a. 合作的结果对两个人来说可能比纳什均衡还坏
   b. 即使合作的结果对一个人来说比纳什均衡好,也可能对另一个人来说更坏
   c. 即使合作比纳什均衡好,每个囚徒也会有不合作的激励
   d. 理性、利己的人会自然而然地回避纳什均衡,因为这对他们都不好
6. 反托拉斯法的目的是_____。
   a. 促进寡头行业中企业之间的合作
   b. 鼓励合并以利用规模经济
   c. 不鼓励企业把生产设备迁至海外
   d. 阻止企业以减少竞争的方式行事

【答案】　1. d　2. c　3. a　4. d　5. c　6. d

复习题

1. 如果一群卖者可以组成一个卡特尔,那么它们将试图设定怎样的产量和价格?
   【解答】
   如果一群卖者可以组成一个卡特尔,它们会像垄断企业一样设定产量和价格。它们会把产量设置在边际收益等于边际成本的那个点,并根据需求曲线设置相应的价格。
2. 比较寡头与垄断的产量和价格。
   【解答】
   寡头的产量比垄断企业的产量高,产品的价格比垄断企业的价格低。
3. 比较寡头与竞争市场的产量和价格。
   【解答】
   寡头的产量比竞争市场的产量低,产品的价格比竞争市场的价格高。
4. 一个寡头市场上的企业数量如何影响市场结果?
   【解答】
   当寡头市场上的企业数量增加时,寡头市场越来越像一个竞争市场。价格接近边际成本,产量接近社会有效产出水平。
5. 什么是囚徒困境?它与寡头有什么关系?

【解答】

囚徒困境是两个人或者两个企业之间的一个博弈,它阐述了为什么两个对手很难合作,尽管合作可以让两者的境况都变好。每个人都有很强的动机通过违背合作协议来使自己的境况变好,所以,寡头市场上的企业是很难遵守合作协议的。

6. 举出寡头之外的两个例子,说明囚徒困境如何有助于解释行为。

【解答】

军备竞赛和公共资源是囚徒困境有助于解释行为的例子。在冷战时期的军备竞赛中,美国和苏联不能就裁减军备达成一致协议,因为彼此都害怕自己遵守协议后,另一方会违背协议。当两个企业共享某种公共资源时,它们共享会更好,但是又害怕对方会利用更多的公共资源,结果每个企业都会过度使用公共资源。

7. 反托拉斯法禁止哪些类型的行为?

【解答】

反托拉斯法禁止企业垄断市场。它们被用作防止合并导致的任何一家企业的市场势力过大,并阻止寡头联合起来减弱市场竞争。

问题与应用

1. 全世界大部分的钻石供给都来自俄罗斯和南非。假设采集每块钻石的边际成本是1 000美元,而且钻石的需求如下表所示:

价格(美元)	数量(块)
8 000	5 000
7 000	6 000
6 000	7 000
5 000	8 000
4 000	9 000
3 000	10 000
2 000	11 000
1 000	12 000

a. 如果有许多钻石供给者,价格和数量会是多少?

b. 如果只有一个钻石供给者,价格和数量会是多少?

c. 如果俄罗斯和南非形成一个卡特尔,价格和数量会是多少?如果这两个国家平分市场,南非的产量和利润会是多少?如果南非将产量增加1 000块,而俄罗斯遵守卡特尔协议,那么南非的利润会有什么变化?

d. 用你对c的答案解释为什么卡特尔协议往往是不成功的。

【解答】

a. 如果有许多钻石供给者,价格会等于其边际成本(1 000美元),因而数量是12 000块。

b. 如果只有一个钻石供给者,它会在边际成本等于边际收益的数量水平生产。边际收益如下表所示:

价格(美元)	数量(块)	总收益(美元)	边际收益(美元)
8 000	5 000	40 000 000	—
7 000	6 000	42 000 000	2 000
6 000	7 000	42 000 000	0
5 000	8 000	40 000 000	-2 000
4 000	9 000	36 000 000	-4 000
3 000	10 000	30 000 000	-6 000
2 000	11 000	22 000 000	-8 000
1 000	12 000	12 000 000	-10 000

当钻石的边际成本是每块钻石1 000美元时，垄断企业将会在价格为7 000美元、产量为6 000块时实现利润最大化。超过这个产量会导致边际收益小于边际成本的情况。

c. 如果俄罗斯和南非形成一个卡特尔，它们会把价格和产量设置在垄断企业水平上，因此价格是7 000美元，产量是6 000块。如果这两个国家平分市场，它们将共享收益4 200万美元和成本600万美元，总利润为3 600万美元。因此每个国家都会生产3 000块钻石，得到1 800万美元的利润。如果俄罗斯生产3 000块钻石，南非生产4 000块钻石，价格会降到6 000美元，南非的收益将增加到2 400万美元，成本是400万美元，因此利润为 2 000万美元，比之前增加了200万美元。

d. 卡特尔协议往往不成功，是因为双方都有很强的动机违背协议以获得更大利润。在这个例子中，彼此都能通过增加额外产出1 000块钻石，使自己的利润增加200万美元。然而，如果两个国家都这样做的话，双方的利润都会减少。

2. 若干年前，《纽约时报》报道："OPEC上周不能就减少生产达成一致而使石油市场陷入混乱……（并导致了）国内原油价格下降到自1990年6月以来的最低水平。"

a. 为什么OPEC成员国力图对减产达成一致？

b. 你认为为什么OPEC不能就减产达成一致？为什么石油市场因此陷入了"混乱"？

c. 该报提到OPEC认为"该组织以外的产油国，如挪威和英国，也应该和我们共同行动并减产"。"和我们共同行动"这句话表明OPEC希望与挪威和英国形成一种什么样的关系？

【解答】

a. OPEC成员国力图对减产达成一致是为了提高价格。

b. OPEC不能就减产达成一致是因为每个国家都有违背协议的动机。"混乱"是指产量增加导致的油价下跌。

c. OPEC希望挪威和英国加入它们的卡特尔是希望形成一种垄断关系。

3. 本章讨论了在其销售物品的市场上是寡头的公司。许多同样的思想适用于在其购买投入品的市场上是寡头的公司。

a. 如果作为寡头的卖者力图提高它们销售的物品的价格，那么作为寡头的买者的目标是什么？

b. 棒球大联盟的老板在棒球运动员市场上是寡头。这些老板考虑运动员薪水时的目标是什么？为什么这种目标难以达到？

c. 棒球运动员在1994年举行罢工是因为他们不愿接受老板想实行的薪水上限。如果这些老板已经就薪水进行了勾结,为什么他们还认为需要薪水上限?

【解答】
a. 作为寡头的买者的目标是降低所购买物品的价格。

b. 棒球大联盟的老板的目标是将运动员的薪水维持在低水平上,这个目标难以达到,是因为每个棒球队都有违背协议的动机,因为它们可以通过提供更高的薪水来吸引优秀的运动员。

c. 薪水上限使薪水勾结正式化并避免大家不遵守协议。

4. 考虑美国和墨西哥之间的贸易关系。假定两国领导人认为不同贸易政策的支付如下:

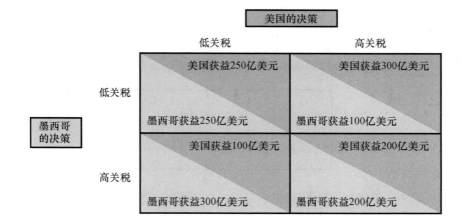

a. 美国的占优策略是什么?墨西哥的呢?解释原因。
b. 定义纳什均衡。贸易政策的纳什均衡是什么?
c. 1993年美国国会通过了《北美自由贸易协定》。根据这个协定,美国和墨西哥同意同时降低关税。上表给出的支付能证明这种贸易政策正确吗?解释原因。
d. 根据你对(第3章和第9章中所讨论的)贸易好处的了解,你认为上表给出的支付实际上反映了一国在这四种可能结果下的福利了吗?

【解答】
a. 如果墨西哥采用低关税,那么美国采用高关税更好。因为它采用高关税会得到300亿美元,而采用低关税才得到250亿美元。如果墨西哥采用高关税,那么美国采用高关税更好,因为它采用高关税能得到200亿美元,而采用低关税才得到100亿美元。因此美国的占优策略是高关税。

如果美国采用低关税,那么墨西哥采用高关税更好。因为它采用高关税会得到300亿美元,而采用低关税才得到250亿美元。如果美国采用高关税,那么墨西哥采用高关税更好,因为它采用高关税能得到200亿美元,而采用低关税才得到100亿美元。因此墨西哥的占优策略是高关税。

b. 纳什均衡是相互作用的经济主体在假定所有其他主体所选策略为既定的情况下,选择自己的最优策略的状态。在这个例子中,纳什均衡是两个国家都采用高关税。

c. 《北美自由贸易协定》代表这两个国家的合作。如果两个国家都降低关税,那么两国的境况都会变得更好。

d. 表中左上角和右下角的支付反映了一国的福利。贸易是有利的,但税收是贸易的障碍。然而,表中右上角和左下角的支付不是有效的。正如我们在第9章看到的,关税会对国内消费者不利,对国内生产者有利,但会使总剩余减少。表中的这两个区域更准确地显示了如果两个国家采用高关税,那么它们的福利会减少,无论另一个国家采用高关税还是低关税。

5. Synergy 和 Dynaco 是某高科技行业仅有的两家企业,当它们在决定研究预算为多大规模时面临着以下支付矩阵:

	Synergy 的决策	
Dynaco 的决策	大预算	小预算
大预算	Synergy获益 2 000万美元 Dynaco获益 3 000万美元	Synergy获益 0 Dynaco获益 7 000万美元
小预算	Synergy获益 3 000万美元 Dynaco获益 0	Synergy获益 4 000万美元 Dynaco获益 5 000万美元

a. Synergy 有占优策略吗? 解释原因。
b. Dynaco 有占优策略吗? 解释原因。
c. 这种情况下存在纳什均衡吗? 解释原因。(提示:再认真阅读纳什均衡的定义。)

【解答】

a. Synergy 没有占优策略。如果 Synergy 相信 Dynaco 会采用大预算,那么它也会选择大预算。然而,如果 Synergy 相信 Dynaco 会采用小预算,那么它也会选择小预算。

b. Dynaco 有占优策略,即采用大预算,无论 Synergy 选择哪种策略,大预算对 Dynaco 都是最好的策略。

c. 纳什均衡是两家企业都选择大预算。Dynaco 会采用它的占优策略大预算,因此 Synergy 也会跟着采用大预算。

6. 假设你和你的同学被分配到一个项目组,你们将根据该项目得到一个共同的分数。你们每个人都想得到一个好成绩,但你们还想尽量少干点活。具体情况如下:
- 如果你们俩都努力工作,就都得 A,这给你们俩每人带来 40 单位快乐。
- 如果你们俩只有一个人努力工作,就都得 B,这给你们俩每人带来 30 单位快乐。
- 如果你们俩都不努力工作,就都得 D,这给你们俩每人带来 10 单位快乐。
- 努力工作的代价是 25 单位快乐。

a. 在以下的决策方框中填写结果。
b. 最可能的结果是什么? 解释你的答案。
c. 如果你把这位同学作为你一年中一系列项目的合作者,而不只是一次的合作者,那么你预期 b 的结果会有什么改变?
d. 你的另一位同学更关心好成绩:他从 B 中得到 50 单位快乐,而从 A 中得到 80 单位快乐。如果这位同学是你的合作者(但你的偏好不变),你对 a 和 b 的答案会有什么改变?你希望这两位同学中的哪一位成为你的合作者?他也希望你成为他的合作者吗?

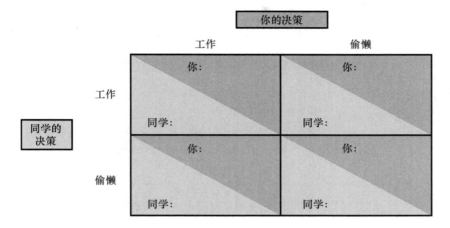

【解答】
a. 支付矩阵如下表所示:

		你的决策	
		工作	偷懒
同学的决策	工作	你:15 同学:15	你:30 同学:5
	偷懒	你:5 同学:30	你:10 同学:10

b. 最可能的结果是你们两个都偷懒。如果你的同学工作,你偷懒更好,因为你会得到 30 单位而不是 15 单位快乐。如果你的同学偷懒,你偷懒更好,因为你会得到 10 单位而不是 5 单位快乐。因此你的占优策略是偷懒。你的同学面临相同的支付,因此他也会选择偷懒。

c. 如果你很可能会和同一个人再次合作,你会有更大的动机工作,以便你的同学也选择工作。你们两个人的境况都会变得更好。在重复博弈中,合作是更有可能的。

d. 支付矩阵会变成:

		你的决策	
		工作	偷懒
同学的决策	工作	你:15 同学:55	你:30 同学:25
	偷懒	你:5 同学:50	你:10 同学:10

对这个新同学来说工作是占优策略,因此纳什均衡是你偷懒,你的同学工作。你会得到 B,因此相对于前一位同学,你更希望现在这位同学成为你的合作者。然而他更希望与占优策略也是工作的人合作,以便他能得到 A。

7. 本章的案例研究描述了美国航空公司和布拉尼夫航空公司总裁的一段电话交谈。我们来分析这两家公司之间的博弈。假设每家公司既可以对机票收取高价格,也可以收取低价格。如果一家公司收取 300 美元,另一家公司也收取 300 美元,那么第一家公司就赚到低利润;如果另一家公司收取 600 美元,那么第一家公司就赚到高利润。另一方面,如果一家公司收取 600 美元,另一家公司收取 300 美元,那么第一家公司就赚到很低的利润;如果另一家公司也收取 600 美元,那么第一家公司就赚到中等的利润。

a. 画出这个博弈的决策方框。
b. 这个博弈中的纳什均衡是什么?解释原因。
c. 对两家航空公司来说,有比纳什均衡更好的结果吗?如何达到这种结果?如果达到的话,谁将蒙受损失?

【解答】

a. 决策矩阵如下表所示:

		布拉尼夫的决策	
		低价	高价
美国的决策	低价	布拉尼夫赚取低利润 美国赚取低利润	布拉尼夫赚取超低利润 美国赚取高利润
	高价	布拉尼夫赚取高利润 美国赚取超低利润	布拉尼夫赚取中等利润 美国赚取中等利润

b. 如果布拉尼夫收取低价,美国也将收取低价。如果布拉尼夫收取高价,美国将收取低价。因此美国的占优策略是收取低价。

如果美国收取低价,布拉尼夫也将收取低价。如果美国收取高价,布拉尼夫将收取低价。因此布拉尼夫的占优策略是收取低价。

因为两个国家都有一个占优策略即收取低价,纳什均衡就是两者都收取低价。

c. 更好的结果是两家公司都收取高价,两者都会得到更高的利润。这个结果只有通过合作(勾结)才能达到。如果它们合作,消费者会受损,因为价格更高而数量更少了。

8. 两名能力相同的运动员竞争 1 万美元的奖金。每个人都要决定是否使用一种危险的提高成绩的药物。如果一个运动员使用了这种药,而另一个人没用,那么用药的运动员将获得奖金。如果两个运动员都用药或都不用药,他们就平局并平分奖金。用药给健康带来的风险相当于损失 x 美元。

a. 画出一个 2×2 的支付矩阵,以描述两名运动员面临的决策。
b. 当 x 为多少时,服用药物将是纳什均衡?
c. 如果服用药物的安全性提高(即 x 降低),运动员的状况将变好还是变糟?解释原因。

【解答】

a. 支付矩阵如下表所示:

		运动员 1 的决策	
		用药	不用药
运动员 2 的决策	用药	运动员 1:5 000−x 运动员 2:5 000−x	运动员 1:0 运动员 2:10 000−x
	不用药	运动员 1:10 000−x 运动员 2:0	运动员 1:5 000 运动员 2:5 000

b. 只要 x 小于 5 000，用药对两个运动员都是占优策略。

c. 服用药物的安全性提高（即 x 降低）提高了用药的可能性，因为支付增加了，运动员的状况将变好。

9. Little Kona 是一家小型咖啡企业，正在考虑进入由 Big Brew 控制的市场。每家企业的利润取决于 Little Kona 是否进入以及 Big Brew 设定高价格还是低价格。

   a. 这个博弈的两个参与者有占优策略吗？
   b. 你对 a 的回答有助于你理解另一个参与者应该怎么做吗？
   c. 纳什均衡是什么？只有一个纳什均衡吗？
   d. Big Brew 威胁 Little Kona 说："如果你进入，我们就将设定低价格，因此你最好不要进入。"你认为 Little Kona 应该相信这种威胁吗？为什么？
   e. 如果这两个企业可以勾结并就如何瓜分总利润达成协议，你预期它们会选择什么结果？

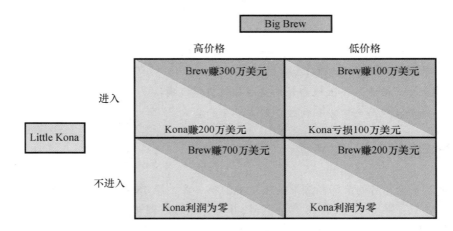

【解答】

a. 如果 Little Kona 进入，Big Brew 会设置高价。如果 Little Kona 不进入，Big Brew 也会设置高价。因此 Big Brew 有占优策略即设置高价。
   如果 Big Brew 设置高价，Little Kona 将进入。如果 Big Brew 设置低价，Little Kona 将不进入。因此 Little Kona 没有占优策略。

b. 因为 Big Brew 有占优策略即设置高价，Little Kona 应该进入。这是唯一的纳什均衡。

c. Little Kona 不应该相信 Big Brew 的威胁，因为 Big Brew 实现威胁对它自己是不利的。如果 Little Kona 进入，Big Brew 设置高价能赚 300 万美元，而设置低价只能赚 100 万美元。因此这个威胁不可信，Little Kona 应该忽视它并进入市场。

d. 如果这两个企业可以勾结，它们会达成这样的协议：Big Brew 设置高价而 Little Kona 退出市场，然后它们可以瓜分 700 万美元的利润。

第 18 章
生产要素市场

学习目标

在本章中,学生应理解
- 竞争的、利润最大化企业的劳动需求;
- 劳动供给背后的家庭决策;
- 为什么均衡工资等于劳动的边际产量值;
- 移民对劳动市场的影响;
- 其他生产要素——土地和资本——如何获得报酬;
- 一种要素供给的变动如何改变所有要素的收入。

框架与目的

　　第 18 章是论述劳动市场经济学的三章中的第一章。第 18 章分析了生产要素(劳动、土地和资本)市场。第 19 章以第 18 章为基础,并更详细地解释了为什么一些工人赚得比另一些工人多。第 20 章论述收入分配以及政府在调整收入分配中可以起的作用。

　　第 18 章的目的是为分析要素市场——劳动、土地和资本市场——提供基础理论。正如你可以预见到的,我们发现,生产要素所赚到的收入取决于该要素的供给与需求。我们分析中的新内容是,要素需求是一种派生需求。这就是说,企业的要素需求由它在另一个市场上供给物品的决策决定。

内容提要

- 经济收入是在生产要素市场上分配的。三种最重要的生产要素是劳动、土地和资本。
- 要素需求,例如劳动需求,是一种派生需求,它产生于用这些要素生产物品与服务的企业。竞争性的、以利润最大化为目标的企业在某要素的边际产量值等于其价格这一点上使用该要素。
- 劳动的供给产生于个人对工作和闲暇时间的权衡取舍。向右上方倾斜的劳动供给曲线意味着人们对工资上升的反应是做更多工作和少享受闲暇。
- 支付给每种要素的价格的调整使该要素的供求趋于平衡。由于要素需求反映了该要素的边际产量值,在达到均衡时每种要素根据其对物品和服务生产的边际贡献得到报酬。
- 由于生产要素是同时使用的,因此任何一种要素的边际产量都取决于可以得到的所有要素量。因此,一种要素供给的变动会改变所有要素的均衡收入。

教材习题解答

即问即答

1. ● 描述劳动的边际产量与劳动的边际产量值的含义。
   ● 描述一个竞争性的、以利润最大化为目标的企业如何决定雇用工人的数量。
   【解答】
   ● 劳动的边际产量是指增加一单位劳动所带来的产出的增加量。劳动的边际产量值等于劳动的边际产量乘以产品的价格。
   ● 一个竞争性的、以利润最大化为目标的企业决定雇用工人的数量取决于劳动的边际产量值与工资相等的点。

2. 谁享受闲暇的机会成本更高——看门人还是脑外科医生?试解释原因。这有助于解释为什么医生工作时间如此之长吗?
   【解答】
   脑外科医生享受闲暇的机会成本比看门人享受闲暇的机会成本更高,那是因为脑外科医生的工资更高。医生的工作时间很长是因为他们休闲的机会成本更高。

3. 工人移民如何影响劳动供给、劳动需求、劳动的边际产量及均衡工资?
   【解答】
   工人移民会增加劳动供给,但对劳动需求没有影响。如图1所示,结果就是均衡劳动量增加但均衡工资降低。均衡工资降低导致劳动需求量增加,均衡劳动量增加会导致劳动的边际产量下降。

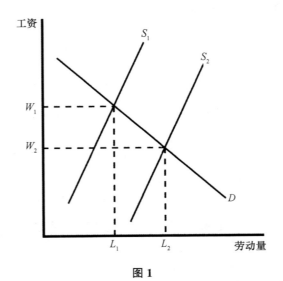

图1

4. ● 什么决定了土地所有者和资本所有者的收入?
   ● 资本量的增加如何影响那些已经拥有资本的人的收入和工人的收入?

【解答】
- 土地所有者和资本所有者的收入取决于物品生产过程中土地和资本的边际贡献。
- 资本量的增加会导致资本的边际产量减少,从而减少资本所有者的收入。然而,资本存量的增加会使得劳动的边际产量增加,从而提高工人的收入。

快速单选

1. 与资本和土地所有者相比,美国国民收入中支付给工人的部分大概有多少?
    a. 25%
    b. 45%
    c. 65%
    d. 85%

2. 如果企业是竞争性的,而且以利润最大化为目标,那么劳动需求曲线由_____决定。
    a. 工人时间的机会成本
    b. 劳动的边际产量值
    c. 抵消性的收入效应与替代效应
    d. 资本的边际产量值

3. 一家在竞争市场上经营的面包店以每块20美元的价格出售点心,并以每小时10美元的价格雇用工人。为使利润最大化,它应该雇用工人直到劳动的边际产量为_____。
    a. 每小时1/2块点心
    b. 每小时2块点心
    c. 每小时10块点心
    d. 每小时15块点心

4. 提高劳动边际产量的技术进步使劳动_____曲线向_____移动。
    a. 需求,左
    b. 需求,右
    c. 供给,左
    d. 供给,右

5. 1973年左右,美国经济经历了重大的生产率增长_____,相应的是真实工资增长_____。
    a. 加速,加速
    b. 加速,放缓
    c. 放缓,加速
    d. 放缓,放缓

6. 暴风雨摧毁了几个工厂,从而减少了资本存量。这个事件对要素市场有什么影响?
    a. 工资与资本的租赁价格都上升。
    b. 工资与资本的租赁价格都下降。
    c. 工资上升,而资本的租赁价格下降。
    d. 工资下降,而资本的租赁价格上升。

【答案】　1. c　2. b　3. a　4. b　5. d　6. d

复习题

1. 解释一个企业的生产函数如何与其劳动的边际产量相关,一个企业的劳动边际产量如何与其边际产量值相关,以及一个企业的边际产量值如何与其劳动需求相关。

   【解答】
   一个企业的生产函数可以描述用于生产的劳动的数量和最终生产出的物品产量之间的关系。劳动的边际产量是指增加一单位的劳动所带来的产出的增加量。因此劳动的边际产量直接取决于生产函数。劳动的边际产量值等于劳动的边际产量乘以产品的价格。一个竞争性的、以利润最大化为目标的企业决定雇用工人的数量取决于劳动的边际产量值与工资相等的点。因此产品的边际产量值曲线就是企业的劳动需求曲线。

2. 列举出可以使劳动需求曲线移动的两个事件,并解释它们为什么能够这样。

   【解答】
   能够使劳动需求曲线发生移动的因素包括产品的价格变化、技术变革以及其他生产要素供给变化。产品价格上升会使劳动的边际产量值增加,使劳动需求曲线右移。技术进步通常会提高劳动的边际产量,从而增加劳动需求,使得劳动需求曲线右移。资本供给增加会提高劳动的边际产量,使得劳动需求曲线右移。

3. 列举出可以使劳动供给曲线移动的两个事件,并解释它们为什么能够这样。

   【解答】
   能够使劳动供给曲线发生移动的因素包括偏好的改变、可供选择的机会的改变以及移民。如果越来越多的人选择工作,劳动供给会增加。如果一个劳动市场比另一个劳动市场的工资更高,那么工资高的那个劳动市场的供给将会增加。如果移民进入一个城市,那么该城市的劳动供给会增加。

4. 解释工资如何能调整到使劳动供求平衡,而同时又等于劳动的边际产量值。

   【解答】
   工资能够调整到使劳动供求均衡而同时又等于劳动的边际产量值。劳动的供给和需求决定均衡工资,企业通过选择工资等于劳动的边际产量值的劳动数量来实现利润最大化。

5. 如果美国的人口由于移民进入而突然增加,工资会发生什么变动?土地所有者和资本所有者赚到的租金会发生什么变动?

   【解答】
   移民的大规模进入会使得劳动供给增加,导致工资下降。随着土地和资本所配比的劳动增加,土地和资本的边际产量将提高,土地和资本所有者赚到的租金也将提高。

问题与应用

1. 假设总统提出一项旨在减少医疗成本的新法律:要求所有美国人每天吃一个苹果。
   a. 每天吃一个苹果的法律将如何影响苹果的需求与均衡价格?
   b. 这项法律将如何影响摘苹果工人的边际产量和边际产量值?
   c. 这项法律将如何影响摘苹果工人的需求和均衡工资?

   【解答】
   a. 法律要求人们每天吃一个苹果,增加了苹果的需求,如图2所示,需求曲线由 D_1 移至 D_2,价格由 P_1 上升为 P_2,产量由 Q_1 增加到 Q_2。

b. 由于苹果价格上升,任意给定的劳动量的边际产量值增加,而任意给定的劳动量的边际产量不变。企业会选择雇用更多的工人,于是在利润最大化的水平上劳动的边际产量将会下降。

c. 如图3所示,劳动的边际产量值增加,劳动需求曲线由 D_1 移动到 D_2,劳动的均衡数量由 L_1 增加到 L_2,均衡工资由 W_1 增加到 W_2。

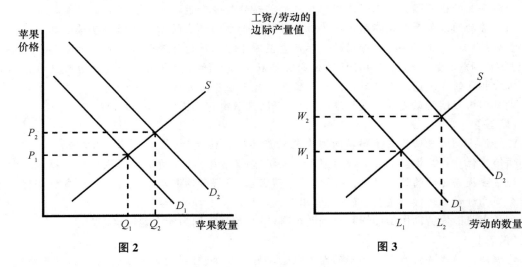

图2　　　　　　　　　　　图3

2. 说明下列每个事件如何影响电脑制造行业的劳动市场:

a. 国会为所有美国大学生购买个人电脑。

b. 更多的大学生选择工程与计算机科学专业。

c. 电脑企业建立新的制造厂。

【解答】

a. 如果国会为每个大学生购买电脑,则电脑的需求将会增加,电脑价格上升,从而使生产电脑的工人劳动的边际产量值增加。如图4所示,劳动的需求曲线由 D_1 移动到 D_2,劳动的均衡数量由 L_1 增加到 L_2,均衡工资由 W_1 增加到 W_2。

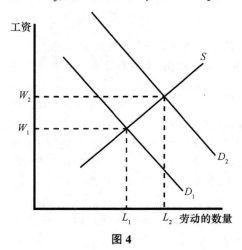

图4

b. 如果更多的大学生选择工程与计算机科学专业，假设这不会对电脑的需求产生影响，但是电脑市场上的劳动供给将会增加。如图 5 所示，劳动供给曲线由 S_1 移动到 S_2，劳动的均衡数量由 L_1 上升到 L_2，均衡工资由 W_1 下降到 W_2。

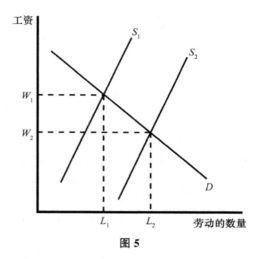

图 5

c. 如果电脑企业建立新的制造厂，任意给定的劳动量的边际产量以及边际产量值都将会增加。如图 6 所示，劳动的需求曲线由 D_1 移动到 D_2，劳动的均衡数量由 L_1 上升到 L_2，均衡工资由 W_1 上升到 W_2。

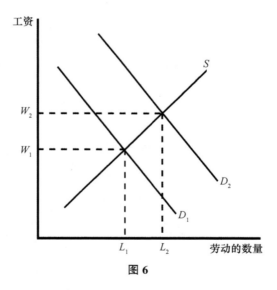

图 6

3. 假设劳动是某个完全竞争企业使用的唯一投入。该企业的生产函数如下：

工人数量(人)	产量
0	0
1	7
2	13
3	19
4	25
5	28
6	29
7	29

a. 计算每增加一个工人的边际产量。
b. 每单位产品售价为 10 美元。计算每个工人的边际产量值。
c. 计算当日工资从 0 美元增长到 100 美元时所雇用工人数量的需求表。
d. 画出企业的需求曲线。
e. 如果产品价格从每单位 10 美元上升为 12 美元,这条需求曲线会发生什么变动?

【解答】
a. 劳动的边际产量等于增加一单位劳动所带来的产出的增加量。下表显示了这家企业的劳动边际产量:

工人数量(人)	产量	边际产量	边际产量值
0	0	—	—
1	7	7	70
2	13	6	60
3	19	6	60
4	25	6	60
5	28	3	30
6	29	1	10
7	29	0	0

b. 劳动的边际产量值等于劳动的边际产量乘以产品的价格,也显示在上表中。
c. 劳动的需求表是:

工资(美元)	劳动的需求量(人)
0	7
10	6
30	5
60	4
60	3
60	2
70	1

当工资超过 70 美元时,工人需求量为 0。

d. 劳动的需求曲线等于劳动的边际产量值曲线,如图7所示。

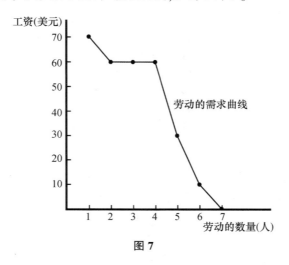

图 7

e. 如果产品价格上升到12美元,那么劳动需求曲线将会右移,因为每个劳动数量水平所对应的劳动的边际产量值都增加了。

4. Smiling 牛奶场可以以每加仑4美元的价格售出它想要出售的全部牛奶,而且它可以以每天100美元的资本租金价格租下它想要为奶牛挤奶的全部机器人。它面对的生产表如下所示:

机器人数量(个)	总产量(加仑)
0	0
1	50
2	85
3	115
4	140
5	150
6	155

a. 企业在哪种市场结构中出售其产品?你是怎么判断的?
b. 企业在哪种市场结构中租用机器人?你是怎么判断的?
c. 计算每增加一个机器人的边际产量和边际产量值。
d. 企业应该租用多少机器人?解释原因。

【解答】
a. 由于企业可以以每加仑4美元的市场价出售它所有的牛奶,所以 Smiling 牛奶场是在完全竞争市场之中出售产品。
b. 由于企业可以以每天100美元的市场价租到它所需求的全部机器人,所以 Smiling 牛奶场是在完全竞争市场之中租用机器人。
c. 下表显示了机器人的边际产量及边际产量值:

机器人(个)	总产量(加仑)	边际产量(加仑)	边际产量值(美元)
0	0	—	—
1	50	50	200
2	85	35	140
3	115	30	120
4	140	25	100
5	150	10	40
6	155	5	20

d. 企业应该租用机器人的数量取决于边际产量值等于租金的点,因此应该租4个机器人。

5. Ectenia 国有20个竞争性的苹果园,它们都以每个2美元的世界价格出售苹果。下面的方程式描述了每个苹果园的生产函数和劳动的边际产量:

$$Q = 100L - L^2$$
$$MPL = 100 - 2L$$

其中,Q是一天生产的苹果量,L是工人量,MPL是劳动的边际产量。

a. 作为日工资W的函数的每个苹果园的劳动需求是什么?整个市场的劳动需求是什么?

b. Ectenia 有200个工人无弹性地提供他们的劳动。求解工资W。每个苹果园雇用多少工人?每个苹果园主获得多少利润?

c. 如果苹果的世界价格翻了一番,达到4美元,那么工人和苹果园主的收入将发生什么变化?

d. 现在假设苹果价格又回到2美元,但一场飓风摧毁了一半苹果园。计算这场飓风如何影响每个工人和每个剩下的苹果园主的收入。Ectenia 国整体的收入发生了什么变动?

【解答】

a. 企业的劳动需求等于边际产量值(VPM)。企业将会使工资等于劳动的边际产量值。

$W = VPM = P \times MPL = 2(100-2L) = 200-4L$

整个市场的劳动需求等于20个企业的劳动需求的水平加总。

每个企业的劳动需求$L = 50-0.25W$,因此整个市场的劳动需求$L = 20 \times (50-0.25W) = 1\,000 - 5W$。

b. 如果劳动供给在数量为200时缺乏弹性,那么我们可以通过市场均衡来求解工资:

$200 = 1\,000 - 5W$

$W = 160$

每个企业会雇用10个工人(200/20),并且生产900个苹果($100 \times 10 - 10 \times 10$),每个企业的总收入为1\,800美元($2 \times 900$),假定企业的总成本仅是工资,共1\,600美元(160×10),则每个企业的利润为200美元,整个社会的总收入为36\,000美元($200 \times 160 + 20 \times 200$)。

c. 如果苹果的世界价格上升到4美元,那么劳动的边际产量值(从而每个企业对劳动的需求)将会增加。

$W = VPM = P \times MPL = 4(100-2L) = 400-8L$

每个企业的劳动需求$L = 50-0.125W$,因此整个市场的劳动需求$L = 20 \times (50-0.125W) = 1\,000-2.5W$。求解新的均衡工资,我们得到:

$W = 320$

每个企业仍然可以雇用10个工人,并且生产900个苹果,每个企业的总收入为3 600美元(4×900),假定企业的总成本仅是工资,共3 200美元(320×10),则每个企业的利润为400美元,整个社会的总收入为72 000美元(320×200+400×20)。

d. 现在有10个企业,因此市场的需求是单个企业的10倍,$L = 10 \times (50 - 0.25W) = 500 - 2.5W$。求解均衡工资,我们得到:

$200 = 500 - 2.5W$

$W = 120$

每个企业会雇用20个工人,并且生产1 600个苹果(100×20−20×20),每个企业的总收入为3 200美元(2×1 600),假定企业的总成本仅是工资,共2 400美元(120×20),则每个企业的利润为800美元,整个社会的总收入为32 000美元(120×200+800×10),因此该国整体的收入下降了。

6. 你具有创业精神的叔叔开了一家雇用7个工人的三明治店。雇员每小时工资为6美元,每个三明治卖3美元。如果你叔叔追求利润最大化,那么他雇用的最后一个工人的边际产量值是多少?这个工人的边际产量是多少?

【解答】

由于你的叔叔追求利润最大化,因此他决定雇用工人的工资一定等于劳动的边际产量值。由于工资是每小时6美元,所以劳动的边际产量值也是每小时6美元。由于劳动的边际产量值等于劳动的边际产量乘以产品的价格,并且每个三明治的价格是3美元,所以劳动的边际产量为每小时2个三明治。

7. Leadbelly公司在完全竞争的产品市场上出售铅笔,并在完全竞争的劳动市场上雇用工人。假设工人的市场工资率是每天150美元。

a. Leadbelly公司应遵循什么规则来雇用使利润最大化的劳动量?

b. 在利润最大化的产量水平下,所雇用的最后一个工人的边际产量是每天30箱铅笔。计算每箱铅笔的价格。

c. 画出铅笔工人劳动市场的图形(与教材中的图18-4一样),再在旁边画出劳动的供给曲线和Leadbelly公司的需求曲线图(与教材中的图18-3一样)。标出市场和企业的均衡工资和均衡劳动量。这两个图形有什么关系?

d. 假设一些铅笔工人转而从事新兴的电脑行业工作。用与问题c中类似的图形说明这种变化对铅笔市场和Leadbelly公司的均衡工资和均衡劳动量有什么影响?这种变化如何影响Leadbelly公司的劳动的边际产量?

【解答】

a. Leadbelly公司决定雇用工人的数量取决于劳动的边际产量值与工资(每天150美元)相等的点。

b. 由于在利润最大化的产量水平下,劳动的边际产量值为150美元,由$VMP = MP \times P$,铅笔的价格必须是每箱5美元。

c. 如图8所示,市场的工资由劳动市场决定(每天150美元),公司将这一工资水平视为既定的,并选择使劳动的边际产量值等于每天150美元的劳动水平。

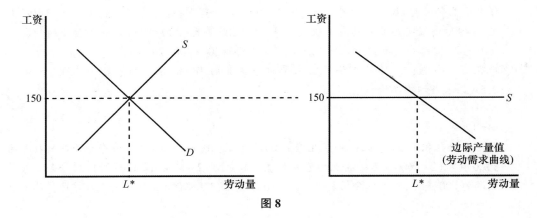

图 8

d. 劳动供给的减少会导致均衡工资上升,如图 9 所示,工资的上升会使得铅笔市场和 Leadbelly 公司在利润最大化时雇用的工人数量下降。劳动的边际产量值将会增加到新的工资水平上。由于铅笔的价格不变,劳动的边际产量值增加,因此劳动的边际产量必然增加。

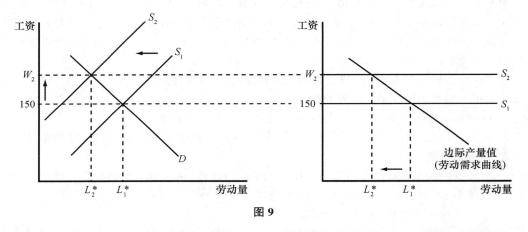

图 9

8. 有时一些决策者建议,应要求企业给予工人一定量的福利津贴,例如医疗保险或带薪产假。让我们来考虑这种政策对劳动市场的影响。

   a. 假定法律规定企业给所雇用工人每小时 3 美元的津贴。在任一给定的货币工资下,这项法律对企业从每个工人身上赚到的边际利润有什么影响?这项法律对劳动需求曲线有什么影响?用图形给出你的答案,纵轴代表货币工资。
   b. 如果劳动供给没有发生变化,那么这项法律将如何影响就业与工资?
   c. 为什么劳动供给曲线会由于这项法律而移动?这种劳动供给的移动增强还是削弱了这项法律对工资和就业的影响?
   d. 正如第 6 章所讨论的,一些工人(特别是低技能工人和无经验工人)的工资由于最低工资法而高于均衡水平。一项关于福利津贴的强制性管制对这些工人会有什么影响?

【解答】

a. 如果企业已经支付给工人超过 3 美元的福利津贴,那么这项新法律将不会起作用。但是如果企业支付给工人的福利津贴少于 3 美元，那么这项新法律将会起作用。假设一个企业之前没有支付给工人福利津贴，则这项新法律会使工人劳动的边际产量值减少 3 美元，即企业愿意支付的工资减少 3 美元。如图 10 所示，企业的劳动需求曲线左移，从 D_1 移动至 D_2，左移的幅度刚好是 3 美元。

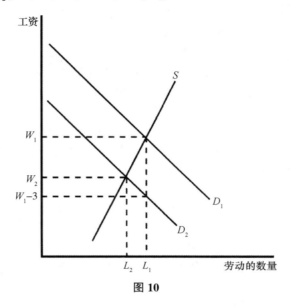

图 10

b. 由于供给曲线向右上方倾斜，新的均衡点上的工资 W_2 将会低于原来的工资 W_1，但是 $W_2 > W_1 - 3$ 美元，劳动的数量也会减少。

c. 之前的分析是不全面的，因为它忽视了福利津贴对劳动者是有价值的。因此劳动的供给可能会增加，如图 11 所示，劳动供给曲线向右移动。工人通常更喜欢现金而不是特

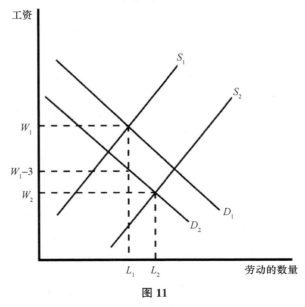

图 11

定的福利,因此福利津贴的影响不如现金。但是福利津贴有两个优点:(1) 福利津贴不需要纳税;(2) 企业可以提供比市场上劳动者自己所购买到的更便宜的医疗保险。因此,福利津贴的价值是高于 3 美元还是低于 3 美元取决于以上哪种效应居主导。

图 11 是在福利津贴比 3 美元对工人来说效用更大的假设前提下画出的。在这种情况下,新的工资水平 W_2 比 W_1-3 美元要低,劳动量从 L_1 增加到 L_2。

如果劳动供给曲线的移动程度和需求曲线一致,$W_2=W_1-3$,劳动量保持不变。如果劳动供给曲线的移动程度小于需求曲线,$W_2>W_1-3$,劳动量减少。

在上述三种情形下,与劳动供给曲线不变的情况相比,工资都会更低,劳动量都会更大。所以,这种劳动供给的移动增强了这项法律对工资的影响,削弱了对就业的影响。

d. 最低工资法不允许福利津贴实施时降低工人工资,这会导致失业率的上升。因为公司会拒绝支付超过工人劳动边际产量值的工资。

9. 一些经济学家认为,美国经济作为一个整体可以用以下生产函数来建模,这个生产函数被称为科布-道格拉斯生产函数:

$$Y=AK^{1/3}L^{2/3},$$

这里 Y 是产量,K 是资本量,L 是劳动量,A 是一个参数,它衡量技术状态。根据这个生产函数,劳动的边际产量是:

$$MPL=(2/3)A(K/L)^{1/3}$$

假设产品的 P 是 2,A 是 3,K 是 1 000 000,L 是 1 000。劳动市场是完全竞争的,因此,根据边际产量值支付劳动报酬。

a. 计算产量 Y 以及产量的美元价值 PY。

b. 计算工资 W 以及真实工资 W/P。(注意:工资是用美元衡量的劳动报酬,而真实工资是用单位产量衡量的劳动报酬。)

c. 计算劳动份额(支付给劳动的产值所占的比例),用 $(WL)/(PY)$ 计算。

d. 计算在以下每一种情况下,产量 Y、工资 W、真实工资 W/P,以及劳动份额 $(WL)/(PY)$ 会发生什么变动。

   i. 通货膨胀使 P 从 2 上升到 3。

   ii. 技术进步使 A 从 3 增加到 9。

   iii. 资本积累使 K 从 1 000 000 增加到 8 000 000。

   iv. 一场瘟疫使 L 从 1 000 减少为 125。

e. 尽管随着时间的推移美国经济发生了许多变化,但劳动份额却是比较稳定的。这个观察与科布-道格拉斯生产函数一致吗?解释原因。

【解答】

a. 代入给定的值,产量 $Y=3(1\,000\,000)^{1/3}(1\,000)^{2/3}=30\,000$,产量的美元价值 $PY=60\,000$ 美元。

b. 工资等于边际产量值,等于劳动的边际产量乘以价格:$W=[2/3\times3\times(1\,000\,000/1\,000)^{1/3}]\times2=40$ 美元,实际工资 $W/P=40/2=20$ 美元。

c. 劳动份额 $\dfrac{WL}{PY}=\dfrac{40\times1\,000}{2\times30\,000}=\dfrac{2}{3}$。

d. i. 当通货膨胀使 P 从 2 上升到 3 时,产量 Y 保持在 30 000 不变,工资 W 从 40 美元增加到 60 美元,实际工资 W/P 保持在 20 美元不变,劳动份额 $(WL)/(PY)$ 保持在

2/3 不变。

ii. 当技术进步使 A 从 3 增加到 9 时,产量 Y 从 30 000 增加到 90 000,工资 W 从 40 美元增加到 120 美元,实际工资 W/P 从 20 美元增加到 60 美元,劳动份额 $(WL)/(PY)$ 保持在 2/3 不变。

iii. 当资本积累从 1 000 000 增加到 8 000 000 时,产量 Y 从 30 000 增加到 60 000,工资 W 从 40 美元增加到 80 美元,实际工资 W/P 从 20 美元增加到 40 美元,劳动份额 $(WL)/(PY)$ 保持在 2/3 不变。

iv. 当一场瘟疫使 L 从 1 000 减少到 125 时,产量 Y 从 30 000 减少到 7 500,工资 W 从 40 美元增加到 80 美元,实际工资 W/P 从 20 美元增加到 40 美元,劳动份额 $(WL)/(PY)$ 保持在 2/3 不变。

e. 尽管随着时间的推移美国经济发生了变化,但劳动份额却相对稳定的观察结果与科布-道格拉斯生产函数一致。在上述所有情形下,劳动份额保持在 2/3 不变。

第 19 章
收入与歧视

学习目标

在本章中,学生应理解
- 工资报酬如何会因工作特点不同而不同;
- 教育的人力资本理论与信号理论的比较;
- 为什么在某些职业中少数超级明星能赚到极高的收入;
- 为什么工资上升到超出供求平衡的水平;
- 为什么衡量歧视对工资的影响是困难的;
- 什么时候市场力量能对歧视提供一种自然的补救方法,而什么时候又不能。

框架与目的

第 19 章是论述劳动市场经济学的三章中的第二章。第 18 章分析了生产要素市场。第 19 章扩展了第 18 章提出的供求模型,以解释我们在经济中见到的普遍的工资差别。第 20 章论述收入分配以及政府在调整收入分配中可以起到的作用。

第 19 章的目的是扩展我们在第 18 章中提出的新古典劳动市场理论。新古典理论认为,工资取决于劳动的供求,而劳动需求取决于劳动的边际产量值。为了说明我们观察到的普遍的工资差别,我们必须更准确地考察是什么决定了各种类型劳动的供求。

内容提要

- 工人出于许多原因而赚到不同的工资。在某种程度上,工资差别是对工人工作特性的补偿。在其他条件相等时,从事艰苦、乏味工作的工人得到的工资高于从事轻松、有趣工作的工人。
- 人力资本多的工人得到的工资高于人力资本少的工人。累积的人力资本的收益是很高的,而且在过去几十年来一直在增加。
- 虽然受教育年限、经验和工作特性等因素像理论所预期的那样影响收入,但仍有许多收入差别不能用经济学家可以衡量的东西来解释。收入中无法解释的变动主要归因于天生的能力、努力和机遇。
- 一些经济学家提出,受教育更多的人得到更高工资并不是因为教育提高了其生产率,而是因为有更高天赋的工人把教育作为一种向雇主显示高能力的信号。如果这种信号理论是正确的,那么提高所有工人的受教育程度就不会提高整体工资水平。
- 有时工资会高于使供求平衡的水平。高于均衡水平的工资产生的三个原因是最低工资法、工会和效率工资。
- 收入中的一些差别是基于种族、性别或其他因素的歧视。但是,对歧视进行衡量是很困难的,因为必须根据人力资本和工作特性的差别进行矫正。
- 竞争市场倾向于限制歧视对工资的影响。如果一个工人群体的工资出于与边际生产率无关的原因而低于另一个工人群体,那么非歧视企业将比歧视企业盈利更多。因此,利润最大化行为可以减少歧视性工资差别。如果顾客愿意向歧视企业支付更多,或如果政府通过要求企业歧视的法律,那么竞争市场上的歧视就会持续下去。

教材习题解答

即问即答

1.
   - 给出补偿性工资差别的定义,并举出一个例子。
   - 列举两个原因说明为什么受教育多的工人的收入比受教育少的工人高。

   【解答】
   - 补偿性工资差别是为抵消不同工作的非货币特性而产生的工资差别。例如,煤矿工人得到额外的工资以补偿他们恶劣的工作环境,工厂中夜班工人的工资高于同类白班工人的工资,教授的工资低于律师和医生。
   - 受教育多的工人的收入比受教育少的工人高,是因为受教育多的工人的生产率更高,因此雇主愿意支付更高的工资,同时因为更高的教育程度预示着更多的潜在能力。

2.
   - 为什么很难确定一个工人群体是否受到歧视?
   - 解释利润最大化企业如何消除歧视性工资差别。
   - 歧视性工资差别怎样才能保持下去?

   【解答】
   - 很难确定一个工人群体是否受到歧视是因为,除了歧视,不同群体之间平均工资的差别还有多种其他原因,比如人力资本和工作特性的差别。
   - 利润最大化的企业往往会消除歧视性工资差别,因为如果一群工人受到歧视,那么在利润最大化的驱使下企业将会用比较低的工资去雇用这群工人。但是,这相应地会增加这群工人的工资,直到整个工人群体的工资都相同为止。
   - 如果顾客愿意为维持歧视性的做法进行支付或政府强制歧视,歧视性工资差别就能继续保持下去。

快速单选

1. Ted 放弃了当高中数学教师的工作,并回到学校学习电脑编程的最新进展,此后他在一家软件企业得到一份高报酬的工作。这是_____的例子?
   a. 补偿性工资差别
   b. 人力资本
   c. 发信号

d. 效率工资

2. Marshall 和 Lily 都在当地一家百货公司工作。Marshall 负责在顾客来时向他们问好,Lily 负责清洗卫生间,Marshall 的收入少于 Lily。这是_____的例子?
   a. 补偿性工资差别
   b. 人力资本
   c. 发信号
   d. 效率工资

3. Barney 经营一家小型制造业公司。尽管 Barney 可以支付较低工资并仍然招到他想要的所有人,但他向其雇员支付了相当于当地其他企业两倍的工资。他认为更高的工资使他的工人更忠诚、更努力。这是_____的例子。
   a. 补偿性工资差别
   b. 人力资本
   c. 发信号
   d. 效率工资

4. 一家商业咨询公司雇用 Robin 是由于她大学学习的是数学专业。她的新工作一点也不需要她学过的数学知识,但企业认为任何一个获得数学学位的人都十分聪明。这是_____的例子。
   a. 补偿性工资差别
   b. 人力资本
   c. 发信号
   d. 效率工资

5. 衡量歧视对劳动市场的结果有多大影响是困难的,这是因为_____。
   a. 工资的数据非常重要,但不易获取
   b. 企业会谎报它们支付的工资以掩盖它们的歧视做法
   c. 工人的特性不同,而且他们的工作类型也不同
   d. 同样的最低工资法适用于各群体的工人

6. 市场上自由进入与退出的竞争力量会消除以下哪一种歧视所带来的工资差别?
   a. 雇主
   b. 顾客
   c. 政府
   d. 以上所有各种

【答案】 1. b 2. a 3. d 4. c 5. c 6. a

复习题

1. 为什么煤矿工人得到的工资高于其他有相似教育水平的工人?

   【解答】
   煤矿工人得到的工资高于其他有相似教育水平的工人,是因为煤矿工人的高工资用来补偿采煤的恶劣卫生条件和危险性,以及煤矿工人所面临的长期健康问题。因此,他们获得相当大的补偿性工资差别。

2. 从什么意义上说教育是一种资本？

   【解答】

   教育是一种资本，因为教育代表为了提高未来生产率而在某一时点的资源支出。

3. 教育为何可能在不提高工人生产率的情况下增加工人的工资？

   【解答】

   教育可能在不提高工人生产率的情况下增加工人的工资，是因为教育可以作为工人具有高能力的一种信号。

4. 产生收入上的超级明星的条件是什么？你预期牙科行业中会出现超级明星吗？在音乐行业中呢？解释原因。

   【解答】

   产生收入上的超级明星的条件如下：(1) 每位顾客都想享受最优生产者提供的物品；(2) 生产这种物品所用的技术使最优生产者以低成本向每位顾客提供物品成为可能。因为一个牙科医生不能同时为所有顾客服务，所以你不可能在牙科行业看到超级明星。但因为可以用低成本来进行音乐的拷贝，所以你可能在音乐行业看到超级明星。

5. 举出工人的工资会高于使供求平衡的水平的三个原因。

   【解答】

   一个工人的工资会高于使供求平衡的水平的原因如下：(1) 最低工资法把一些工人的工资提高到他们在不受管制的劳动市场上所赚到的水平之上；(2) 工会可以用市场势力将工资提高到其均衡水平之上；(3) 企业会发现支付高于均衡工资的绩效工资是有利的，因为这样做可以提高工人的生产率。

6. 确定一个工人群体工资低是不是由于歧视存在什么困难？

   【解答】

   确定一个工人群体工资低是不是由于歧视是困难的，因为每个人都具有很多不同的特性，比如不同的教育程度、经历，并且存在补偿性工资差别的可能性。

7. 经济竞争的力量是加重还是削弱了基于种族的歧视？

   【解答】

   经济竞争的力量削弱了基于种族的歧视，因为在与那些既对赚钱感兴趣又实施歧视的企业的竞争中，只关心赚钱的企业处于优势地位。

8. 举出一个竞争市场中歧视如何会持续的例子。

   【解答】

   如果顾客更偏好歧视行为，那么竞争市场中的歧视会持续下去。比如，如果顾客相对于褐发服务员更喜欢金发服务员，那么餐馆将更趋向于雇用金发服务员，褐发服务员就受到了歧视。

问题与应用

1. 大学生有时通过暑期实习为私人企业或政府工作。许多这类工作的工资很少或没有工资。

   a. 从事这种工作的机会成本是什么？

   b. 解释为什么学生愿意接受这些工作。

   c. 如果把做过暑期实习的学生与做过工资较高的暑期工作的工人们以后一生的收入进行

比较，你预计会发现什么？

【解答】

a. 从事工资很少或没有工资的暑期实习的机会成本是大学生从事其他工作可获得的工资。

b. 尽管工资低，学生仍愿意接受实习工作，是因为实习可能帮助他们不久以后在公司或政府获得一份长久的工作。同时，实习完善了学生的履历。最后，学生可获得有价值的在职培训。

c. 你应该能预知，做暑期实习的学生以后的收入更高。

2. 正如第6章所解释的，最低工资法扭曲了低工资劳动市场。为了减少这种扭曲，一些经济学家提倡一种双重最低工资制度，对成年工人实行正常的最低工资，对青少年工人(teen-age labor)实行"次最低工资"。举出两种原因说明为什么单一最低工资对青少年工人劳动市场的扭曲大于对成年工人劳动市场的扭曲。

【解答】

单一最低工资法对青少年工人劳动市场的扭曲大于对成年工人劳动市场的扭曲是因为：(1) 青少年工人的边际产量值比较低，因此最低工资将高于青少年工人的边际产量值；(2) 青少年工人市场的需求弹性高于成年工人市场的需求弹性，因此最低工资法对青少年工人市场的扭曲更大。最低工资影响了那些最缺乏技术和经验最少的工人，而这些特性一般就是青少年工人所具有的。

3. 劳动经济学的一项基本结论是，那些工作经验多的工人得到的工资高于那些(正规教育年限相同但)工作经验少的工人。为什么会出现这种情况？一些研究也发现，同种工作中的经验(称为"工龄")对工资有额外的正影响。解释原因。

【解答】

工作经验多的工人通常比那些正规教育年限相同但工作经验少的工人拥有更多的在职培训。这些培训会增加他们劳动的边际产量值。工龄也是有价值的，因为工人可以获得针对岗位的工作知识或对企业有用的专业化知识。

4. 在一些学院和大学中，经济学教授的薪水高于其他一些学科的教授。

a. 为什么这种情况可能是真实的？

b. 其他一些学院和大学制定了对所有学科教授支付相同工资的政策。在这些学校中，经济学教授的教学负担比其他一些学科的教授轻。教学负担的差别起了什么作用？

【解答】

a. 经济学教授得到的薪水高于其他一些学科的教授，是因为他们拥有学校以外更好的就业机会。比如，他们可以在企业或政府部门找到工作。

b. 教学负担的差别能弥补较低的工资。如果对所有学科的教授支付一样的工资，薪酬水平就可能低于经济学教授在其他地方所能赚到的工资。为了吸引经济学教授，学院将给予他们一些其他补偿，比如较轻的教学负担。

5. 设想某人向你提出以下选择：你可以在世界上最好的大学学习四年，但你必须为你在那里上学保密；或者你可以从世界上最好的大学获得一个正式的学位，但你不能实际去那里上学。你认为哪一种选择能更多地提高你未来的收入？你的回答为教育的信号效应与人力资本效应的争论提供了什么启发？

【解答】

基于信号理论,你将更愿意获得学位,而不参加大学学习。但是基于人力资本理论,你将更愿意去大学学习,尽管你需要为去那里上学保密。

6. 当录音机在近一百年前第一次被发明出来时,音乐家们突然可以以低成本向大量听众提供他们的音乐。你认为这件事如何影响最优秀音乐家的收入?它又如何影响一般音乐家的收入?

【解答】

录音机的发明产生了超级明星现象,即最优秀音乐家得到的收入远远高于一般音乐家的收入,因为录音机可以以低成本为每一位顾客提供最优秀音乐家的音乐。因此,最优秀音乐家的收入增加,一般音乐家的收入减少。

7. 当前有关教育的争论是,应该仅仅根据教师的受教育年限和教学经验按标准薪级支付工资,还是应该部分地根据他们的业绩支付工资(称为"绩效工资")。
   a. 为什么绩效工资可能是合意的?
   b. 谁会反对绩效工资制?
   c. 绩效工资潜在的挑战是什么?
   d. 一个相关的问题:为什么一个学区提供给教师的工资可能远远高于周围地区提供的工资?

【解答】

   a. 人们需要激励。绩效工资激励教师们更加努力地工作。
   b. 那些教课不好的教师可能会反对绩效工资制。此外,有些教师可能不愿意努力工作来获得更高的薪水。
   c. 潜在的挑战是能否准确衡量教师的表现。
   d. 因为激励因素,通过支付较高工资能留住优秀的教师。

8. 当艾伦·格林斯潘(后来成为美联储主席)在20世纪60年代经营一家经济咨询公司时,他主要雇用女经济学家。他曾经在《纽约时报》上说:"我总是给予男性与女性同样的评价,而且我发现,由于其他人不这样评价,好的女经济学家就比男经济学家的雇用成本低。"格林斯潘的行为是利润最大化的吗?这种行为值得赞赏还是应该受到谴责?如果更多的雇主像格林斯潘这样,那么男性与女性之间的工资差别会发生什么变动?为什么当时其他经济咨询公司没有遵循格林斯潘的经营战略呢?

【解答】

是的,他的行为是利润最大化行为。他用较低的价格雇用劳动力。有些人可能会认为格林斯潘应该受到谴责,因为他"歧视"男性。也有一些人可能会认为格林斯潘是值得尊敬的,因为他使得利润最大化,同时给了女性一个更好的机会去获得一份工作。如果更多的雇主像格林斯潘这样,那么男性与女性之间的工资差别将缩小,由于雇主们都为了女性工作者而竞争,因此女性就跟男性一样拥有很多的工作选择,最终,工资差别就会消失。当时其他经济咨询公司没有遵循格林斯潘的经营战略是因为它们的顾客可能更喜欢男性咨询员。

第 20 章
收入不平等与贫困

学习目标

在本章中,学生应理解
- 我们社会中经济不平等的程度;
- 在衡量经济不平等时产生的一些问题;
- 政治哲学家如何看待政府在收入再分配中的作用;
- 旨在帮助贫困家庭脱贫的各种政策。

框架与目的

第 20 章是论述劳动市场经济学的三章中的最后一章。第 18 章提出了生产要素市场。第 19 章扩展了基本供求模型,以有助于解释我们在经济中见到的普遍的工资差别。第 20 章论述收入分配的衡量,并考察政府在调整收入分配中所起的作用。

第 20 章的目的是论述收入分配。通过回答三个问题来进行讨论。第一,不平等程度有多大?第二,不同的政治哲学家对于政府在改变收入分配中的适当作用是怎样阐述自己观点的?第三,用来帮助穷人的各种政府政策是什么?

内容提要

- 收入分配数据表明了美国社会中存在的巨大不平等。最富有的 1/5 家庭的收入是最穷的 1/5 家庭收入的 12 倍还多。
- 由于实物转移支付、经济生命周期、暂时收入和经济流动性对于理解收入变动如此重要,以至于要用某一年的收入分配数据来判断我们社会中的不平等程度是很困难的。当考虑到这些因素时,它们总倾向于表明经济福利的分配比年收入的分配更平等。
- 政治哲学家对于政府改变收入分配的作用的看法并不相同。功利主义者(例如,约翰·斯图亚特·穆勒)选择使社会中每个人效用之和最大化的收入分配。自由主义者(例如,约翰·罗尔斯)认为在决定收入分配时,我们应该仿佛被置于不了解自己生活状况的"无知之幕"之下。自由至上主义者(例如,罗伯特·诺齐克)要求政府保护个人权利以保证一个公正的过程,但不用关注其引起的收入分配结果的不平等。
- 有许多旨在帮助穷人的不同政策——最低工资法、福利、负所得税以及实物转移支付。虽然这些政策都帮助了一些家庭脱贫,但它们也有意想不到的副作用。由于经济援助随着收入增加而减少,因此,穷人往往面临很高的有效边际税率。这种高有效边际税率不鼓励贫困家庭依靠自己的力量脱贫。

教材习题解答

即问即答

1. • 贫困率衡量了什么?
   • 说明在解释所衡量的贫困率时可能存在的三个问题。

   【解答】
   • 贫困率衡量了家庭收入低于一个称为贫困线的绝对水平的人口百分比。贫困率说明了收入分配末端的情况。
   • 在解释所衡量的贫困率时可能存在的三个问题为:(1) 在衡量贫困率时没有把实物转移支付考虑在内,因此贫困率高估了贫困家庭的数量;(2) 贫困率是以年度收入为根据的,但是在生命周期之内的收入比年度收入分配得更加平等;(3) 贫困率受到暂时收入改变的影响,但是贫困率更适合用持久收入来衡量。

2. Petra 赚的钱比 Paula 多。一个人建议向 Petra 征税并补贴 Paula 的收入。功利主义者、自由主义者和自由至上主义者会如何评价这种建议呢?

   【解答】
   根据收入的边际效用递减的假设,功利主义者将会赞成收入再分配,即向 Petra 征税并补贴 Paula 的收入,因为这种做法将增加社会总效用。自由主义者主张社会中最不富裕的人群的效用最大化,因此自由主义者将赞成甚至更多的再分配。自由至上主义认为,只要赚钱的过程是平等的,就不应该进行收入再分配,不应向 Petra 征税并补贴 Paula 的收入。

3. 列出旨在帮助穷人的至少三项政策,并讨论每种政策的优缺点。

   【解答】
   旨在帮助穷人的政策包括最低工资法、福利、负所得税和实物转移支付。最低工资法可以帮助那些有工作的穷人,而政府又不用花钱,但是这种方法的缺点在于会引起部分工人群体的失业。福利为穷人提供了直接的帮助,但是这种方法所提供的激励使人们变得更有依赖性。负所得税是帮助穷人的一个好途径,它对穷人实施经济帮助的同时又不会像其他政策一样扭曲激励,但负所得税可能会帮助到那些懒惰和不愿意工作的人群。实物转移支付为穷人直接提供了物品和服务,以确保穷人得到像食物和居住场所一类的生活必需品,但是政府可能并不知道穷人最需要什么。

快速单选

1. 在美国,最穷的 1/5 人口的收入是全部收入的百分之____,而最富的 1/5 人口的收入是全部收入的百分之____。
   a. 2,70
   b. 4,50
   c. 60,35
   d. 8,25

2. 当与其他国家的收入不平等相比时,你会发现美国_____。
   a. 是世界上最平等的国家之一
   b. 是世界上最不平等的国家之一
   c. 比大多数发达国家平等,但比许多发展中国家不平等
   d. 比大多数发达国家不平等,但比许多发展中国家平等

3. 功利主义者相信,在什么情况下从富人向穷人的收入再分配是有用的?
   a. 最穷的社会成员由此得到好处。
   b. 对这种制度做出贡献的人同意它。
   c. 在税收和转移支付之后,每个人的收入都反映了其边际产量。
   d. 对工作激励的扭曲效应并不太大。

4. 罗尔斯关于"无知之幕"背后的"原始状态"的思想实验是要引起人们对以下哪一事实的关注?
   a. 大多数穷人并不知道如何找到更好的工作并脱贫。
   b. 我们每个人出生的状态很大程度上依靠幸运。
   c. 富人有太多钱了,以至于不知该怎么花完它们。
   d. 只要每个人开始时有平等的机会,结果就是有效率的。

5. 负所得税是指在这种政策下_____。
   a. 低收入者从政府得到转移支付
   b. 政府在不扭曲激励的情况下提高税收收入
   c. 每个人支付的税收都少于传统所得税下支付的税收
   d. 一些纳税人处于拉弗曲线不利的一面

6. 如果从某个反贫困项目中得到的收益随个人收入增加而减少,那么该项目将_____。
   a. 鼓励穷人更努力工作
   b. 引起不熟练工人的劳动供给过剩
   c. 提高穷人面临的有效边际税率
   d. 使政府的成本大于对每个人都有好处的项目的成本

【答案】 1. b 2. d 3. d 4. b 5. a 6. c

复习题

1. 最富的1/5美国人的收入是最穷的1/5美国人的收入的3倍、6倍,还是12倍?
   【解答】
   最富的1/5美国人的收入是最穷的1/5美国人收入的12倍。

2. 过去四十年间,美国最富的1/5人口的收入份额发生了什么变化?
   【解答】
   过去四十年间,美国最富的1/5人口的收入份额从40.9%上升到48.9%。

3. 美国人口中的哪一个群体最有可能生活在贫困之中?
   【解答】
   美国人口中,最可能生活在贫困之中的群体是黑人和西班牙裔人、孩子,以及以单身母亲为家长的家庭。

4. 在衡量不平等程度时,为什么收入的暂时变动和生命周期变动使得这种衡量更加困难?

   【解答】

   因为人们可能会处于暂时性的高收入或低收入水平,且收入在生命周期之内是变动的(当人们年轻时,收入是低的,当人们年老时,收入是高的),所以年度收入不能体现生活水平的真正不平等。

5. 功利主义者、自由主义者和自由至上主义者各是如何决定多大程度的收入不平等是可被允许的?

   【解答】

   功利主义者认为每个人都应该有平等的收入,但是考虑到再分配收入会扭曲人们的动机,因此功利主义者在实现收入平等目标的路上只前进了一部分。自由主义者在追求收入平等目标上比功利主义者走得更远,因为自由主义者关心社会上状况最差的人的福利。自由至上主义完全不关心收入平等,只要得到收入的过程是公平的。

6. 对穷人的实物(而不是现金)转移支付有什么优缺点?

   【解答】

   实物转移支付是有利的,因为它们确保穷人得到他们最需要的东西。尤其是,他们可以得到食物和居住场所,而不是酒和毒品。但实物转移支付对穷人来说不如现金有效,因为实物转移支付无法向穷人提供将实物替换成更有价值的物品的机会。现金支付的支持者认为穷人最懂得哪些是自己最需要的东西。

7. 解释反贫困计划如何不鼓励穷人工作。你能如何减少这种障碍?你所建议的政策有什么不利之处?

   【解答】

   反贫困计划可能会不鼓励穷人工作,因为当一个人获得收入时,反贫困计划通过大幅减少救济金来有效地对收入纳税。逐渐地减少救济金可以削弱这种抑制因素,但是反贫困计划的成本会变得更高。

问题与应用

1. 教材中表 20-2 表明自 20 世纪 70 年代以来美国的收入不平等加剧了。第 19 章中讨论的一些因素对这种加剧起了作用。这些因素是什么?

   【解答】

   在过去的 40 年里,致使美国的收入不平等加剧的因素是家庭的破裂,这使得贫困家庭越来越贫困,同时随着双职工家庭的不断增加,富裕的家庭越来越富裕,以及科技进步对不同技术水平的工人有不同影响。

2. 教材中表 20-3 表明,收入低于贫困线的家庭中儿童的百分比远远高于这些家庭中老年人的百分比。政府在不同社会计划之间的资金配置如何引起了这种现象?

   【解答】

   收入低于贫困线的家庭中儿童的百分比几乎是这些家庭中老年人的百分比的两倍,因为社会福利制度对老年人的支持更大,但贫困家庭临时援助计划(TANF)具有负面激励作用,该计划不鼓励家庭通过工作来脱离贫困。

3. 本章讨论了经济流动性的重要性。

   a. 政府可以采取什么政策来提高一代人之内的经济流动性?

b. 政府可以采取什么政策来提高隔代人之间的经济流动性？

c. 你认为我们应该为了增加对提高经济流动性计划的支出而减少对现期福利计划的支出吗？这样做有什么有利之处与不利之处？

【解答】

a. 为了提高一代人之内的经济流动性，政府可以支持培训计划（为无技术的工人提供技术性培训），并用工作福利制以代替福利制（来帮助穷人增加他们的收入）。

b. 为了提高隔代人之间的经济流动性，政府可以增加对教育的支持。

c. 增加对提高经济流动性计划的支出而减少对现期福利计划的支出的优点在于，这给予了人们更多努力工作、不断向前的激励。但它的缺点在于这类计划的成本高，而且那些没能成功的人很难从中受益。

4. 考虑两个社区。在一个社区中，有10个家庭每家有10万美元收入，还有10个家庭每家有2万美元收入。在另一个社区，有10个家庭每家有20万美元收入，还有10个家庭每家有2.2万美元收入。

a. 在哪个社区中收入分配更不平等？在哪个社区中贫困问题可能更严重？

b. 罗尔斯更喜欢哪一种收入分配？解释原因。

c. 你更喜欢哪一种收入分配？解释原因。

d. 为什么有人会持相反的偏好？

【解答】

a. 社区2中的收入分配比社区1更不平等。在社区2中，富人们的收入几乎是穷人们的10倍，而在社区1中，富人们的收入仅是穷人们的5倍。然而，贫困问题在社区1中更为严重，因为相对于社区2，社区1的穷人们有更低的收入，富人们很可能支付更少的所得税。

b. 罗尔斯更喜欢社区2的收入分配，因为社区2中的底层家庭比社区1中的底层家庭有更多的收入。

c. 大多数人会更喜欢社区2的收入分配，因为在社区2中富人和穷人都比社区1中的处境更佳，尽管不平等状况更严重些。

d. 功利主义者可能更喜欢社区1的收入分配，因为社区1中的居民的收入更为平等。

5. 本章用"漏水的桶"的比喻来解释一种对收入再分配的限制。

a. 美国的收入再分配制度中有哪些因素引起了"桶中水"的漏出？具体说明。

b. 你认为一般情况下，是共和党还是民主党会认为用于收入再分配的"桶"漏出更多？这种信念是如何影响他们关于政府应该进行多大程度的收入再分配的观点的？

【解答】

a. 引起"桶中水"漏出的因素有：收入再分配的行政费用，有些人会隐藏自己的收入来规避该分配制度，以及劳动的供给是有弹性的，因此收入再分配性质的税收减少了劳动的供给。

b. 一般情况下，与民主党的观点相比，共和党认为用于再分配的"桶"漏出更多。因此，共和党认为政府应该进行更少的收入再分配，而民主党认为政府应该进行更多的收入再分配。

6. 假设在一个有10个人的社会中存在两种可能的收入分配方案。在第一种分配方案中，有9个人的收入为3万美元，有1个人的收入为1万美元。在第二种分配方案中，10个人每人的收入都是2.5万美元。

a. 如果社会采用的是第一种分配方案，那么功利主义者支持对收入进行再分配的论据是什么？

b. 罗尔斯会认为哪一种收入分配方案更平等？解释原因。
c. 诺齐克会认为哪一种收入分配方案更平等？解释原因。

【解答】
a. 功利主义者支持对收入进行再分配的论据在于，一个收入为 1 万美元的人的收入边际效用比一个收入为 3 万美元的人的收入边际效用更高，因此一部分收入应该被用于再分配。
b. 罗尔斯更喜欢第二种分配方案，因为穷人们在该方案下的处境比在第一种分配方案下的处境更好。
c. 诺齐克认为没有哪种分配方案是更平等的。他认为最平等的分配方式就是人们从中得到他们应得的。如果游戏的规则是公平的，那么两者中任何一种分配方式都是可接受的。

7. 如果把实物转移支付的市场价值加到家庭收入中，那么贫困率就会大大降低。最大的实物转移支付是医疗援助——政府为穷人提供的医疗计划。假设该计划为每个受援助家庭支出 10 000 美元。
   a. 如果政府给每个受援助家庭一张 10 000 美元的支票，而不是把它们列入医疗援助计划，你认为大多数受援助家庭会用这笔钱去买医疗保险吗？为什么？（记住，四口之家的贫困线大约是 23 000 美元。）
   b. 你对 a 的回答如何影响你关于我们是否应该通过评估政府为实物转移支付的价格来确定贫困率的观点？解释原因。
   c. 你对 a 的回答如何影响你关于我们是应该以现金转移支付还是实物转移支付来向穷人提供帮助的观点？解释原因。

【解答】
a. 如果人们接受现金而不是医疗援助，那么大多数这种家庭不会用这笔钱去买医疗保险，而是会用这笔钱去购买他们想要的或需要的物品。
b. 这暗示我们也许不应该通过政府为实物转移支付的价格来评估它们的价值。它们的实际价值可能低于其成本。
c. 对于其他物品和医疗援助，由于穷人更喜欢前者，因此我们应该以现金转移支付的方式来向穷人提供帮助。

8. 考虑美国的两种收入保障方案：贫困家庭临时援助和劳动所得税抵免。
   a. 当一个有孩子而且收入很低的女性多赚到 1 美元时，她得到的贫困家庭临时援助收入减少了。你认为贫困家庭临时援助的这个特点对低收入女性的劳动供给有什么影响？解释原因。
   b. 低收入工人赚到的收入越多（直到某一点为止），劳动所得税抵免给予的收益越多。你认为这个方案对低收入者的劳动供给有什么影响？解释原因。
   c. 取消贫困家庭临时援助并将节省下来的钱用于劳动所得税抵免的不利之处是什么？

【解答】
a. 由于当该女性多赚到 1 美元时，她得到的贫困家庭临时援助收入就减少了，这使得她将更不愿意去工作。因此，低收入女性的劳动供给就会因为贫困家庭临时援助变得更低。
b. 如果低收入工人赚到的收入越多，她就会得到越多的利益，那么她将更倾向于工作。因此，劳动所得税抵免方案对低收入者的劳动供给具有正面的影响。
c. 贫困家庭临时援助向那些在劳动市场中竞争失败的人提供了"安全网"，取消该援助将削弱这种"安全网"。

第 21 章
消费者选择理论

学习目标

在本章中,学生应理解
- 预算约束线是如何代表消费者可以支付得起的选择的;
- 如何用无差异曲线来表示消费者的偏好;
- 消费者的最优选择是如何决定的;
- 消费者如何对收入变动和价格变动做出反应;
- 如何把价格变动的影响分解为收入效应和替代效应;
- 如何把消费者选择理论运用于有关家庭行为的三个问题。

框架与目的

　　第 21 章是向你介绍微观经济学的一些前沿内容但互不相关的两章中的第一章。这两章的目的是激起你进一步学习经济学的好奇心。第 21 章论述一个称为消费者选择理论的前沿论题。

　　第 21 章的目的是阐释描述消费者如何做出关于购买什么的决定的理论,迄今为止,这些决定被总结为需求曲线。消费者选择理论是需求曲线的基础。该理论被提出后,主要应用于解决经济如何运行的一些问题。

内容提要

- 消费者预算约束线表示在消费者收入与物品价格既定时,消费者可以购买的不同物品的可能组合。预算约束线的斜率等于这些物品的相对价格。
- 消费者无差异曲线代表其偏好。无差异曲线表示能使消费者同样满足的各种物品组合。消费者对较高无差异曲线上各点的偏好大于对较低无差异曲线上的各点。无差异曲线上任意一点的斜率是消费者的边际替代率——消费者愿意用一种物品交换另一种物品的比率。
- 消费者通过选择同时位于预算约束线上和最高无差异曲线上的那一点来实现最优化。在这个点上,无差异曲线的斜率(物品之间的边际替代率)等于预算约束线的斜率(物品的相对价格),同时消费者对两种物品的评价(由边际替代率来衡量)等于市场的评价(由相对价格来衡量)。
- 当一种物品的价格下降时,对消费者选择的影响可以分解为收入效应和替代效应。收入效应是由于价格降低使得消费者境况变好而引起的消费变动。替代效应是由于价格变动鼓励更多地消费相对便宜的物品而引起的消费变动。收入效应反映在从较低无差异曲线向较高无差异曲线的移动上,而替代效应表现为沿着一条无差异曲线向有不同斜率的点的变动上。

- 消费者选择理论适用于许多情况。它可以解释为什么需求曲线有可能向右上方倾斜,为什么工资提高既可能增加也可能减少劳动供给量,以及为什么高利率既可能增加也可能减少储蓄。

教材习题解答

即问即答

1. 如果百事可乐的价格为5美元,比萨饼的价格为10美元,画出收入为1 000美元的预算约束线。这条预算约束线的斜率是多少?

   【解答】
   1 000美元的收入可以购买1 000/5=200升百事可乐(如果所有的收入都花费在百事可乐上)或1 000/10=100个比萨饼(如果所有的收入都花费在比萨饼上)。因此,200升百事可乐而没有比萨饼的点是预算约束线的纵轴截距,100个比萨饼而没有百事可乐的点是预算约束线的横轴截距,如图1所示。预算约束线的斜率就是纵轴截距除以横轴截距,即 -200/100=-2(由于预算约束线向右下方倾斜,斜率为负)。

   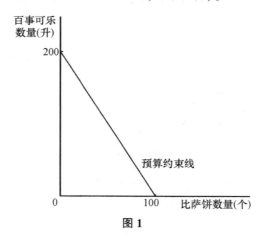

   图1

2. 画出比萨饼和百事可乐的一些无差异曲线。解释这些无差异曲线的四个特征。

   【解答】
   比萨饼和百事可乐的无差异曲线如图2所示。这些无差异曲线有四个特征:(1) 消费者对较高的无差异曲线的偏好大于较低的无差异曲线,因为消费者偏好消费更多而不是更少的物品。(2) 无差异曲线向右下方倾斜,因为消费者为了获得同样的满足程度,减少一种物品的消费,就必定增加另一种物品的消费。(3) 无差异曲线不相交,因为如果相交,就会违背消费者偏好消费更多而不是更少物品的假设。(4) 无差异曲线凸向原点,因为人们更愿意放弃自己拥有量较多的物品,而不愿放弃拥有量较少的物品。

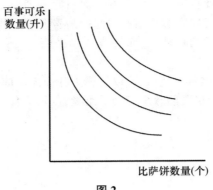

图 2

3. 画出百事可乐和比萨饼的预算约束线和无差异曲线。说明当比萨饼价格上升时，预算约束线与消费者最优点会发生什么变动。用图形把这种变动分解为收入效应与替代效应。

   【解答】
   预算约束线（BC_1）和两条无差异曲线（I_1 和 I_2）如图 3 所示。消费者的初始点在 A 点，此时预算约束线相切于无差异曲线。比萨饼价格上升使得预算约束线移动为 BC_2，消费者移动到 C 点，此时新的预算约束线相切于更低的无差异曲线。把这种变动分解为收入效应和替代效应需要画出与新的预算约束线平行且与原来的无差异曲线相切于 B 点的预算约束虚线。从 A 点到 B 点的变动表示替代效应，而从 B 点到 C 点的变动表示收入效应。

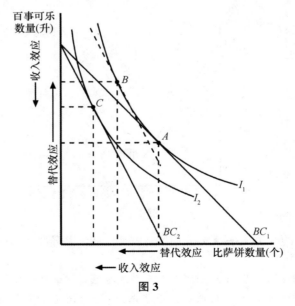

图 3

4. 解释工资增加可能如何减少一个人想要工作的量。

   【解答】
   工资增加可能减少一个人想要工作的量，因为更高的工资具有增加闲暇和增加消费的收入效应。同时，工资增加也有增加消费和减少闲暇的替代效应，而减少闲暇意味着增加工作。只有当替代效应超过收入效应时,人们才会愿意工作更多。

快速单选

1. Emilio 购买价格为 10 美元的比萨饼和价格为 2 美元的苏打水。他的收入为 100 美元。如果以下哪一个事件出现,他的预算约束线就会平行向外移动?
   a. 比萨饼的价格下降到 5 美元,苏打水的价格下降到 1 美元,而他的收入减少为 50 美元。
   b. 比萨饼的价格上升到 20 美元,苏打水的价格上升到 4 美元,而他的收入仍保持不变。
   c. 比萨饼的价格下降到 8 美元,苏打水的价格下降到 1 美元,而他的收入增加到 120 美元。
   d. 比萨饼的价格上升为 20 美元,苏打水的价格上升到 4 美元,而他的收入增加到 400 美元。

2. 在无差异曲线上的任何一点,该曲线的斜率衡量消费者的_____。
   a. 收入
   b. 用一种物品交换另一种物品的意愿
   c. 对两种物品是替代品还是互补品的认知
   d. 需求弹性

3. Matthew 和 Susan 是衬衫和帽子市场上的两个追求最优化的消费者,他们用 100 美元买一件衬衫,用 50 美元买一顶帽子。Matthew 买了 4 件衬衫和 16 顶帽子,而 Susan 买了 6 件衬衫和 12 顶帽子。从这些信息我们可以推断,Matthew 的边际替代率是每件衬衫_____顶帽子,而 Susan 的边际替代率是每件衬衫_____顶帽子。
   a. 2,1
   b. 2,2
   c. 4,1
   d. 4,2

4. Darius 只购买龙虾和鸡肉。龙虾是正常物品,而鸡肉是低档物品。当龙虾价格上升时,Darius 购买的_____。
   a. 两种物品都更少
   b. 龙虾更多,鸡肉更少
   c. 龙虾更少,鸡肉更多
   d. 龙虾更少,但对鸡肉的影响并不清楚

5. 如果意大利面价格上升而消费者购买更多意大利面,那么我们就可以推断出:
   a. 意大利面是正常物品,而且收入效应大于替代效应。
   b. 意大利面是正常物品,而且替代效应大于收入效应。
   c. 意大利面是低档物品,而且收入效应大于替代效应。
   d. 意大利面是低档物品,而且替代效应大于收入效应。

6. 在下列哪种情况下,劳动供给曲线向上方倾斜?
   a. 闲暇是正常物品。
   b. 消费是正常物品。
   c. 对闲暇的收入效应大于替代效应。
   d. 对闲暇的替代效应大于收入效应。

【答案】 1. d 2. b 3. b 4. c 5. c 6. d

复习题

1. 某消费者收入为3 000美元。1杯红酒3美元,1磅奶酪6美元。画出该消费者的预算约束线,纵坐标表示红酒数量。这条预算约束线的斜率是多少?

   【解答】
   该消费者的预算约束线如图4所示。横轴截距表示如果全部收入只买奶酪所能购买的数量。收入3 000美元,1磅奶酪6美元,可以买500磅奶酪。纵轴截距表示如果全部收入只买红酒所能购买的数量。收入3 000美元,1杯红酒3美元,可以买1 000杯红酒。基于横轴截距和纵轴截距,可知预算约束线的斜率为-1 000/500=-2。

   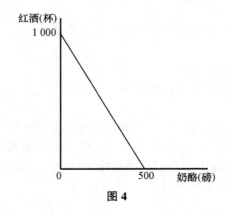

   图4

2. 画出消费者对红酒和奶酪的无差异曲线。描述并解释这些无差异曲线的四个特征。

   【解答】
   消费者的红酒与奶酪的无差异曲线如图5所示。这些无差异曲线的四个特征是:(1) 消费者对较高的无差异曲线的偏好大于较低的无差异曲线,因为消费者偏好消费更多而不是

   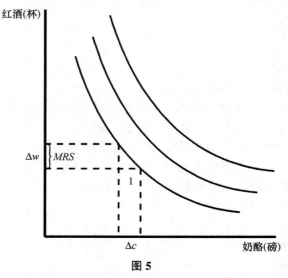

   图5

更少的物品。(2) 无差异曲线向右下方倾斜,因为如果红酒的数量减少,消费者为了获得同样的满足程度,奶酪的数量必须增加。(3) 无差异曲线不相交,因为消费者偏好更多的物品而不是更少的物品。(4) 无差异曲线凸向原点,因为消费者如果拥有更多的红酒,那么更愿意用红酒交换奶酪;如果拥有更少的红酒,那么就不太愿意用红酒交换奶酪。

3. 选出红酒与奶酪无差异曲线上的一点,并指出边际替代率是多少。边际替代率告诉了我们什么?

   【解答】
   在无差异曲线上的某一点,红酒与奶酪的边际替代率(MRS)如图5所示。边际替代率说明了消费者为了多得到1磅奶酪所愿意放弃的红酒数量。

4. 画出消费者关于红酒与奶酪的预算约束线及无差异曲线。标出最优消费选择。如果1杯红酒的价格是3美元,而1磅奶酪的价格是6美元,那么在最优点边际替代率是多少?

   【解答】
   红酒和奶酪的消费者预算约束线和无差异曲线如图6所示。消费者的最优消费选择是 w^* 和 c^*。因为边际替代率等于两种物品在最优点的相对价格,所以边际替代率为 6/3 = 2。

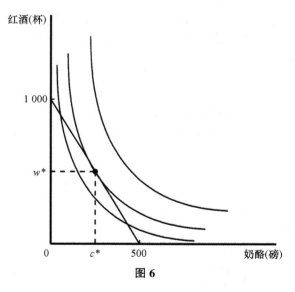

图6

5. 某个消费红酒和奶酪的人得到晋升,因此其收入从3 000美元增加到4 000美元。如果红酒和奶酪都是正常物品,会发生什么变动?如果奶酪是低档物品,会发生什么变动?

   【解答】
   收入增加导致的变动如图7所示。收入的增加使得预算约束线从 BC_1 移动到 BC_2。如果红酒和奶酪都是正常物品,两者的消费量都会增加。如果奶酪是低档物品,那么收入的上升会导致奶酪消费量的下降,如图8所示。

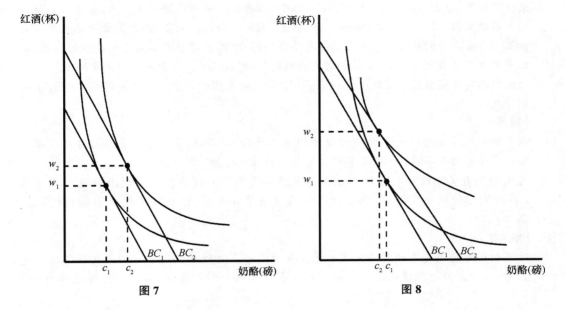

图7   图8

6. 奶酪的价格由1磅6美元上升为1磅10美元,而红酒的价格仍然是1杯3美元。对一个收入为3 000美元不变的消费者来说,红酒和奶酪的消费会发生什么变动？把这种变动分解为收入效应和替代效应。

【解答】
奶酪价格由1磅6美元上升到1磅10美元,使得预算约束线的横轴截距从500下降到300,如图9所示。消费者预算约束线从BC_1移动到BC_2,消费者最优点选择从A点(奶酪c_1,红酒w_1)变为B点(奶酪c_2,红酒w_2)。为了把这种变动分解为收入效应和替代效应,我

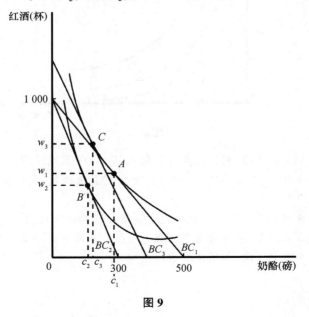

图9

226 ◂ 《经济学原理(第8版):微观经济学分册》习题解答

们画了预算约束线 BC_3，BC_3 平行于 BC_2 并与无差异曲线相切于 C 点。从 A 点到 C 点的变动为替代效应，因为当奶酪变贵后，消费者会消费更多红酒来替代奶酪，从而使得消费点从 A 点变动到 C 点。从 C 点到 B 点的变动为收入效应，奶酪价格的上升导致实际收入的下降。

7. 奶酪价格上升有可能使消费者购买更多奶酪吗？解释原因。

   【解答】
   如果奶酪是吉芬物品的话，奶酪价格的上升会导致消费者购买更多的奶酪。在这种情况下，因为奶酪是低档物品，所以奶酪价格上升产生的收入效应大于替代效应，从而导致消费者购买更多的奶酪。

问题与应用

1. Maya 把她的收入用于消费咖啡和牛角面包（这两种物品都是正常物品）。巴西早来的寒流使美国咖啡的价格大幅度上升。
   a. 说明寒流对 Maya 预算约束线的影响。
   b. 假定牛角面包的替代效应大于收入效应，说明寒流对 Maya 最优消费组合的影响。
   c. 假定牛角面包的收入效应大于替代效应，说明寒流对 Maya 最优消费组合的影响。

   【解答】
   a. 寒流对 Maya 预算约束线的影响如图 10 所示。因为咖啡价格上升，所以她的预算约束线从 BC_1 旋转到 BC_2。
   b. 假定牛角面包的替代效应大于收入效应，Maya 将会购买更多的牛角面包和更少的咖啡，最优消费组合将从 A 点移动到 B 点，如图 10 所示。
   c. 假定牛角面包的收入效应大于替代效应，Maya 将会购买更少的牛角面包和更少的咖啡，最优消费组合将从 A 点移动到 B 点，如图 11 所示。

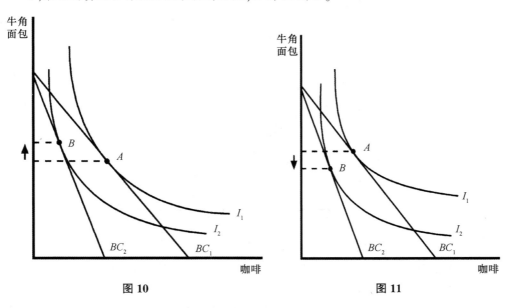

图 10　　　　　　　图 11

2. 比较下列两对物品：

- 可口可乐与百事可乐
- 滑雪板与滑雪板上的固定装置

a. 在哪种情况下两种物品是互补品？在哪种情况下它们是替代品？

b. 在哪种情况下你预期无差异曲线完全是一条直线？而在哪种情况下你预期无差异曲线有很强的凸性？

c. 在哪种情况下，消费者对两种物品相对价格的变动反应更大？

【解答】

a. 滑雪板和滑雪板上的固定装置是互补品；可口可乐和百事可乐是替代品。

b. 可口可乐和百事可乐的无差异曲线完全是一条直线，由于两者之间基本没有区别，因此它们近似于完全替代。滑雪板和滑雪板上的固定装置的无差异曲线有很强的凸性，因为它们是互补品。

c. 消费者会对可口可乐和百事可乐的相对价格变动的反应更大。如果相对价格发生变动，消费者的选择可能完全从一种物品切换到另一种物品。

3. 你只消费苏打水和比萨饼。有一天，苏打水的价格上升了，比萨饼的价格下降了，而你与价格变动以前的满足程度相同。

a. 用图形说明这种情况。

b. 你对这两种物品的消费量会如何变动？你的反应如何取决于收入效应和替代效应？

c. 你能买得起价格变动前你消费的苏打水和比萨饼的组合吗？

【解答】

a. 价格变动的影响如图 12 所示。如果你的满足程度相同，你应当保持在相同的无差异曲线上。然而苏打水价格的上升和比萨饼价格的下降使得预算约束线变得更加陡峭了（从 BC_1 变为 BC_2）。

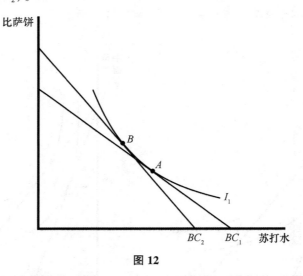

图 12

b. 你将会消费更少的苏打水而消费更多的比萨饼。既然你的满足程度相同，就只需考虑替代效应。

c. 你买不起你原先的消费组合，因为它位于你新的预算约束线之外。

4. Carlos 只消费奶酪和饼干。
   a. 对 Carlos 来说,奶酪和饼干可能都是低档物品吗?解释原因。
   b. 假设奶酪对 Carlos 而言是正常物品,而饼干是低档物品。如果奶酪的价格下降,Carlos 的饼干消费量会发生什么变动?他的奶酪消费量会发生什么变动?解释原因。

   【解答】
   a. 奶酪和饼干不可能都是低档物品。因为如果 Carlos 收入上升,她必然会消费更多某种物品。由于她只消费奶酪和饼干,所以她至少增加其中一种的消费。
   b. 如果奶酪价格下降,由于替代效应,Carlos 将消费更多的奶酪和更少的饼干;由于收入效应,Carlos 将消费更多的奶酪(因为奶酪是正常物品)和更少的饼干(因为饼干是低档物品)。因此,两种效应都会导致 Carlos 消费更多的奶酪和更少的饼干。

5. Jacob 只买牛奶和点心。
   a. 在第一年中,Jacob 赚了 100 美元,牛奶为每夸脱 2 美元,点心为每打 4 美元。画出 Jacob 的预算约束线。
   b. 现在假设在第二年所有价格都上升了 10%,而 Jacob 的薪水也增加了 10%。画出 Jacob 的新预算约束线。与第一年的最优组合相比,Jacob 第二年牛奶和点心的最优组合会如何变动?

   【解答】
   a. Jacob 的预算约束线如图 13 所示。纵轴截距是 50 夸脱牛奶,因为如果 Jacob 把他的所有钱都用来买牛奶,他可以买 100/2 = 50 夸脱牛奶。横轴截距是 25 打点心,因为如果 Jacob 把他的所有钱都用来买点心,他可以买 100/4 = 25 打点心。

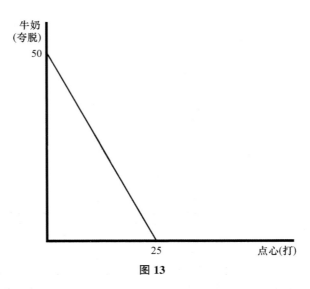

图 13

   b. 如果 Jacob 的薪水增加了 10%,达到 110 美元,而牛奶和点心的价格都上升 10%,分别达到 2.2 美元和 4.4 美元,那么 Jacob 的预算约束线将不会变动。110/2.2 = 50,110/4.4 = 25,因此新预算约束线的截距和原来的预算约束线一样。因为预算约束线没有变化,所以 Jacob 的最优消费组合没有变化。

6. 说明下面每一种说法正确还是错误。解释你的答案。

a. "所有的吉芬物品都是低档物品。"
b. "所有的低档物品都是吉芬物品。"

【解答】
a. 这种说法是正确的。所有的吉芬物品都是低档物品。不可能有吉芬物品是正常物品。
b. 这种说法是错误的。吉芬物品是低档物品的一个特例,它的收入效应超过替代效应。

7. 某个大学生有两种吃饭的选择:到食堂吃每份 6 美元的饭,或者吃每份 1.5 美元的方便面。他每周的食物预算是 60 美元。

   a. 画出表示到食堂吃饭和吃方便面的预算约束线。假设二者的支出量相等,画出一条表示最优选择的无差异曲线。用 A 点来标明最优点。
   b. 假设方便面的价格现在上升到每份 2 美元。用你 a 中的图说明这种价格变动的结果。假设现在这名大学生只能把 30% 的收入用于到食堂吃饭。用 B 点标明新的最优点。
   c. 由于这种价格变动,方便面的消费量会发生什么变动?这种结果说明了收入效应与替代效应的什么关系?解释原因。
   d. 用 A 点和 B 点画一条方便面的需求曲线。这类物品被称为什么物品?

【解答】
a. 该学生的预算约束线如图 14 所示。如果他在两者上的支出量相等,那么他将在食堂购买 5 份饭,再购买 20 份方便面,此时最优点为 A 点。

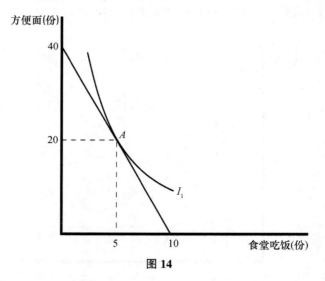

图 14

b. 如果方便面的价格上升到 2 美元,那么该学生的预算约束线将会变得更加平坦(见图 15 中的 BC_2)。他现在将会花费 18 美元在食堂吃饭(购买 3 份),花费 42 美元购买方便面(购买 21 份),如 B 点所示。
c. 随着方便面价格的上升,该学生将购买更多的方便面。这意味着方便面是低档物品,因为其收入效应超过了替代效应。
d. 该学生对方便面的需求曲线如图 16 所示。它是向上倾斜的,意味着方便面是吉芬物品。

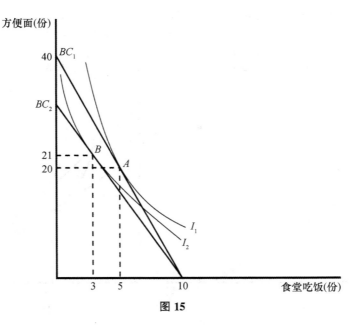

图 15

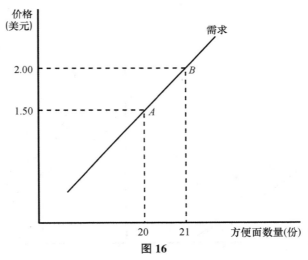

图 16

8. 考虑你关于工作多少小时的决策。
   a. 画出假设你的收入不纳税时的预算约束线。在同一个图上,画出假设纳 15% 个人所得税时的预算约束线。
   b. 说明税收如何可能引起工作时数增加、减少或不变。解释原因。

【解答】

a. 不纳税的预算约束线 BC_1 和纳税的预算约束线 BC_2 如图 17 所示。

b. 如图 18 的无差异曲线所示,当税收导致收入效应(减少闲暇时间)大于替代效应(增加闲暇时间)时,你将会增加工作时间,减少闲暇时间。如图 19 的无差异曲线所示,当税收导致收入效应(减少闲暇时间)小于替代效应(增加闲暇时间)时,你将会减少工作时

第 21 章 消费者选择理论 ▶ 231

间,增加闲暇时间。如图 20 的无差异曲线所示,当税收导致收入效应(减少闲暇时间)等于替代效应(增加闲暇时间)时,你将保持原来的工作时间和闲暇时间。

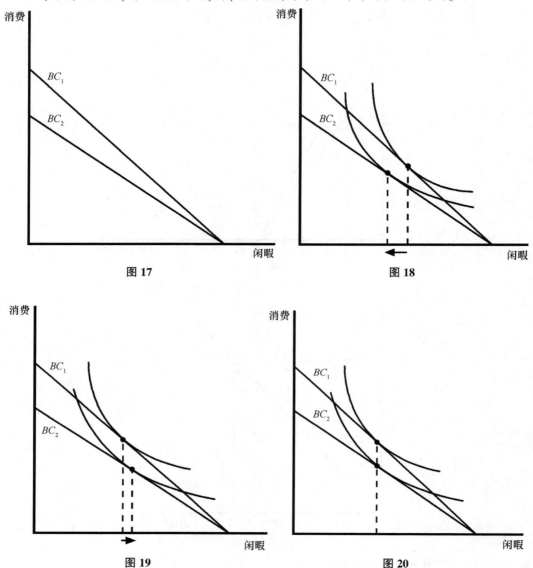

图 17　　图 18

图 19　　图 20

9. Anya 每周除了睡觉有 100 个小时。用图说明她每小时赚 12 美元、16 美元和 20 美元时的预算约束线。再画出工资为每小时 12—16 美元时使 Anya 的劳动供给曲线向右上方倾斜的无差异曲线,以及当工资为每小时 16—20 美元时使 Anya 的劳动供给曲线向右下方倾斜的无差异曲线。

【解答】

图 21 表示 Anya 每小时赚 12 美元、16 美元和 20 美元的预算约束线(分别为 BC_1、BC_2 和 BC_3)和无差异曲线。当工资为每小时 12 美元时,她将工作 $100-L_{12}$ 小时;当工资为每小时 16 美元时,她将工作 $100-L_{16}$ 小时;当工资为每小时 20 美元时,她将工作 $100-L_{20}$ 小时。因为

工资在每小时 12 美元和 16 美元之间时,劳动供给曲线向右上方倾斜,所以 $L_{12}>L_{16}$;因为工资在 16 美元和 20 美元之间时,劳动供给曲线向右下方倾斜,所以 $L_{20}>L_{16}$。

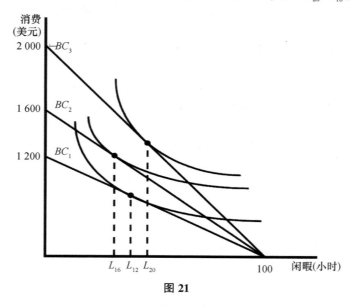

图 21

10. 画出某人决定如何分配工作和闲暇的无差异曲线。假设工资增加了,这个人的消费可能会减少吗?这是否合理?讨论之。(提示:考虑收入效应和替代效应。)

【解答】
图 22 为某人的闲暇和消费的无差异曲线,它决定了这个人工作多少时间。工资增加会产生收入效应和替代效应。更高的工资使得预算约束线更加陡峭,因此替代效应会增加消费,减少闲暇时间。但是,如果闲暇时间和消费都属于正常物品,则工资增加会产生收入

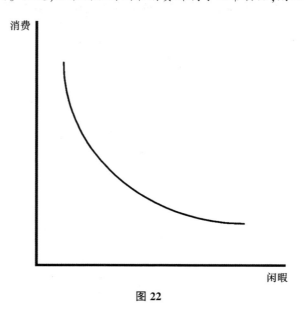

图 22

第 21 章 消费者选择理论 ▶ 233

效应,增加消费和闲暇时间。只有当消费是低档物品并且收入效应超过替代效应时,工资的增加才会使得消费减少。当一个人非常看重闲暇时间时,这种情况就可能发生。

11. 经济学家乔治·斯蒂格勒(George Stigler)曾经写道,根据消费者理论,"当消费者收入增加时,如果他们不减少某种物品的购买量,那么当这种物品价格上升时,他们肯定要少买这种物品"。用收入效应和替代效应的概念解释这句话。

   【解答】
   当消费者收入增加时,如果他们不减少某种物品的购买量,那么这种物品必定是正常物品。对于正常物品,其收入效应和替代效应表明,当该种物品价格上升时,消费者会减少购买。

12. 五个消费者有以下关于苹果和梨的边际效用:

	苹果的边际效用	梨的边际效用
Claire	6	12
Phil	6	6
Haley	6	3
Alex	3	6
Luke	3	12

   每个苹果的价格是 1 美元,每个梨的价格是 2 美元。这些消费者中哪一个的水果选择是最优的(如果有的话)?对那些没有实现最优选择的人,他们应该如何改变自己的支出?

   【解答】
   当每一美元在两种物品上所带来的边际效用相等时,效用最大化。Claire 和 Alex 购买苹果和梨的组合实现了效用最大化。Phil 和 Haley 在苹果上花费每一美元得到的效用大于在梨上得到的效用,因此,他们应当多买苹果而少买梨。而 Luke 在梨上花费每一美元得到的效用大于在苹果上得到的效用,因此他应当重新分配他的预算,增加梨的购买而减少苹果的购买。

第 22 章
微观经济学前沿

学习目标

在本章中，学生应理解
- 如何考虑不对称信息引起的问题；
- 不对称信息的市场解决方法；
- 为什么民主投票制并不能代表社会偏好；
- 为什么人们并不总会像理性的最大化者一样行事。

框架与目的

　　第 22 章是教科书微观经济学部分的最后一章。这是向你介绍微观经济学一些前沿内容的互不相关的两章中的第二章。这两章的目的是激起你进一步学习经济学的兴趣。

　　第 22 章的目的是让你了解一下微观经济学研究的三个前沿问题。我们研究的第一个主题是不对称信息，即当经济关系中一个人比另一个人有更多相关信息时的情况。第二个主题是政治经济学，即把经济学工具运用于解释政府职能上。我们研究的第三个主题是行为经济学，即把心理学引入经济问题研究中。

内容提要

- 在许多经济交易中，信息是不对称的。当存在隐蔽性行为时，委托人会关注因代理人道德风险问题引起的损失。当存在隐蔽性特征时，买者会关注卖者中的逆向选择问题。私人市场有时用发信号和筛选来应对不对称信息。
- 虽然政府政策有时可以改善市场结果，但政府本身也是不完善的制度。康多塞悖论说明，多数原则并不能产生可传递的社会偏好；而阿罗不可能性定理说明，没有一种投票制度是完美的。在许多情况下，民主制度将产生中值选民想要的结果，而无论其他选民的偏好是什么。此外，那些决定政府政策的人会受到利己而不是国家利益的驱动。
- 心理学和经济学的研究表明，人的决策比传统经济学理论所假设的要复杂。人们并不总是理性的，他们关心经济结果的公正性（即使对他们自己有不利影响），而且，他们可能具有前后不一致性。

教材习题解答

即问即答

1. 某个人购买了一份人寿保险,他每年要支付一定数量的保费,在他死时,他的家人会得到比保费多得多的赔付。你预计购买人寿保险的人的死亡率是高于还是低于普通人?这如何成为一个道德风险的例子呢?如何成为一个逆向选择的例子呢?人寿保险公司会如何处理这些问题?

   【解答】
   购买人寿保险的人的死亡率很可能高于普通人。有两个方面的原因:道德风险和逆向选择。

   道德风险是指一个没有受到完全监督的人从事不诚实或不合意行为的倾向。购买保险后,参保者将比没有参保者更有从事冒险行为的倾向。

   逆向选择是指从无信息一方的角度看,无法观察到的特征组合变为不合意的倾向。在这种情况下,具有较高死亡率的人群更有可能购买保险。结果人寿保险的价格会反映为较高风险群体的成本。而那些具有较低死亡率的人群会发现人寿保险的价格太高而选择不购买保险。

   人寿保险公司会通过监督行为和提高从事高风险行为(比如吸烟)的人的保费来降低道德风险,也会通过收集更多申请人的信息来减少逆向选择。比如,在承保前,要求申请者提交体检证明。

2. 某公立学校所在的地区正就学校预算和由此引起的学生—教员比率进行投票。调查发现,20%的选民想要的比率是9∶1,25%的选民想要的比率是10∶1,15%的选民想要的比率是11∶1,40%的选民想要的比率是12∶1。如果这个地区使用多数投票制,你预计该地区的投票会是什么结果?解释原因。

   【解答】
   根据中值选民定理,如果每个选民都选离他最偏好的点最近的点,那么地区投票的结果将会反映中值选民最偏好的点。因此,地区投票的结果将是11∶1。

3. 描述人的决策不同于传统经济理论中理性人决策的至少三个方面。

   【解答】
   人的决策不同于传统经济理论中理性人决策的三个方面:(1)人们并不总是理性的;(2)人们关注公正;(3)人们是前后不一致的。

快速单选

1. 由于Elaine有重大的家族遗传病史,所以她购买了医疗保险,而她的朋友Jerry家族健康,没有买医疗保险。这是_____的例子。

   a. 道德风险

   b. 逆向选择

   c. 发信号

   d. 筛选

2. George 有人寿保险,如果他去世,保险公司就会付给他家人 100 万美元。因此,他毫无顾忌地享受他喜欢的蹦极爱好。这是_____的例子。

   a. 道德风险

   b. 逆向选择

   c. 发信号

   d. 筛选

3. 在出售任何一份医疗保险之前,Kramer 保险公司都要求申请者进行体检。那些有重大先天健康问题的人要交纳更多的保费。这是_____的例子。

   a. 道德风险

   b. 逆向选择

   c. 发信号

   d. 筛选

4. 康多塞悖论通过说明两两多数领先的投票_____,证明了阿罗不可能性定理。

   a. 与确定性原则不一致

   b. 引起不可传递的社会偏好

   c. 违背了不相关选择的独立性

   d. 会使一个人成为独裁者

5. 两个政党候选人竞选某镇镇长,竞选的关键问题是每年 7 月 4 日的国庆烟火晚会应该花多少钱。在 100 个选民中,40 个人想花 3 万美元,30 个人想花 1 万美元,而 30 个人想一分钱不花。在这个问题中获胜的立场将是_____。

   a. 1 万美元

   b. 1.5 万美元

   c. 2 万美元

   d. 3 万美元

6. 被称为最后通牒博弈的实验说明人们_____。

   a. 对自己的能力过分自信

   b. 在策略上采用了纳什均衡

   c. 即使对自己不利,也会关注公正

   d. 会做出前后不一致的决策

【答案】　1. b　2. a　3. d　4. b　5. a　6. c

复习题

1. 什么是道德风险?列出雇主为了降低这个问题的严重性可能会做的三件事。

   【解答】
   道德风险是指一个没有受到完全监督的人从事不诚实或不合意行为的倾向。雇主为了降低这个问题的严重性可能会做的三件事:(1) 更好的监督;(2) 高工资;(3) 延期支付。

2. 什么是逆向选择?举出可能存在逆向选择问题的一个市场的例子。

   【解答】
   逆向选择是指从无信息一方的角度看,无法观察到的特征组合变为不合意的倾向。存在逆向选择的市场包括二手车市场和保险市场等。
3. 给发信号和筛选下定义,并各举出一个例子。

   【解答】发信号是指有信息的一方向无信息的一方披露自己私人信息所采取的行动。应聘者通过大学学历发出他们能力强的信号。筛选是无信息的一方所采取的引起有信息的一方披露信息的行为。人寿保险公司要求申请者提交他们的体检证明以便有更多的信息了解申请者的死亡风险。

4. 康多塞发现的投票的非正常特征是什么?

   【解答】康多塞发现多数原则不能产生可传递的社会偏好。

5. 解释为什么多数原则代表了中值选民的偏好,而不是平均选民的偏好。

   【解答】在两党竞选中,中值选民偏好会击败两边任何一种其他主张,因为中值选民会有超过一半以上的支持者。

6. 描述最后通牒博弈。传统经济学理论预期这个博弈的结果是什么?实验证实了这种预期吗?解释原因。

   【解答】选择两位志愿者并通过掷硬币决定谁是玩家A,谁是玩家B。在玩家A提出一个分一笔钱的建议后,玩家B决定是接受还是拒绝。如果玩家B接受了建议,两个玩家根据这个建议分钱。如果玩家B拒绝了建议,两个玩家都不能得到钱。

   传统的经济理论假设在这种情况下,玩家A将会仅给玩家B 1美元而把剩下的留给自己,并且预测玩家B将会接受这个建议;因为玩家A知道,比起什么也没有,玩家B选择这个建议将会因为得到1美元而使自己的境况变好。然而,实验证明,玩家B通常会拒绝只给他1美元或类似的少量钱的建议,因为他认为这是不公正的。如果玩家A考虑到了这一点,他将很可能给予玩家B数量更可观的钱。

问题与应用

1. 下列每一种情况都涉及道德风险。在每种情况下,确定委托人和代理人,并解释为什么存在不对称信息。所描述的行为如何减少了道德风险问题?

   a. 房东要求房客支付保证金。
   b. 公司把在未来以既定价格购买公司股票的期权作为对高层管理人员的报酬。
   c. 汽车保险公司对在汽车上安装防盗装置的客户提供折扣。

   【解答】
   a. 房东是委托人,房客是代理人。这里的不对称信息是房东不知道房客是否会照看好房子。支付保证金会增加房客为了在搬家时能收回保证金而照看好房子的可能性。
   b. 公司股东(公司所有人)是委托人,高层管理人员是代理人。公司股东并不能提前知道高层管理人员是否会尽职。通过公司股票期权把高层管理人员的报酬与公司价值捆绑在一起,可以激励高层管理人员努力工作去增加公司的价值。
   c. 汽车保险公司是委托人,车主是代理人。保险公司不知道车主是否很可能会停车后不拔钥匙或把车停在犯罪高发区。那些特意安装防盗装置的车主更有可能照顾好他们的汽车。提供保费折扣将会促使车主安装这种装置。

2. 假设"长寿健康医疗保险公司"对一种家庭保险单每年收取5 000美元。公司总裁建议,为了增加利润,公司可以把保费提高到每年6 000美元。如果公司采纳了这个建议,那么会产生哪种经济学问题?平均而言,在公司的客户群中,健康的人更多还是不健康的人更多?公司的利润一定会增加吗?

   【解答】
   如果保费上升,那么相对健康的人将会放弃购买保险。因此,保险公司余下的将是那些相对不健康的保险客户。这意味着公司的实际收入可能会下降,但是成本仍旧保持不变。因此,公司的利润可能会下降。

3. 本章的案例研究描述了男朋友如何通过向女朋友赠送适当的礼物发出"他爱她"的信号。你认为说"我爱你"是否也能算作一种信号?为什么?

   【解答】
   说"我爱你"很可能并不是一种好的信号。一个有效的信号的成本必然是很高的。简单地表示爱并不能满足这种条件。

4. 2010年奥巴马总统将医疗保险改革法案签署成法,它包括了以下两个条款:(i)保险公司必须为每个申请人都提供医疗保险,而且无论一个人以前的健康状况如何,对他们都收取相同的价格。(ii)每个人都必须购买医疗保险,否则就要支付罚金。
   a. 该法案中的哪一项条款会使逆向选择问题更严重?
   b. 你认为该方案中为什么会包括你在a中确定的条款。
   c. 你认为该方案中为什么会包括另一项条款。

   【解答】
   a. 就其本身而言,保险公司必须向每个申请者提供医疗保险并收取相同价格,而不管一个人先前的健康状况如何的条款,会使得逆向选择问题变得更加严重。有了这项条款,那些生病的人会更有动力购买保险。由于覆盖这些人将增加提供医疗保险的成本,保险公司将不得不提高所有买家的保费。健康的人可能会认为购买保险的收益不及较高的保费,并且可能会放弃购买保险。保险公司将只为生病的人提供保险,从而使逆向选择问题更严重。
   b. 该条款被纳入法律,以使法律对所有公民都公平。如果保险公司可以排除已有疾病的个人,他们将没有保险选择,保险公司将拥有一群低风险客户。然而,那些没有保险的人就需要社会安全网和政府补贴来支付他们的护理费用。保险市场可以比政府计划更有效地承担这些成本。
   c. 每个人都必须购买医疗保险,否则就要支付罚金的要求减少了逆向选择问题。对于保险市场上的每个人,无论健康还是生病,医疗保险的价格将反映一个普通人的成本,而不是一个比普通人更不健康的人的成本。

5. Ken走进了一家冰激凌店。
   侍者:"今天我们有香草口味的和巧克力口味的冰激凌。"
   Ken:"我要香草的。"
   侍者:"我差点忘了。我们也有草莓味的。"
   Ken:"这样的话,我要巧克力的。"
   Ken违背了决策的什么标准特征?(提示:再读一下有关阿罗不可能性定理的那部分

内容。)

【解答】

Ken 违反了不相关选择的独立性特征。他对香草的偏好大于巧克力,虽然增加了草莓的选择,但这不应该导致他改变决定而偏好巧克力。

6. 三个朋友正在选择吃晚饭的餐馆。下面是他们的偏好:

	Rachel	Ross	Joey
第一选择	意大利餐馆	意大利餐馆	中国餐馆
第二选择	中国餐馆	中国餐馆	墨西哥餐馆
第三选择	墨西哥餐馆	墨西哥餐馆	法国餐馆
第四选择	法国餐馆	法国餐馆	意大利餐馆

a. 如果三个朋友用博达计算做出他们的决策,他们会到哪里吃饭?
b. 在他们去所选择的餐馆的路上,他们看到墨西哥餐馆和法国餐馆关门了,因此,他们还是用博达计算以在剩下的两家餐馆中选择。现在他们决定去哪家餐馆?
c. 你对 a 和 b 的回答如何与阿罗不可能性定理相关?

【解答】

a. 如果三个朋友用博达计算做出他们的选择,票数从高到低排序为中国餐馆(10 票)、意大利餐馆(9 票)、墨西哥餐馆(7 票)、法国餐馆(4 票)。因此他们会选择去中国餐馆吃饭。
b. 在这种情况下,意大利餐馆得 5 票,中国餐馆得 4 票。因此他们会选择去意大利餐馆。
c. 这种投票结果违反了不相关选择的独立性特征。大家在意大利餐馆和中国餐馆之间的偏好不应该由于墨西哥餐馆和法国餐馆的出现与否而改变。

7. 三个朋友选择看哪一个电视节目。下面是他们的偏好:

	Chandler	Phoebe	Monica
第一选择	*Empire*	*Supergirl*	*Homeland*
第二选择	*Supergirl*	*Homeland*	*Empire*
第三选择	*Homeland*	*Empire*	*Supergirl*

a. 如果三个朋友用博达计算做出他们的选择,会出现什么结果?
b. Monica 建议按多数原则投票。她提出,他们先在 *Empire* 和 *Supergirl* 之间选择,然后在第一次投票中的赢者和 *Homeland* 之间选择。如果他们都忠实地按他们的偏好投票,会出现什么结果?
c. Chandler 会同意 Monica 的建议吗?他偏好哪一种投票制度?
d. Phoebe 和 Monica 说服 Chandler 接受了 Monica 建议的投票制度。在第一轮投票中,Chandler 违心地说,他对 *Supergirl* 的偏好大于 *Empire*。他为什么会这么做?

【解答】

a. 那将会出现平局,三个电视节目均得 6 票。
b. 在 *Empire* 和 *Supergirl* 之间的投票中,*Empire* 将获胜。在 *Empire* 和 *Homeland* 之间的投票中,*Homeland* 将获胜。因此,Monica 的首选(*Homeland*)将获胜。

c. 不,他会先在 *Supergirl* 和 *Homeland* 之间进行投票,然后在获胜者与 *Empire* 之间进行第二次投票。这样一来,他的首选(*Empire*)就会获胜。

d. 如果 Chandler 说他更喜欢 *Supergirl* 而不是 *Empire*,那么 *Supergirl* 将在投票中与 *Homeland* 竞争(前者将获胜)。这样,Chandler 就不必观看他最不喜欢的节目(*Homeland*)。

8. 五位室友计划在他们的宿舍里看电影来度过周末,而且他们正在争论看几部电影。下面是他们的支付意愿:

(单位:美元)

	Quentin	Spike	Ridley	Martin	Steven
第一部电影	14	10	8	4	2
第二部电影	12	8	4	2	0
第三部电影	10	6	2	0	0
第四部电影	6	2	0	0	0
第五部电影	2	0	0	0	0

买一张 DVD 的成本为 15 美元,由室友平分,因此每部电影每人支付 3 美元。

a. 有效率的看电影数量(使总剩余最大化的数量)是几部?

b. 从每个室友的角度看,他们偏好的电影数量分别是几部?

c. 中值室友的偏好是什么?

d. 如果室友在有效率的结果和中值投票人的偏好之间进行投票,那么每个人会如何投票?哪一个结果会得到大多数选票?

e. 如果一个室友提出了一个不同数量的电影的建议,他的建议能战胜 d 中投票的赢者吗?

f. 在公共物品的提供中,多数原则能达到有效率的结果吗?

【解答】

a. 有效率的看电影数量是 3 部。总剩余为室友愿意为 3 部电影支付的金额总和 82 美元 (38+26+18) 减去 3 张 DVD 的成本 45 美元(15+15+15),即 37 美元。

b. Quentin 偏好的 DVD 数量是 4 张;Spike 偏好的 DVD 数量是 3 张;Ridley 偏好的 DVD 数量是 2 张;Martin 偏好的 DVD 数量是 1 张;Steven 不想买任何 DVD。

c. 中值室友(Ridley)的偏好是 2 张 DVD。

d. Quentin 和 Spike 会选择 3 张 DVD;而其他室友会选择 2 张 DVD。2 张 DVD 会得到大多数投票。

e. 不能。除了 2 张 DVD 的任何选择都只会得到少数票。

f. 不一定。中值选民的投票很可能决定公共物品的提供,这可能达到也可能达不到有效率的结果。

9. 两家冰激凌店正在一条一英里的海岸上选址。人群沿着海岸均匀分布,坐在海滩上的每个人每天都从离自己最近的店买一个冰激凌蛋卷。每个冰激凌卖者都想使自己的顾客数量最大化。这两家店应设在沿海岸的什么地方?这种结果使你想到了本章中的哪一个结论?

【解答】

很有可能两家冰激凌店都设在沿海岸的中心位置,从而使得摊位至少与海滩上一半的人距离最近。这跟中值选民定理相关。
10. 政府正考虑两种帮助穷人的方法：给他们分发现金或给他们分发免费食物：
   a. 根据标准的理性消费者理论，给出一种支持分发现金的观点。
   b. 根据信息不对称原理，给出一种支持分发免费食物好于分发现金的观点。
   c. 根据行为经济学理论，给出一种支持分发免费食物好于分发现金的观点。

【解答】
   a. 假定穷人是理性的消费者，他将会用现金购买他最需要的东西，从而使得效用最大化。
   b. 如果政府没有完全的信息知道穷人会怎么使用现金，那么分发免费食物会比分发现金好。也就是说，政府分发现金不能排除穷人会把现金用来购买毒品或酒的可能性，但是分发食物能确保穷人能从救济处得到免费食物。
   c. 根据行为经济学理论，分发免费食物比分发现金好，这是因为人并不总是理性的，穷人有可能会把现金用在需求没有食物那么大的物品上。